KB100672

용선행

# 추론독해

# 6

초등 국어 **6단계**

6학년 · 예비 중등 권장

## 용쏀뺑 추론독해가 필요한 이유

### 추론을 잡아야 독해가 된다

글에는 모든 정보가 다 담겨 있지 않습니다. 읽는 이가 알 만한 정보나 맥락상 알 수 있는 내용은 생략되어 있지요. 그러니 독해를 잘하려면 문맥을 통해 생략된 정보를 짐작하고, 글의 내용과 배경지식을 연결 지으며 읽을 수 있어야 합니다. 이것이 추론입니다.

새 국어과 교육과정에서도 추론적 읽기가 강화되었습니다. 글의 내용을 제대로 정확하게 읽어 내는 능력이 '추론'에 달려 있기 때문입니다.

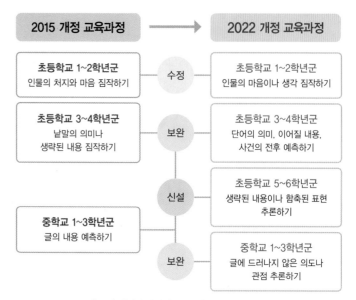

| 2015 개정 교육과정 | | 2022 개정 교육과정 |
|---|---|---|
| 초등학교 1~2학년군<br>인물의 처지와 마음 짐작하기 | 수정 | 초등학교 1~2학년군<br>인물의 마음이나 생각 짐작하기 |
| 초등학교 3~4학년군<br>낱말의 의미나<br>생략된 내용 짐작하기 | 보완 | 초등학교 3~4학년군<br>단어의 의미, 이어질 내용,<br>사건의 전후 예측하기 |
| | 신설 | 초등학교 5~6학년군<br>생략된 내용이나 함축된 표현<br>추론하기 |
| 중학교 1~3학년군<br>글의 내용 예측하기 | 보완 | 중학교 1~3학년군<br>글에 드러나지 않은 의도나<br>관점 추론하기 |

▲ 추론적 읽기가 강화된 2022 개정 국어과 교육과정

## 용쏀뺑 추론독해가 특별한 이유

### 읽기 이론과 교육과정에 기초한 **체계적**인 커리큘럼

**단계가 올라갈수록**

\# 전략은_심화되고
\# 지문은_길어지고
\# 핵심은_더_꼼꼼하게
\# 어휘는_더_탄탄하게

**1단계**

**내용 이해**
① 문장 이해하기 (기초)
② 문장 부호 알기 (기초)
③ 중심 낱말 찾기
④ 글의 내용 확인하기
⑤ 누가 무엇을 했는지 알기
⑥ 인물의 생각 알기

**구조·표현 파악**

**추론**
⑦ 시간 흐름에 따라 일이 일어난 차례 알기
⑧ 꾸며 주는 말 알기

**평가**
⑨ 인물의 마음 짐작하기
⑩ 알맞은 낱말 짐작하기

⑪ 글쓴이의 생각 판단하기

**창의**
⑫ 일상생활에 적용하기

**2단계**

① 중심 문장 찾기
② 설명하는 대상의 특징 찾기
③ 인물의 마음 변화 알기
④ 장면 떠올리며 읽기
⑤ 의견과 까닭 파악하기

⑥ 중요한 내용 정리하기
⑦ 장소 변화에 따라 일이 일어난 차례 알기

⑧ 뒷이야기 상상하기
⑨ 인물의 모습과 행동 상상하기
⑩ 알맞은 문장 짐작하기

⑪ 글쓴이의 의견과 나의 의견 비교하기

⑫ 자료에 적용하기

- 500~800자의 지문
- 생활문(감상문, 기행문, 일기, 편지글 등), 설명문, 논설문
- 전래 동화, 창작 동화, 세계 명작 동화, 동시, 극
- 비슷한 말, 반대되는 말, 헷갈리는 말, 관용 표현 학습

# 논리적 추론을 위한 전략·문제·연습

**빈틈없는 추론 전략**
인물의 마음·행동·가치관 짐작하기, 생략된 낱말과 문장 짐작하기, 낱말의 뜻 짐작하기, 이어질 내용 짐작하기, 함축된 표현의 의미 추론하기, 작가의 의도 짐작하기 등 추론적 사고력을 향상시키는 읽기 전략을 빠짐없이 구성하였습니다.

**다양한 추론 문제**
추론은 아이들이 문제를 풀 때 가장 어려워하는 유형입니다. 다양하고 질 좋은 ★추론 문제를 통해 추론 능력을 탄탄히 다질 수 있습니다.

**효과적인 추론 연습**
문제 아래에 💡어떻게 알았나요?를 두어, 문제를 풀 때 글 속에서 근거를 찾는 방법을 연습하게 하였습니다. 이는 글에 드러난 정보에 기반하여 내용을 능동적으로 추론하며 읽는 습관을 길러 줄 것입니다.

| 3단계 | 4단계 | 5단계 | 6단계 |
|---|---|---|---|
| ① 중심 문장과 뒷받침 문장 알기 | ① 글의 주제 찾기 | ① 글쓴이의 관점 파악하기 | ① 글의 종류에 따라 다르게 읽기 |
| ② 사실과 의견 구별하기 | ② 인물, 사건, 배경 알기 | ② 인물의 갈등 이해하기 | ② 말하는 이 파악하기 |
| ③ 글의 목적 파악하기 | | | |
| | ③ 감각적 표현 알기 | ③ 비유하는 표현 이해하기 | ③ 반어와 역설 이해하기 |
| ④ 글의 내용 간추리기 | ④ 원인과 결과 파악하기 | ④ 설명 방법 알기: 정의, 예시, 열거, 인과 | ④ 설명하는 글의 짜임 알기 |
| ⑤ 이야기의 내용 간추리기 | ⑤ 주장과 근거 파악하기 | ⑤ 설명 방법 알기: 비교, 대조 | ⑤ 주장하는 글의 짜임 알기 |
| ⑥ 시의 특징 알기 | | ⑥ 설명 방법 알기: 분류, 분석 | |
| ⑦ 낱말의 뜻 짐작하기 | ⑥ 뒷받침 문장 짐작하기 | | ⑥ 함축된 표현의 의미 추론하기 |
| ⑧ 이어 주는 말 짐작하기 | ⑦ 어울리는 시각 자료 짐작하기 | ⑦ 소재의 의미 추론하기 | ⑦ 작품의 시대 상황 추론하기 |
| ⑨ 이야기의 분위기 파악하기 | ⑧ 인물의 성격 파악하기 | ⑧ 인물이 추구하는 가치 추론하기 | ⑧ 작가의 의도 해석하기 |
| | ⑨ 이어질 내용 짐작하기 | ⑨ 생략된 내용 추론하기 | |
| | | | ⑨ 표현의 적절성 판단하기 |
| ⑩ 인물의 행동 평가하기 | ⑩ 뒷받침 문장의 적절성 판단하기 | ⑩ 내용의 타당성 판단하기 | ⑩ 글쓴이의 관점 평가하기 |
| ⑪ 서로 다른 의견 비교하기 | ⑪ 근거의 타당성 판단하기 | ⑪ 두 글의 관점 분석하기 | |
| | | | ⑪ 구체적인 상황에 적용하기 |
| ⑫ 인물의 가치관을 삶에 적용하기 | ⑫ 질문하며 읽기 | ⑫ 자료를 통해 문제 해결하기 | ⑫ 두 글을 통합적으로 읽기 |

- 700~1,100자의 지문
- 인문·사회·과학·예술 영역의 설명문, 논설문
- 고전 소설, 현대 소설, 세계 명작 소설, 현대 시, 현대 수필
- 내용 구조화로 핵심 정리
- 다의어, 동형어, 헷갈리는 말, 한자어 학습

- 900~1,300자의 지문
- 인문·사회·과학·예술 영역의 설명문, 논설문
- 고전 소설, 현대 소설, 세계 명작 소설, 현대 시, 현대 수필
- 문단별 요약으로 핵심 정리
- 다의어, 동형어, 헷갈리는 말, 뜻을 더하는 말, 한자어 학습

# 추론독해의 구성과 특징

용선생

## 읽기 전략

개념 설명을 읽고 확인 문제를 풀어 보며
초등 6학년~예비 중등 수준에서 필수적인 읽기 전략을 익힙니다.

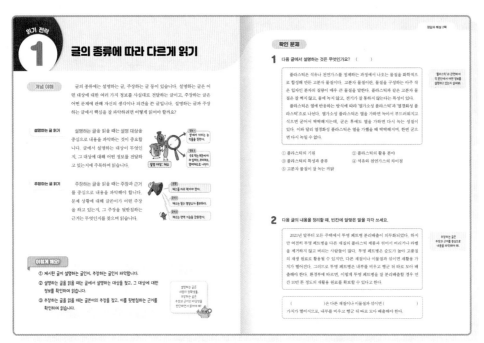

**개념 이해**
읽기 전략을 쉽게 이해할 수 있도록 재미있는 그림과 함께 제시하였습니다.

**이렇게 해요!**
읽기 전략을 사용하는 방법을 간단히 정리하였습니다.

**확인 문제**
짧은 지문과 적용 문제를 통해 읽기 전략을 제대로 이해했는지 점검할 수 있게 하였습니다.

## 연습

비교적 쉬운 지문과 4개의 중요 문제로
독해의 기본기를 다집니다.

 **교과 연계**
지문 내용과 연계된 교과목 및 단원을 제시하였습니다.

**어휘 풀이**
지문 속 어려운 어휘를 한자와 함께 풀이해 주었습니다. 왼쪽 체크 박스를 활용해 학습 여부를 확인할 수 있습니다.

**전략 적용**
읽기 전략을 적용해 풀어야 하는 문제를 표시해 두었습니다.

**어떻게 알았나요?**
답을 어떻게 찾았는지 써 보며 지문에서 답을 찾는 습관을 들일 수 있게 하였습니다.

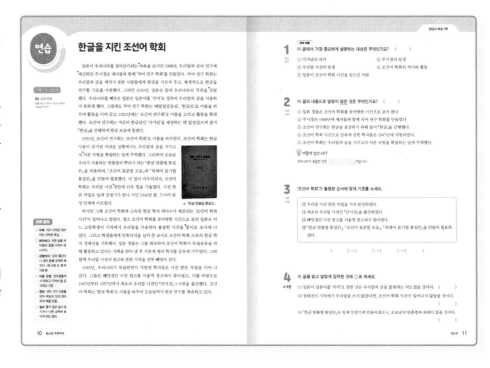

**실전**  다양한 영역의 지문과 5개의 문제, 지문의 요점을 파악하는 핵심 정리,
어휘 확인 및 확장 학습을 통해 남다른 독해 실력을 쌓습니다.

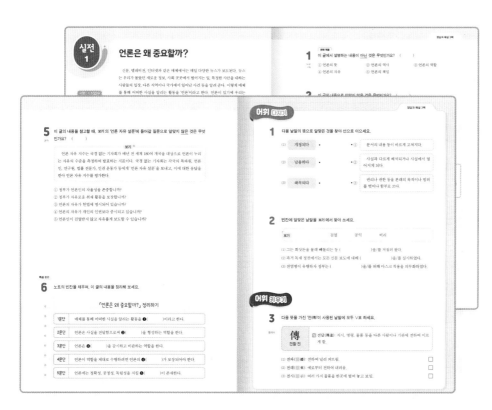

**핵심 정리**

지문의 내용을 스스로 요약하고 핵심어를 복습할 수 있게 하였습니다.

**어휘 다지기**

지문에서 배운 어휘를 다시 한 번 확인하며 어휘 실력을 탄탄히 다질 수 있게 하였습니다.

**어휘 키우기**

어휘 지식을 확장할 수 있도록 지문과 관련된 다의어, 동형어, 헷갈리는 말, 뜻을 더하는 말, 한자어 학습을 구성하였습니다.

---

**정답과 해설**  정답을 빠르게 확인할 수 있는 정답표,
친절하고 자세한 해설을 제공하였습니다.

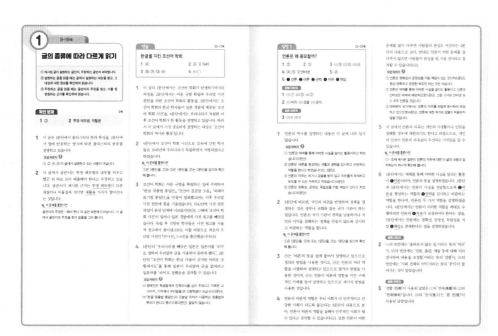

**오답 피하기**

오답이 오답인 이유를 명쾌하게 설명하였습니다.

**✎ 이 문제를 틀렸다면**

문제에 대한 힌트를 주어, 틀린 문제를 다시 풀어 보고 정답을 찾을 수 있게 하였습니다.

# 차례

# 글의 종류에 따라 다르게 읽기

**개념 이해**

글의 종류에는 설명하는 글, 주장하는 글 등이 있습니다. 설명하는 글은 어떤 대상에 대한 여러 가지 정보를 사실대로 전달하는 글이고, 주장하는 글은 어떤 문제에 관해 자신의 생각이나 의견을 쓴 글입니다. 설명하는 글과 주장하는 글에서 핵심을 잘 파악하려면 어떻게 읽어야 할까요?

**설명하는 글 읽기**

설명하는 글을 읽을 때는 설명 대상을 중심으로 내용을 파악하는 것이 중요합니다. 글에서 설명하는 대상이 무엇인지, 그 대상에 대해 어떤 정보를 전달하고 있는지에 주목하며 읽습니다.

**주장하는 글 읽기**

주장하는 글을 읽을 때는 주장과 근거를 중심으로 내용을 파악해야 합니다. 문제 상황에 대해 글쓴이가 어떤 주장을 하고 있는지, 그 주장을 뒷받침하는 근거는 무엇인지를 찾으며 읽습니다.

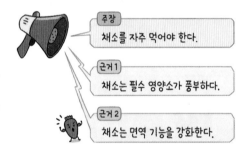

**이렇게 해요!**

① 제시된 글이 설명하는 글인지, 주장하는 글인지 파악합니다.

② 설명하는 글을 읽을 때는 글에서 설명하는 대상을 찾고, 그 대상에 대한 정보를 확인하며 읽습니다.

③ 주장하는 글을 읽을 때는 글쓴이의 주장을 찾고, 이를 뒷받침하는 근거를 확인하며 읽습니다.

설명하는 글은 내용의 정확성을, 주장하는 글은 주장과 근거의 타당성을 판단하면서 읽어야 해!

**확인 문제**

**1** 다음 글에서 설명하는 것은 무엇인가요? (　　　　)

> 플라스틱은 석유나 천연가스를 정제하는 과정에서 나오는 물질을 화학적으로 합성해 만든 고분자 물질이다. 고분자 물질이란, 물질을 구성하는 아주 작은 입자인 분자의 질량이 매우 큰 물질을 말한다. 플라스틱과 같은 고분자 물질은 잘 썩지 않고, 물에 녹지 않고, 전기가 잘 통하지 않는다는 특성이 있다.
>
> 플라스틱은 열에 반응하는 방식에 따라 '열가소성 플라스틱'과 '열경화성 플라스틱'으로 나뉜다. 열가소성 플라스틱은 열을 가하면 녹아서 부드러워지고 식으면 굳어서 딱딱해지는데, 굳은 후에도 열을 가하면 다시 녹는 성질이 있다. 이와 달리 열경화성 플라스틱은 열을 가했을 때 딱딱해지며, 한번 굳으면 다시 녹일 수 없다.

'플라스틱'과 관련하여 각 문단에서 어떤 정보를 설명하고 있는지 살펴봐.

① 플라스틱의 기원
② 플라스틱의 활용 분야
③ 플라스틱의 특성과 종류
④ 석유와 천연가스의 차이점
⑤ 고분자 물질이 잘 녹는 까닭

**2** 다음 글의 내용을 정리할 때, 빈칸에 알맞은 말을 각각 쓰세요.

> 2021년 말부터 모든 주택에서 투명 페트병 분리배출이 의무화되었다. 하지만 여전히 투명 페트병을 다른 재질의 플라스틱 제품과 섞어서 버리거나 라벨을 제거하지 않고 버리는 사람들이 많다. 투명 페트병은 순도가 높아 고품질의 재생 원료로 활용될 수 있지만, 다른 재질이나 이물질과 섞이면 재활용 가치가 떨어진다. 그러므로 투명 페트병은 내부를 비우고 헹군 뒤 따로 모아 배출해야 한다. 환경부에 따르면, 이렇게 투명 페트병을 잘 분리배출할 경우 연간 10만 톤 정도의 재활용 원료를 확보할 수 있다고 한다.

주장하는 글은 주장과 근거를 중심으로 내용을 파악해야 해.

> (　　　　　　　　　)은 다른 재질이나 이물질과 섞이면 (　　　　　　　　　) 가치가 떨어지므로, 내부를 비우고 헹군 뒤 따로 모아 배출해야 한다.

# 한글을 지킨 조선어 학회

인문 | 1,131자

📖 교과 연계
사회 5-2 사회의 새로운 변화와
오늘날의 우리

일본이 우리나라를 집어삼키려는 야욕을 보이던 1908년, 우리말과 글의 연구에 매진하던 주시경은 제자들과 함께 '국어 연구 학회'를 만들었다. 국어 연구 학회는 우리말과 글을 깨치지 못한 사람들에게 한글을 가르쳐 주고, 체계적으로 한글을 연구할 기초를 마련했다. 그러던 1910년, 일본은 끝내 우리나라의 국권을 강탈했다. 우리나라를 빼앗은 일본은 일본어를 '국어'로 정하여 우리말과 글을 사용하지 못하게 했다. 그럼에도 국어 연구 학회는 '배달말글몯음', '한글모'로 이름을 바꾸며 활동을 이어 갔고, 1921년에는 '조선어 연구회'로 이름을 고치고 활동을 확대했다. 조선어 연구회는 지금의 한글날인 '가갸날'을 제정하는 데 앞장섰으며 잡지 『한글』을 간행하여 한글 보급에 힘썼다.

1931년, 조선어 연구회는 '조선어 학회'로 이름을 바꾸었다. 조선어 학회는 한글 사용이 금지된 어려운 상황에서도 우리말과 글을 지키고자 어문 규범을 확립하는 일에 주력했다. 그리하여 오늘날 우리가 사용하는 맞춤법의 뿌리가 되는 「한글 맞춤법 통일안」을 비롯하여, 「조선어 표준말 모음」과 「외래어 표기법 통일안」을 만들어 발표했다. 이 일이 마무리되자, 조선어 학회는 우리말 사전 편찬에 더욱 힘을 기울였다. 사전 편찬 작업은 일제 강점기가 끝나 가던 1942년 봄, 드디어 완성 단계에 이르렀다.

▲ 「한글 맞춤법 통일안」

하지만 그해 조선어 학회에 소속된 한글 학자 대다수가 체포되는 '조선어 학회 사건'이 일어나고 말았다. 평소 조선어 학회를 못마땅한 시선으로 보던 일본은 어느 고등학생이 기차에서 우리말을 사용하다 붙잡힌 사건을 빌미로 조사에 나섰다. 그리고 학생들에게 민족의식을 심어 준 교사로 조선어 학회 소속의 한글 학자 정태진을 지목했다. 일본 경찰은 그를 취조하여 조선어 학회가 독립운동을 위해 활동하고 있다는 자백을 받아 낸 후 서른세 명의 학자를 감옥에 가두었다. 그와 함께 우리말 사전의 원고와 관련 서적을 전부 빼앗아 갔다.

1945년, 우리나라가 독립하면서 석방된 학자들은 사전 편찬 작업을 이어 나갔다. 그들은 빼앗겼던 사전 원고를 서울역 창고에서 찾아냈고, 이를 바탕으로 1947년부터 1957년까지 최초의 우리말 사전인 『큰사전』 1~6권을 출간했다. 조선어 학회는 '한글 학회'로 이름을 바꾸어 오늘날까지 한글 연구를 계속하고 있다.

어휘 풀이

☐ 야욕 자기 이익만 채우려는 더러운 욕심.
☐ 매진하다 어떤 일을 온 마음과 힘을 다하여 해 나가다.
☐ 강탈하다 남의 물건이나 권리 등을 강제로 빼앗다. (強 강할 강, 奪 빼앗을 탈)
☐ 어문 규범 언어생활에서 따르고 지켜야 할 공식적인 기준.
☐ 편찬 여러 가지 자료를 모아 짜임새 있게 정리하여 책을 만듦.
☐ 빌미 좋지 않은 일이 생기거나 나쁜 상태에 놓이게 되는 원인.

**1**

중심
생각

전략 적용

이 글에서 가장 중요하게 설명하는 대상은 무엇인가요?　(　　　)

① 가갸날의 의미　　　　　　　　　② 주시경의 일생

③ 우리말 사전의 탄생　　　　　　④ 조선어 학회의 역사와 활동

⑤ 일본이 조선어 학회 사건을 일으킨 까닭

**2**

내용
이해

이 글의 내용으로 알맞지 <u>않은</u> 것은 무엇인가요?　(　　　)

① 일본 경찰은 조선어 학회를 못마땅한 시선으로 보아 왔다.

② 주시경은 1908년에 제자들과 함께 국어 연구 학회를 만들었다.

③ 조선어 연구회는 한글을 보급하기 위해 잡지『한글』을 간행했다.

④ 조선어 학회 사건으로 감옥에 갇힌 학자들은 1947년에 석방되었다.

⑤ 조선어 학회는 우리말과 글을 지키고자 어문 규범을 확립하는 일에 주력했다.

⚡ 어떻게 알았나요?

우리나라가 독립한 것은 　　　　　　　　　 년입니다.

**3**

내용
이해

'조선어 학회'가 활동한 순서에 맞게 기호를 쓰세요.

> ㉮ 우리말 사전 편찬 작업을 거의 완성하였다.
>
> ㉯ 최초의 우리말 사전인『큰사전』을 출간하였다.
>
> ㉰ 빼앗겼던 사전 원고를 서울역 창고에서 찾아냈다.
>
> ㉱「한글 맞춤법 통일안」, 「조선어 표준말 모음」, 「외래어 표기법 통일안」을 만들어 발표하였다.

(　　　) → (　　　) → (　　　) → (　　　)

**4**

★추론

이 글을 읽고 알맞게 짐작한 것에 ○표 하세요.

(1) 일본이 일본어를 '국어'로 정한 것은 우리말과 글을 없애려는 의도였을 것이다.　(　　　)

(2) 정태진이 기차에서 우리말을 쓰지 않았다면, 조선어 학회 사건이 일어나지 않았을 것이다.

(　　　)

(3)「한글 맞춤법 통일안」은 일제 강점기에 만들어졌으니, 오늘날의 맞춤법과 관련이 없을 것이다.

(　　　)

# 언론은 왜 중요할까?

사회 | 1,102자

📖 교과 연계
사회 6-1 우리나라의 정치 발전

신문, 텔레비전, 인터넷과 같은 매체에서는 매일 다양한 뉴스가 보도된다. 뉴스는 우리가 몰랐던 새로운 정보, 사회 곳곳에서 벌어지는 일, 특정한 사안을 대하는 사람들의 입장, 다른 지역이나 국가에서 일어난 사건 등을 알려 준다. 이렇게 매체를 통해 어떠한 사실을 알리는 활동을 '언론'이라고 한다. 언론이 있기에 우리는 직접 경험하지 못하는 것들을 손쉽게 보고 들을 수 있다.

언론은 사실을 전달함으로써 여론을 형성하는 역할을 한다. '여론'이란 사회의 대다수 사람이 공통으로 가지는 의견을 말한다. 언론이 어떤 문제를 많이 다루면 사람들의 관심도 커진다. 그리고 언론이 어떻게 보도하느냐에 따라 그 문제를 바라보는 여론도 변화하곤 한다. 예를 들어 음주 운전으로 인한 사망 사고가 꾸준히 보도되자, 음주 운전자를 강하게 처벌해야 한다는 여론이 높아졌다. 이에 따라 음주 운전에 대한 단속과 처벌을 강화하는 방향으로 법이 개정되었다. 이처럼 언론은 여론에 막대한 영향을 끼친다.

언론의 또 다른 역할은 권력을 감시하고 비판하는 것이다. 정부나 국회와 같은 국가 기관은 국민의 의견을 반영하여 정책을 결정하고 집행한다. 그러나 국가 기관이 권력을 남용하거나 국민의 이익을 침해하는 정책을 만드는 경우도 있다. 이때 언론은 국가 기관의 잘못을 지적하고 비판하며, 권력자의 비리와 부정부패를 고발한다. 이러한 언론의 비판적 역할은 우리 사회가 더 민주적이고 건강한 사회가 되도록 돕는다.

언론이 자신의 역할을 제대로 수행하려면 언론의 자유가 보장되어야 한다. 언론의 자유란 허가나 검열을 받지 않고 자유롭게 취재하고 보도할 수 있는 자유이다. 언론의 자유는 우리나라를 비롯한 대부분의 국가가 최고법인 헌법에 명시하여 보장할 정도로 매우 중요한 가치이다. 단, 언론의 자유는 개인의 사생활이나 인권을 침해할 경우에 제한되기도 한다.

언론에는 자유만 있는 것이 아니다. 정확성, 공정성, 독립성을 지킬 책임도 존재한다. 만약 언론이 부정확한 내용을 전하거나 공정하지 못한 보도를 한다면 여론이 왜곡될 수 있다. 그러므로 언론은 어느 한쪽으로 치우치지 않고 사실을 있는 그대로 보도해야 한다. 또한 권력에 휘둘리지 않고 독립성을 유지하여 민주주의와 공익을 실현하는 것도 언론의 책임이다.

**어휘 풀이**

□ **개정되다** 문서의 내용 등이 바르게 고쳐지다. (改 고칠 개, 正 바를 정)

□ **남용하다** 권리나 권한 등을 본래의 목적이나 범위를 벗어나 함부로 쓰다. (濫 넘칠 남, 用 쓸 용)

□ **비리** 올바르지 않은 일.

□ **부정부패** 도덕적으로 바르거나 깨끗하지 못함.

□ **검열** 언론, 출판, 예술 등에 대해 미리 검사하여 내용을 조정함.

□ **왜곡되다** 사실과 다르게 해석되거나 사실에서 멀어지게 되다.

□ **공익** 사회 전체의 이익.

**1**

내용
이해

이 글에서 설명하는 내용이 <u>아닌</u> 것은 무엇인가요?    (          )

① 언론의 뜻          ② 언론의 역사                ③ 언론의 역할

④ 언론의 자유          ⑤ 언론의 책임

**2**

내용
이해

이 글의 내용으로 알맞지 <u>않은</u> 것은 무엇인가요?    (          )

① 언론은 여론에 막대한 영향을 끼친다.

② 언론은 사실을 있는 그대로 보도해야 한다.

③ 언론은 국민의 의견을 반영하여 정책을 결정한다.

④ 언론은 권력에 휘둘리지 않고 독립성을 유지해야 한다.

⑤ 언론을 통해 직접 경험하지 못하는 것들을 손쉽게 보고 들을 수 있다.

**3**

구조
파악

이 글의 문장인 ㉮~㉰에서 사용한 설명 방법이 무엇인지 찾아 기호를 쓰세요.

> ㉮ '여론'이란 사회의 대다수 사람이 공통으로 가지는 의견을 말한다.
>
> ㉯ 언론은 국가 기관의 잘못을 지적하고 비판하며, 권력자의 비리와 부정부패를 고발한다.
>
> ㉰ 예를 들어 음주 운전으로 인한 사망 사고가 꾸준히 보도되자, 음주 운전자를 강하게 처벌해야 한다는 여론이 높아졌다.

(1) 정의: (                    )

(2) 예시: (                    )

(3) 열거: (                    )

**4**

★ 추론

이 글을 읽고 알맞게 짐작한 것을 두 개 고르세요.    (        ,        )

① 언론은 항상 정확하고 공정한 보도만 한다.

② 신문 기사는 언론이지만 인터넷 뉴스는 언론이 아니다.

③ 대부분의 국가에서는 언론에 대한 허가와 검열이 허용된다.

④ 민주적인 사회가 되려면 언론이 비판적 역할을 잘해야 한다.

⑤ 언론이 잘 다루지 않는 문제는 사람들의 관심을 받기 어렵다.

💡 어떻게 알았나요?

매체에는 신문, 텔레비전, _____ 등이 있습니다.

**5** 이 글의 내용을 참고할 때, 보기 의 '언론 자유 설문'에 들어갈 질문으로 알맞지 <u>않은</u> 것은 무엇
창의 인가요?  (        )

> 보기
>
> 언론 자유 지수는 국경 없는 기자회가 매년 전 세계 180여 개국을 대상으로 언론이 누리
> 는 자유의 수준을 측정하여 발표하는 지표이다. 국경 없는 기자회는 각국의 특파원, 언론
> 인, 연구원, 법률 전문가, 인권 운동가 등에게 '언론 자유 설문'을 보내고, 이에 대한 응답을
> 받아 언론 자유 지수를 평가한다.

① 정부가 언론인의 자율성을 존중합니까?
② 정부가 자유로운 취재 활동을 보장합니까?
③ 언론의 자유가 헌법에 명시되어 있습니까?
④ 언론의 자유가 개인의 인권보다 중시되고 있습니까?
⑤ 언론인이 검열받지 않고 자유롭게 보도할 수 있습니까?

핵심 정리
**6** 노트의 빈칸을 채우며, 이 글의 내용을 정리해 보세요.

### 「언론은 왜 중요할까?」 정리하기

| | |
|---|---|
| 1문단 | 매체를 통해 어떠한 사실을 알리는 활동을 ❶(            )이라고 한다. |
| 2문단 | 언론은 사실을 전달함으로써 ❷(            )을 형성하는 역할을 한다. |
| 3문단 | 언론은 ❸(            )을 감시하고 비판하는 역할을 한다. |
| 4문단 | 언론이 역할을 제대로 수행하려면 언론의 ❹(            )가 보장되어야 한다. |
| 5문단 | 언론에는 정확성, 공정성, 독립성을 지킬 ❺(            )이 존재한다. |

**1** 다음 낱말의 뜻으로 알맞은 것을 찾아 선으로 이으세요.

(1) 개정되다 •

(2) 남용하다 •

(3) 왜곡되다 •

• ① 문서의 내용 등이 바르게 고쳐지다.

• ② 사실과 다르게 해석되거나 사실에서 멀어지게 되다.

• ③ 권리나 권한 등을 본래의 목적이나 범위를 벗어나 함부로 쓰다.

**2** 빈칸에 알맞은 낱말을 보기 에서 찾아 쓰세요.

| 보기 | 검열 | 공익 | 비리 |
| --- | --- | --- | --- |

(1) 그는 회삿돈을 몰래 빼돌리는 등 (                    )을/를 저질러 왔다.

(2) 과거 독재 정권에서는 모든 신문 보도에 대해 (                    )을/를 실시하였다.

(3) 전염병이 유행하자 정부는 (                    )을/를 위해 마스크 착용을 의무화하였다.

**3** 다음 뜻을 가진 '전(傳)'이 사용된 낱말에 모두 V표 하세요.

한자어

傳
전할 전

예 전달(傳達): 지시, 명령, 물품 등을 다른 사람이나 기관에 전하여 이르게 함.

(1) 전파(__播): 전하여 널리 퍼뜨림.  ☐

(2) 전래(__來): 예로부터 전하여 내려옴.  ☐

(3) 전시(__示): 여러 가지 물품을 한곳에 벌여 놓고 보임.  ☐

# 반려동물 보유세를 도입하자

사회 | 1,189자

📖 교과 연계
중학 사회 1 일상생활과 법

**1** 동물을 가족처럼 여기며 살아가는 사람들이 늘고 있다. 최근 조사에 따르면 우리나라에서 반려동물을 키우는 가구가 전체의 15%인 약 320만 가구에 달한다고 한다. 이렇듯 반려동물이 •보편화되는 것과 함께 반려동물과 관련된 사회 문제도 증가하고 있다. 반려동물의 •유기 및 학대, 반려동물로 인한 사고나 이웃 간 분쟁 등이 그것이다.

**2** 이러한 반려동물 문제에 적극적으로 대응해야 한다는 목소리가 커짐에 따라, '반려동물 보유세'가 하나의 대안으로 떠오르고 있다. 반려동물 보유세는 개, 고양이, 앵무새, 햄스터와 같은 반려동물을 키우는 사람들에게 매년 일정 금액의 세금을 거두는 제도이다. 현재 우리나라에서는 이 제도에 대해 찬반 의견이 팽팽하게 맞서고 있다. 나는 다음과 같은 이유로 반려동물 보유세 도입에 찬성한다.

**3** 첫째, 반려동물에 대한 책임감을 높일 수 있다. 일부 사람들은 반려동물의 귀여운 모습에 반해 •충동적으로 입양한다. 그리고 한 생명을 키우는 데 많은 노력과 비용이 든다는 사실을 깨닫고는 무책임하게 유기하거나 학대한다. 반려동물 보유세는 사람들이 반려동물을 데려오기 전에 한 번 더 고민하게 만든다. 반려동물을 키우기 위해 세금을 내야 한다면, 자신이 반려동물을 책임질 능력이 있는지를 •신중하게 따져볼 것이기 때문이다. 그러므로 반려동물 보유세를 도입하면 책임감을 가지고 반려동물을 기르는 사람들이 늘어나고, 버려지고 학대받는 동물은 줄어들 것이다.

**4** 둘째, 동물 •복지를 강화할 수 있다. 반려동물과 관련된 문제를 해결하고, 반려동물 의료 체계를 정비하여 병원비 부담을 줄이고, 동물 보호 시설을 운영하는 등 정부가 동물 복지 정책을 펼치는 데는 돈이 든다. 반려동물 보유세는 정부가 이와 같은 동물 복지 •예산을 안정적으로 확보하는 방법이다. 보유세를 잘 활용한다면 반려동물을 키우는 사람의 부담도, 반려동물을 둘러싼 사회적 갈등도 줄일 수 있다. 반려동물과 인간이 행복하게 공존하기 위해서는 반려동물 보유세가 필요하다.

**5** 독일, 뉴질랜드, 미국, 캐나다 등 '반려동물의 천국'이라 불리는 나라들에서는 이미 반려동물 보유세를 도입했다. 이렇게 거둔 세금은 길거리에 •방치된 반려동물의 배설물을 청소하고, 반려동물에게 무료 건강검진을 제공하며, 동물 학대와 유기를 감시하는 일 등에 사용된다. 우리나라도 반려동물을 키우는 사람들이 늘어나고 동물 복지에 관한 관심이 높아지는 만큼 반려동물 보유세 도입을 적극적으로 검토해야 한다.

**어휘 풀이**

□ **보편화되다** 널리 일반인에게 퍼지다. (普 널리 보, 遍 두루 편, 化 될 화)

□ **유기** 보살피거나 관리하지 않고 버림.

□ **충동적** 어떤 행동을 하고 싶은 마음이 갑작스럽게 일어나는 것.

□ **신중하다** 매우 조심스럽다.

□ **복지** 행복한 삶.

□ **예산** 국가나 단체 등에서 수입과 지출을 미리 계산해 돈을 어떻게 사용할 것인지 정한 계획. (豫 미리 예, 算 계산 산)

□ **방치되다** 돌봄이나 간섭을 받지 않고 그대로 두어지다. (放 놓을 방, 置 둘 치)

**1**

중심
생각

전략 적용

글쓴이가 이 글을 쓴 목적으로 알맞은 것에 ○표 하세요.

(1) 반려동물 보유세의 의미를 설명하기 위해 ( )

(2) 반려동물 보유세의 필요성을 주장하기 위해 ( )

(3) 반려동물에 관한 사회 문제를 설명하기 위해 ( )

(4) 반려동물 복지 정책을 강화하자고 주장하기 위해 ( )

💡 어떻게 알았나요?

글의 종류 가운데 '〔    〕하는 글'은 어떤 문제에 관해 글쓴이가 자신의 생각이나 의견을 쓴 글입니다.

**2**

내용
이해

이 글을 읽고 알 수 있는 내용이 <u>아닌</u> 것은 무엇인가요? ( )

① 반려동물의 종류

② 동물 복지 정책의 예시

③ 반려동물 보유세의 단점

④ 반려동물 보유세를 도입한 국가

⑤ 우리나라에서 반려동물을 키우는 가구의 수

**3**

내용
이해

글쓴이의 주장에 대한 근거로 알맞은 것을 두 개 고르세요. ( , )

① 동물 복지를 강화할 수 있다.

② 반려동물에 대한 책임감을 높인다.

③ 반려동물을 입양하려는 사람이 많아진다.

④ 동물 복지에 대해 한 번 더 고민하게 만든다.

⑤ 반려동물을 둘러싼 사회적 갈등이 사라진다.

**4**

구조
파악

각 문단에 대한 설명으로 알맞지 <u>않은</u> 것은 무엇인가요? ( )

① **1**문단: 문제 상황을 제시하였다.

② **2**문단: 글쓴이의 주장을 제시하였다.

③ **3**문단: 근거를 들어 글쓴이의 주장을 뒷받침하였다.

④ **4**문단: 글쓴이의 주장에 대한 반대 의견을 소개하였다.

⑤ **5**문단: 글쓴이의 주장을 다시 한번 강조하였다.

## 5

평가

글쓴이의 주장과 반대되는 의견을 알맞게 말한 친구의 이름을 쓰세요.

> 혜선: 반려동물이 병에 걸렸을 때 드는 의료비가 낮아진다면, 반려동물에게 더 좋은 치료를 해 줄 수 있을 거야.
>
> 지우: 반려동물을 키우는 사람에게 세금을 거두면, 경제적 부담 때문에 반려동물을 유기하는 사례가 늘어날 거야.
>
> 윤정: 동물 복지를 위해 모든 사람이 세금을 내야 한다면, 반려동물을 키우지 않는 사람들은 손해를 보게 될 거야.

(                    )

**핵심 정리**

## 6

노트의 빈칸을 채우며, 이 글의 내용을 정리해 보세요.

### 「반려동물 보유세를 도입하자」 정리하기

| 1문단 | ❶(                )과 관련된 사회 문제가 증가하고 있다. |
|---|---|
| 2문단 | 반려동물을 키우는 사람들에게 매년 일정 금액의 ❷(          )을 거두는 제도인 반려동물 보유세를 도입해야 한다. |
| 3문단 | 반려동물 보유세를 도입하면 반려동물에 대한 ❸(        )을 높일 수 있다. |
| 4문단 | 반려동물 보유세를 도입하면 동물 ❹(        )를 강화할 수 있다. |
| 5문단 | 이미 반려동물 보유세를 도입한 나라들처럼 우리나라도 반려동물 보유세 도입을 적극적으로 검토해야 한다. |

**1** 다음 낱말의 뜻으로 알맞은 것을 찾아 선으로 이으세요.

(1) 방치되다 •

(2) 신중하다 •

(3) 보편화되다 •

• ① 매우 조심스럽다.

• ② 널리 일반인에게 퍼지다.

• ③ 돌봄이나 간섭을 받지 않고 그대로 두어 지다.

**2** 빈칸에 알맞은 낱말을 보기 에서 찾아 쓰세요.

보기    유기    예산    충동적

(1) 동생과 싸우다가 화가 나서 (          )(으)로 소리를 질렀다.

(2) 정부가 농업을 지원하는 데 쓸 (          )을/를 대폭 늘렸다.

(3) 거리를 배회하는 (          ) 동물을 발견해 동물 보호소에 데려다주었다.

**3** 다음 '-비'가 붙은 낱말이 쓰인 것에 모두 ∨표 하세요.

뜻을 더하는 말

| -비 | 낱말의 뒤에 붙어 '비용' 또는 '돈'의 뜻을 더하는 말.<br>예 이것저것 검사를 받았더니 병원비가 꽤 많이 나왔다. |
|---|---|

(1) 높은 빌딩을 짓는 데 막대한 공사비가 든다. ☐

(2) 마스크를 끼지 않으면 미세 먼지에 무방비로 노출될 수 있다. ☐

(3) 가까운 거리는 걸어서 이동하는 것이 교통비를 절약하는 방법이다. ☐

# 2 말하는 이 파악하기

**개념 이해**

시나 소설 같은 문학 작품에서 이야기를 전달하는 인물을 '말하는 이'라고 합니다. 말하는 이는 작가와 같을 때도 있지만 다를 때도 많습니다. 말하는 이를 알고 작품을 읽으면, 시나 소설의 상황을 더 잘 이해할 수 있습니다.

**말하는 이**

문학 작품에는 말하는 이가 있습니다. 작품 속 말하는 이는 남자일 수도 있고 여자일 수도 있으며, 어린아이일 수도 있고 어른일 수도 있습니다. 또 사람이 아니라 동물이나 사물인 경우도 있습니다.

『사랑손님과 어머니』

나는 금년 여섯 살 난 처녀 애입니다. 내 이름은 박옥희이고요. 우리 집 식구라고는 세상에서 제일 예쁜 우리 어머니와 나 단 두 식구뿐이랍니다. 아차 큰일 났군, 외삼촌을 빼놓을 뻔했으니. …

● 말하는 이 분석 ●

이름 박옥희
나이 6살
성별 여자

어머니, 외삼촌과 함께 살고 있음.

**말하는 이의 특징과 효과**

말하는 이가 누구인지에 따라 작품의 내용과 분위기가 달라집니다. 예를 들어 말하는 이가 어린아이라면, 순수하고 천진난만한 시선으로 이야기가 전달될 것입니다. 말하는 이가 사물이라면, 일상적인 상황도 새로운 시선으로 그려질 것입니다.

**이렇게 해요!**

① 작품을 읽으며 말하는 이가 누구인지 찾아봅니다.

② 말하는 이가 처한 상황이나 관찰하고 있는 대상을 살펴보고, 말하는 이의 생각과 마음을 짐작해 봅니다.

③ 말하는 이의 특징과 그 효과를 파악합니다.

작가가 어른이어도, 말하는 이는 아이이거나 동물일 수 있어!

## 확인 문제

[1~2] 다음 시를 읽고, 물음에 답하세요.

말하는 이가 누구인지,
말하는 이가 '비린내'라는
말을 어떻게 여기는지
살펴보자.

> 우리들한테
> 비린내 난다고 하지 마세요
>
> 코 막지 마세요
>
> 우리도 피부를 보호하기 위해
> 미끄러운 피부, 거친 피부
> 다 특성에 따라
> 정성 들여 화장한 거예요
>
> 이렇게
> 향기가 다양한 걸
> 무조건 다 비린내라뇨!
>
> 이건, 정말
> 언어폭력이에요
>
> — 물고기 일동
>
> — 함민복, 「비린내라뇨!」

**1** 이 시에 나온 다음 표현들 중 말하는 이를 가리키는 것을 두 개 찾아 ○표 하세요.

| 우리 | 피부 | 향기 | 물고기 |
|------|------|------|--------|

**2** 이 시의 말하는 이에 대한 설명으로 알맞은 것에 ○표 하세요.

말하는 이의 생각이 드러난
표현들을 찾아봐.

(1) 비린내가 나는 자신을 부끄러워하고 있다. (    )

(2) 미끄러운 피부가 거친 피부보다 낫다고 여기고 있다. (    )

(3) 다양한 향기를 무조건 비린내라고 하는 것에 대해 반박하고 있다. (    )

# 어린 왕자 | 앙투안 드 생텍쥐페리

소설 | 1,158자

여섯 살 때 나는 책에서 보아뱀이 먹이를 잡아먹는 그림을 보고, 밀림 속의 모험에 대해 곰곰이 생각해 본 후 태어나서 처음으로 그림을 그려 보았다. ㉠내 그림 제1호는 이러했다.

나는 내 그림을 어른들에게 보여 주며 무섭지 않으냐고 물었다.

그러나 어른들은 "아니, 모자가 뭐가 무섭다는 거니?"라고 대답할 뿐이었다.

내 그림은 모자를 그린 게 아니었다. 그것은 코끼리를 소화시키고 있는 보아뱀이었다. 그래서 나는 어른들이 이해할 수 있도록 보아뱀의 속을 그려 주었다. 내 그림 제2호는 이러했다.

어른들은 나에게 보아뱀 그림은 집어치우고 지리, 역사, 산수와 문법에 관심을 가지는 편이 낫겠다고 충고했다. 이런 이유로 나는 여섯 살에 화가라는 멋진 직업을 포기해 버렸다.

나는 비행기 조종사가 되었고 여러 사람을 만났다. 그중 •명석해 보이는 사람들에게 내 그림 제1호를 보여 주었지만, 하나같이 "모자군요."라고 말했다. 그들에게 보아뱀이나 원시림, 별에 대해 이야기할 수는 없었다. 그래서 6년 전 사하라 사막에서 비행기 사고를 당할 때까지 나는 누구에게도 마음을 터놓지 못했다.

사고를 당한 첫날 밤, 사막에 •고립된 채 잠이 들었는데 묘한 목소리가 들려왔다.

"저, 양 한 마리를 그려 주세요."

•기겁하여 일어나 주위를 둘러보니, 이상하게 생긴 조그만 사내아이가 나를 쳐다보고 있었다. 나는 갑작스레 나타난 아이를 놀란 눈으로 바라보았다.

"부탁이에요. 양 한 마리를 그려 주세요."

아이는 대단히 심각한 이야기를 하듯 되풀이해서 말했다. 나는 그림을 그릴 줄 모른다고 했지만, 아이는 •아랑곳 않고 계속 양을 그려 달라고 말했다. 그래서 나는 내 그림 제1호를 그려 주었다.

"이게 아니에요. 저는 뱃속에 코끼리가 든 보아뱀이 아니라 양이 필요해요."

㉡아이의 말에 나는 흠칫 놀랐다. 나는 다시 양을 그려 주었다. 아이는 그것을 유심히 들여다보았다.

"이 양은 벌써 병이 들었는걸요. 다른 양을 그려 주세요."

나는 또다시 그림을 그렸다. 그러나 다음 그림도, 그다음 그림도 •퇴짜를 맞았다. •인내심이 바닥난 나는 아무렇게나 그림을 그려 놓고 설명을 덧붙였다.

"이 상자 안에 네가 원하는 양이 있단다."

**어휘 풀이**

□ **명석하다** 생각이나 판단력이 분명하고 똑똑하다.

□ **고립되다** 혼자 따로 떨어져 다른 곳이나 사람과 교류하지 못하게 되다. (孤 외로울 고, 立 설 립)

□ **기겁하다** 숨이 막힐 듯이 갑작스럽게 겁을 내며 놀라다.

□ **아랑곳** 일에 나서서 참견하거나 관심을 두는 일.

□ **퇴짜를 맞다** 바치는 물건이나 제기하는 의견 등이 거절을 당하다.

□ **인내심** 괴로움이나 어려움을 참고 견디는 마음. (忍 참을 인, 耐 견딜 내, 心 마음 심)

그림을 본 어린 심판관의 얼굴이 환해졌다.

"내가 원했던 게 이거예요! 이 양은 풀을 많이 먹나요? 내가 사는 곳은 모든 게 작거든요."

"괜찮을 거야. 네게 그려 준 건 아주 작은 양이니까."

---

**1** 전략 적용

내용 이해

'나'에 대한 설명으로 알맞지 <u>않은</u> 것은 무엇인가요?  (          )

① 이 글의 말하는 이이다.

② 여섯 살 때 처음으로 그림을 그렸다.

③ 어른이 된 뒤로 보아뱀 그림에 대해 잊어버렸다.

④ 6년 전에 사하라 사막에서 비행기 사고를 당했다.

⑤ 화가라는 직업을 포기하고 비행기 조종사가 되었다.

**어떻게 알았나요?**

비행기 조종사가 된 '나'는 명석해 보이는 사람들에게 자신의 그림 제            호를 보여 주었습니다.

---

**2**

내용 이해

㉠에 대한 생각이 같은 인물끼리 묶은 것은 무엇인가요?  (          )

① '나', 어른들                    ② 어른들, 아이

③ '나', 명석해 보이는 사람들       ④ 아이, 명석해 보이는 사람들

⑤ 어른들, 명석해 보이는 사람들

---

**3**

★추론

㉡의 까닭으로 알맞은 것은 무엇인가요?  (          )

① 아이의 생김새가 이상해서

② 아이가 '나'의 그림을 칭찬해서

③ 아이가 계속 양을 그려 달라고 졸라서

④ 아이가 코끼리를 삼킨 보아뱀 그림을 이해해서

⑤ 아이의 말이 어른들에게 들었던 말과 비슷해서

---

**4**

★추론

'나'의 특징과 관련지어 이 글의 내용을 바르게 이해한 친구에게 ○표 하세요.

(1) 태규: '나'는 화가를 꿈꿨기 때문에 아이가 만족할 만한 그림을 쉽게 그렸어.    (          )

(2) 송희: '나'는 사고를 당해 도움이 필요했기 때문에 아이의 부탁을 들어주었어.    (          )

(3) 민재: '나'는 어린이 같은 상상력을 갖고 있었기 때문에 아이와 양 그림에 대해 대화할 수 있었어.

(          )

# 산 3 | 유치환

나는 산입니다.
이렇게 커다란 검정 구름 더미가
나의 머리 위를 핑핑 지나가는 걸 보니
오늘 밤은 비가 오겠습니다.
게다가 동남풍이 불어옵니다.
저 대해 같은 검푸른 하늘에
오늘 밤은 작은 별 애기들을 볼 수가 없겠지요.
㉠ 산새들 날래 날개를 푸드득거리고
숲속으로 깃을 찾아 숨으시오.
저렇게 청개구리 놈들은 골짜구니에서
목청 높이 울어 야단들이 아닙니까.

나는 산입니다.
밤새도록 나는 혼자서
촉촉이 비를 맞고 서 있지요.

## 어휘 풀이

□ **대해** 넓고 큰 바다. (大 큰 대, 海 바다 해)
□ **날래** '빨리'의 방언.
□ **골짜구니** '골짜기'의 방언.
□ **야단** 매우 떠들썩하게 일을 벌이거나 부산하게 법석거림.

**1** 이 시를 읽고 떠올린 장면으로 알맞지 <u>않은</u> 것은 무엇인가요? (          )

내용
이해

① 산에 바람이 불어오는 장면

② 산에 밤새도록 비가 오는 장면

③ 밤하늘에 별들이 반짝이는 장면

④ 골짜기에서 청개구리들이 우는 장면

⑤ 커다란 먹구름이 산 위를 지나가는 장면

**2**

전략 적용

이 시에 나온 다음 표현들 중 말하는 이를 가리키는 것을 두 개 찾아 ○표 하세요.

내용
이해

| 나 | 산 | 하늘 | 청개구리 |

💡 어떻게 알았나요?

이 시의 말하는 이는 각 연의 [        ] 행을 보면 알 수 있습니다.

**3** 이 시의 특징으로 알맞은 것을 두 개 고르세요. (      ,      )

표현
파악

① 계절의 변화에 따라 내용이 전개되고 있다.

② 사람이 아닌 것을 사람처럼 표현하고 있다.

③ 말하는 이가 다른 인물과 대화를 주고받고 있다.

④ 각 연에서 동일한 문장이 반복되어 운율이 느껴진다.

⑤ 냄새를 코로 맡는 듯한 표현이 두드러지게 나타난다.

**4** 말하는 이가 ㉠과 같이 말한 까닭으로 알맞은 것을 찾아 기호를 쓰세요.

★ 추론

㉮ 산새들이 비를 맞을까 봐 걱정되어서

㉯ 날개를 푸드득거리는 산새들이 성가셔서

㉰ 게으른 산새들이 부지런해지기를 바라서

㉱ 동남풍이 불면 산새들이 먼 곳으로 떠나야 해서

(          )

**5** 이 시를 읽고 짐작한 내용을 알맞게 말하지 <u>못한</u> 친구의 이름을 쓰세요.

★ 추론

> 윤서: 작은 별들을 볼 수 없어 아쉬워하는 모습에서 말하는 이가 따뜻한 마음을 가졌음을 알 수 있어.
>
> 하준: "머리 위를 핑핑", "날개를 푸드득거리고", "목청 높이 울어"와 같은 표현에서 아늑하고 평온한 분위기가 느껴져.
>
> 수아: 시인은 산새들을 숨겨 주고 혼자 비를 맞는 산의 모습을 통해 다른 대상을 포용하는 넉넉함을 보여 주려고 한 것 같아.

(              )

**핵심 정리**

**6** 노트의 빈칸을 채우며, 이 시의 내용을 정리해 보세요.

### 「산 3」 정리하기

| | |
|---|---|
| 1연 | '나'는 오늘 밤에 비가 올 것이니 ❶(      )들에게 빨리 숲속으로 숨으라고 함. |
| 2연 | '나'는 밤새도록 혼자서 촉촉이 ❷(      )를 맞고 서 있음. |

⬇

| | |
|---|---|
| 주제 | 따뜻하고 의연한 ❸(      )의 모습 |

• **이 시의 표현**

> 이 시는 ❹(        )를 '산'으로 설정하여, 비가 오기 전 먹구름이 몰려오고 새가 숲에 숨고 개구리가 우는 모습을 산의 입장에서 전달하고 있다.

**1** 다음 낱말의 뜻으로 알맞은 것을 찾아 선으로 이으세요.

(1) 밤새다 •

(2) 검푸르다 •

(3) 불어오다 •

• ① 바람이 이쪽으로 불다.

• ② 검은빛을 띠면서 푸르다.

• ③ 밤이 지나 날이 밝아 오다.

**2** 빈칸에 알맞은 낱말을 보기 에서 찾아 쓰세요.

보기    대해    더미    야단

(1) 동생은 주사를 맞는 것이 무서워 울면서 (              )을/를 피웠다.

(2) 연휴에 쓰레기를 수거하지 않아 골목마다 쓰레기 (              )이/가 쌓여 있다.

(3) 삼촌은 배를 타고 (              )(으)로 나가 몇 달 동안 고기잡이를 하고 돌아왔다.

**3** 다음 뜻풀이를 읽고, 밑줄 친 낱말의 뜻으로 알맞은 것을 찾아 각각 기호를 쓰세요.

동형어

㉠ 맞다¹ 문제에 대한 답이 틀리지 않다.

㉡ 맞다² 내리는 눈이나 비 등이 닿는 것을 그대로 받다.

㉢ 맞다³ 외부로부터 어떤 힘이 가해져 몸에 해를 입다.

(1) 어머니께 등짝을 맞고 화들짝 잠에서 깼다.                    (         )

(2) 펑펑 내리는 눈을 맞으며 놀이터에서 뛰어놀았다.              (         )

(3) 시험이 끝나고 확인해 보니 내가 쓴 답이 모두 맞았다.          (         )

# 사랑손님과 어머니 | 주요섭

**앞부분의 줄거리** | '나'는 여섯 살 난 여자아이인 박옥희로, 아버지가 돌아가시고 어머니, 외삼촌과 함께 살고 있다. 어느 날 큰외삼촌이 데려온 낯선 손님이 사랑채에서 머물게 되고, '나'는 그 아저씨와 금방 친해진다. 어느 토요일, '내'가 아저씨와 뒷동산에 다녀오는 길에 아저씨가 아빠라면 좋겠다고 말하자, 아저씨는 얼굴을 붉히며 그런 말을 하면 못쓴다고 나무란다.

소설 | 1,204자

이튿날은 일요일인 <sup>•</sup>고로 나는 어머니와 함께 예배당에를 가려고 차리고 나서 어머니가 옷을 갈아입는 동안 잠깐 <sup>•</sup>사랑에 나가 보았습니다. '아저씨가 아직도 성이 났나?' 하고 가만히 방 안을 들여다보았더니 책상에 앉아서 무엇을 쓰고 있던 아저씨가 내다보면서 빙그레 웃었습니다. 그 웃음을 보고 나는 마음을 놓았습니다. 아저씨가 지금은 성이 풀린 것이 확실하니까요. 아저씨는 나를 이리 보고 저리 보고 <sup>•</sup>훑어보더니,

"옥희, 오늘 어디 가노? 저렇게 곱게 차리고." / 하고 물었습니다.

"엄마하고 예배당에 가."

"예배당에?" / 하고 나서 아저씨는 잠시 나를 멍하니 바라보더니,

"어느 예배당에?" / 하고 물었습니다.

"요 앞에 예배당에 가지 뭐."

"응? 요 앞이라니?" / 이때 안에서,

"옥희야." / 하고 부드럽게 부르는 어머니 목소리가 들렸습니다. 나는 얼른 안으로 뛰어 들어오면서 돌아다보니까, ㉠아저씨는 또 얼굴이 빨갛게 성이 났겠지요. 내 원, 참으로 무슨 일로 요새는 아저씨가 그렇게 성을 잘 내는지 알 수 없었습니다.

예배당에 가서 <sup>•</sup>찬미하고 기도하다가 기도하는 중간에 갑자기 나는, '혹시 아저씨도 예배당에 오지 않았나?' 하는 생각이 나서 눈을 뜨고 고개를 들어 남자석을 바라다보았습니다. 그랬더니 하, 바로 거기에 아저씨가 와 앉아 있겠지요. 그런데 아저씨는 어른이면서도 눈 감고 기도하지 않고 우리 아이들처럼 눈을 <sup>•</sup>번히 뜨고 여기저기 두리번두리번 바라봅니다. 나는 얼른 아저씨를 알아보았는데 아저씨는 나를 못 알아보았는지 내가 빙그레 웃어 보여도 웃지도 않고 멀거니 보고만 있겠지요. 그래 나는 손을 흔들었지요. 그러니까 아저씨는 얼른 고개를 숙이고 말더군요. 그때에 어머니는 내가 팔 흔드는 것을 깨닫고 두 손으로 나를 붙들고 끌어당기더군요. 나는 어머니 귀에다 입을 대고,

"저기 아저씨도 왔어." / 하고 속삭이니까 어머니는 <sup>•</sup>흠칫하면서 내 입을 손으로 막고 막 끌어 잡아다가 앞에 앉히고 고개를 누르더군요. 보니까 어머니가 또 얼굴이 홍당무처럼 빨개졌더군요.

그날 예배는 아주 <sup>•</sup>젬병이었어요. 웬일인지 예배가 다 끝날 때까지 어머니는 성

이 나서 °강대만 향하여 앞으로 바라보고 앉았고, 이전 모양으로 가끔 나를 내려다보고 웃는 일이 없었어요. 그리고 아저씨를 보려고 남자석을 바라다보아도 아저씨도 한 번도 바라다보아 주지도 않고 성이 나서 앉아 있고, 어머니는 나를 보지도 않고 °공연히 꽉꽉 잡아당기지요. 왜 모두들 그리 성이 났는지! 나는 그만 '으아.' 하고 한번 울고 싶었어요.

**1** 내용 이해

**이 글의 내용으로 알맞은 것은 무엇인가요?** (　　　)

① '나'는 토요일에 어머니와 예배당에 갔다.
② 아저씨는 '내'가 예배당에 가는 것을 말렸다.
③ 아저씨는 예배당에서 '나'를 알아보고 손을 흔들었다.
④ 어머니는 예배당에서 '나'를 내려다보고 웃어 주었다.
⑤ '나'는 어머니에게 아저씨가 예배당에 왔다고 알려 주었다.

**2** 내용 이해

**㉠에서 아저씨의 얼굴이 빨개진 까닭으로 알맞은 것은 무엇인가요?** (　　　)

① 버릇없이 구는 '나'에게 화가 나서
② '나'의 어머니의 목소리를 듣고 부끄러워서
③ 집에서 소리를 지르는 '나'의 어머니가 못마땅해서
④ '내'가 어느 예배당에 다니는지 몰랐던 것이 창피해서
⑤ 서둘러 예배당에 가야 하는 '나'에게 말을 건 것이 미안해서

**3** 표현 파악

전략 적용
**다음을 읽고, 빈칸에 들어갈 말로 알맞지 않은 것에 ✕표 하세요.**

> 이 글에서 말하는 이인 '나'는 어린 여자아이로, 어머니와 아저씨를 관찰하며 이야기를 들려준다. '나'는 경험이 부족하고 천진난만한 어린아이이기 때문에 어른의 행동에 담긴 의도와 감정을 완벽하게 이해하지 못한다. 그래서 어머니와 아저씨의 속마음을 잘못 전달하기도 한다. 이처럼 이 글은 [　　　　　　　　]

(1) 어린아이의 말투를 사용하여 맑고 순수한 분위기를 자아낸다. (　　　)
(2) 어린아이의 눈을 통해 인물들의 생각과 감정을 분명하게 드러내고 있다. (　　　)
(3) 어린아이의 시선에서 엉뚱하게 그려진 어른들의 행동을 해석하는 재미가 있다. (　　　)

**4** 이 글에 나타난 어머니의 성격으로 알맞은 것은 무엇인가요?　(　　　　)

★추론
① 솔직하다.　　　　　② 활발하다.　　　　　③ 이기적이다.
④ 욕심이 많다.　　　　⑤ 수줍음이 많다.

💡 어떻게 알았나요?

어머니는 아저씨가 예배당에 온 것을 알고 얼굴이 　　　　　　　　처럼 빨개졌습니다.

**5** 보기 의 내용을 바탕으로, 이 글을 잘못 이해한 친구에게 ✕표 하세요.

★추론

보기

　이 글은 남편을 잃고 홀로 옥희를 키우던 옥희의 어머니와 사랑채에서 손님으로 머물게 된 아저씨가 서로에게 호감을 느끼며 벌어지는 이야기이다. 이 글의 배경인 1930년대에는 성인인 남녀가 한자리에 앉지 않는 풍습이 남아 있었다. 또한 오늘날과 달리, 남편을 잃은 여자가 재혼하는 것을 손가락질하는 분위기가 강했다.

(1) 승우: 성인 남녀가 따로 앉는 풍습 때문에 예배당에 남자석이 있었구나.　(　　　　)

(2) 채은: 아저씨는 여자인 어머니와 '나'만 간 것이 걱정되어 예배당에 왔을 거야.　(　　　　)

(3) 은정: 어머니와 아저씨는 사회적 분위기 때문에 마음을 쉽게 표현하지 못했어.　(　　　　)

핵심 정리

**6** 노트의 빈칸을 채우며, 이 글의 내용을 정리해 보세요.

「사랑손님과 어머니」 정리하기

'나'는 어디 가는지 묻는 아저씨에게 엄마와 ❶(　　　　)에 간다고 대답하였다.

⬇

'나'는 예배당에 온 ❷(　　　　)를 알아보고, 어머니에게 귓속말로 말해 주었다.

⬇

예배가 끝날 때까지 어머니도 아저씨도 '나'를 바라보지 않고 ❸(　　　　)이 나 있어서 '나'는 울고 싶었다.

• 이 글의 말하는 이

❹(　　　　)라는 이름의 여섯 살 아이인 '내'가 어른들의 행동을 관찰하여 전달하고 있다.

**1** 다음 낱말의 뜻으로 알맞은 것을 찾아 선으로 이으세요.

(1) 찬미하다 • •① 몸을 움츠리며 갑작스럽게 놀라다.

(2) 훑어보다 • •② 아름답고 훌륭한 것 등을 높여 말하며 칭찬하다.

(3) 흠칫하다 • •③ 위아래로 또는 처음부터 끝까지 빈틈없이 죽 눈여겨보다.

**2** 빈칸에 알맞은 낱말을 보기 에서 찾아 쓰세요.

| 보기 | 번히 | 사뭇 | 공연히 |
|---|---|---|---|

(1) 도둑이 너무 날쌔서 눈을 (　　　　　　) 뜨고도 놓쳐 버렸다.

(2) 선규는 아무런 잘못도 없는 나에게 (　　　　　　) 화를 냈다.

(3) 조용한 안채와 달리 (　　　　　　)은/는 할아버지를 찾아온 손님들로 늘 북적였다.

**3** 다음 설명을 읽고, (　　　　)에서 알맞은 낱말을 골라 ○표 하세요.

헷갈리는 말

| 안치다 | 밥, 떡, 찌개 등을 만들기 위하여 그 재료를 솥이나 냄비 등에 넣고 불 위에 올리다.<br>예 솥에 밥을 <u>안치고</u> 불을 지폈다. |
|---|---|
| 앉히다 | 앉게 하다.<br>예 손님을 거실에 <u>앉히고</u> 차를 내어 주었다. |

(1) 냄비에 ( 안친 / 앉힌 ) 된장찌개가 펄펄 끓기 시작했다.

(2) 우는 동생을 무릎 위에 ( 안치고 / 앉히고 ) 달래 주었다.

(3) 쉬는 시간이 끝나자 선생님이 아이들을 자리에 ( 안쳤다 / 앉혔다 ).

# 반어와 역설 이해하기

신문 기사나 광고에서도 많이 쓰여.

**개념 이해**   작가는 문학 작품을 쓸 때 다양한 문학적 표현을 사용합니다. 참신한 문학적 표현을 통해 주제를 더 효과적으로 전달할 수 있기 때문입니다. 다양한 문학적 표현 중 반어와 역설에 대해 알아볼까요?

**반어와 역설**   반어는 하고 싶은 말과 반대로 표현하여 속마음을 인상적으로 드러내는 표현 방법입니다. 역설은 겉으로는 말이 안 되는 것처럼 보이지만, 그 안에 삶의 깨달음이나 진실을 담고 있는 표현 방법입니다.

**반어와 역설의 효과**   반어와 역설은 글의 흐름에 변화를 주는 효과가 있습니다. 누군가가 상황과 반대되는 말을 하거나 이치에 맞지 않는 말을 하면 '저 말이 무슨 뜻일까?' 하면서 관심을 가지게 됩니다. 이와 마찬가지로 반어와 역설 표현은 읽는 이의 주의를 끌고, 읽는 이에게 그 표현에 담긴 의미를 깊이 생각해 보게 합니다.

## 이렇게 해요!

① 작품 속 상황과 분위기를 파악합니다.

② 말하는 이의 속마음을 반대로 표현한 반어 표현을 보았을 때는
표현에 담긴 진짜 의미를 짐작해 봅니다.

③ 앞뒤가 맞지 않아 보이는 역설 표현을 보았을 때는 작가가 이를 통해
전달하려는 생각이 무엇일지 생각해 봅니다.

반어와 역설은
깊은 인상을 주기 때문에,
신문 기사나 광고에서도
많이 쓰여.

## 확인 문제

**1** 다음 시의 ㉠~㉤ 중 반어 표현에 해당하는 것을 찾아 기호를 쓰세요.

> ㉠내가 아무리 거짓으로 허풍을 떨어도
> 눈을 동그랗게 뜨고 머리를 끄덕여 주는
> ㉡너는 참 바보다.
> ㉢바보라고 불러도 화내지 않고
> 씨익 웃어 버리고 마는 너는
> 정말 정말 바보다.
>
> ㉣—그럼, 난 뭐냐?
> 그런 네가 좋아서 그림자처럼
> ㉤네 뒤를 졸졸 따라다니는
> 나는?
>
> — 신형건, 「넌 바보다」 중

말하는 이가 자신의 속마음과 반대로 표현한 말은 무엇일까?

(                    )

**2** 다음 시를 읽고, ㉠에 대한 설명으로 알맞지 <u>않은</u> 것에 ✕표 하세요.

> 흔들리는 나뭇가지에 꽃 한번 피우려고
> 눈은 얼마나 많은 도전을 멈추지 않았으랴
>
> 싸그락 싸그락 두드려 보았겠지
> 난분분 난분분 춤추었겠지
> 미끄러지고 미끄러지길 수백 번,
>
> 바람 한 자락 불면 획 날아갈 사랑을 위하여
> 햇솜 같은 마음을 다 퍼부어 준 다음에야
> 마침내 피워 낸 저 황홀 보아라
>
> 봄이면 가지는 그 한 번 덴 자리에
> 세상에서 가장 ㉠아름다운 상처를 터뜨린다
>
> — 고재종, 「첫사랑」

'상처가 아름답다'는 것은 언뜻 보면 잘 이해되지 않는 말이야.

(1) 겉으로는 말이 안 되는 것처럼 보이는 표현이다.                (        )

(2) 상처가 보기 흉하다는 속마음을 숨기고 있는 표현이다.          (        )

(3) 시련을 겪고 피어나는 꽃이 아름답다는 의미가 담겨 있는 표현이다. (        )

# 먼 후일 | 김소월

시 | 108자

먼 훗날 당신이 찾으시면
그때에 내 말이 '잊었노라'

당신이 속으로 나무라면
'무척 그리다가 잊었노라'

그래도 당신이 나무라면
'믿기지 않아서 잊었노라'

오늘도 어제도 아니 잊고
먼 훗날 그때에 '잊었노라'

## 어휘 풀이

□ **나무라다** 상대방의 잘
못이나 부족한 점을 꼬
집어 말하다.

□ **그리다** 사랑하는 마음
으로 간절히 생각하다.

**1** 말하는 이가 처한 상황으로 알맞은 것은 무엇인가요? (      )

내용
이해

① 사랑하는 사람이 찾아온 상황

② 사랑하는 사람과 헤어진 상황

③ 사랑하는 사람과 여행을 떠나는 상황

④ 사랑하는 사람에게 잘못한 일을 사과하는 상황

⑤ 사랑하는 사람과 먼 훗날 다시 만나자고 약속하는 상황

💡 어떻게 알았나요?

이 시에서 '          '은 말하는 이가 사랑하는 사람입니다.

**2** '당신'에 대한 말하는 이의 마음으로 알맞은 것은 무엇인가요? (      )

★ 추론

① 기쁜 마음          ② 그리운 마음          ③ 두려운 마음

④ 부러운 마음          ⑤ 자랑스러운 마음

전략 적용

**3** 이 시에서 다음 설명에 해당하는 표현은 무엇인가요? (      )

표현
파악

> '당신'을 잊을 수 없는 말하는 이의 마음을 반대되는 말로 표현하였다.

① 먼 훗날          ② 잊었노라          ③ 당신이 나무라면

④ 당신이 찾으시면          ⑤ 오늘도 어제도 아니 잊고

**4** 이 시에서 운율이 느껴지는 까닭으로 알맞지 <u>않은</u> 것에 ✕표 하세요.

표현
파악

(1) 묻고 답하는 형식으로 구성되었기 때문이다.                                  (      )

(2) 모든 연이 소리가 같은 말로 끝나기 때문이다.                                (      )

(3) '먼 훗날', '당신이', '잊었노라'라는 말이 반복되기 때문이다.              (      )

(4) '먼 훗날∨당신이∨찾으시면'과 같이 각 행을 세 번 끊어 읽을 수 있기 때문이다.   (      )

# 모란이 피기까지는 | 김영랑

시 | 223자

모란이 피기까지는
나는 아직 나의 봄을 기다리고 있을 테요
모란이 뚝뚝 떨어져 버린 날
나는 비로소 봄을 •여읜 •설움에 잠길 테요
오월 어느 날 그 하루 무덥던 날
떨어져 누운 꽃잎마저 시들어 버리고는
•천지에 모란은 •자취도 없어지고
뻗쳐오르던 내 보람 서운케 무너졌으니
모란이 지고 말면 그뿐 내 한 해는 다 가고 말아
삼백예순 날 •하냥 섭섭해 •우옵내다
모란이 피기까지는
나는 아직 기다리고 있을 테요 •찬란한 슬픔의 봄을

## 어휘 풀이

- □ **여의다** 부모나 사랑하는 사람이 죽어서 이별하다.
- □ **설움** 서럽게 느껴지는 마음.
- □ **천지** 하늘과 땅을 아울러 이르는 말. (天 하늘 천, 地 땅 지)
- □ **자취** 어떤 것이 남긴 표시나 자리.
- □ **하냥** '늘'의 방언.
- □ **우옵내다** '웁니다'의 옛말.
- □ **찬란하다** 빛깔이나 모양 등이 매우 화려하고 아름답다.

**1**

중심
생각

이 시에서 '모란'과 비슷한 의미를 지닌 말을 두 개 고르세요.  (    ,    )

① 봄            ② 보람            ③ 자취            ④ 천지            ⑤ 무덥던 날

**어떻게 알았나요?**

말하는 이는 모란이 떨어진 날, 뻗쳐오르던 _____ 이 서운하게 무너졌다고 하였습니다.

**2**

내용
이해

말하는 이의 상황을 다음과 같이 설명할 때, ㉮~㉰ 중 알맞지 <u>않은</u> 것을 찾아 기호를 쓰세요.

> 모란은 오월에 며칠 동안만 피었다가 지는 꽃이다. ㉮말하는 이는 모란이 피기를 간절히 기다렸다. ㉯모란이 피었을 때는 보람을 느꼈지만, 날이 무더워져 자취를 감추자 한 해가 다 간 것 같아 오랫동안 섭섭했다. ㉰그래서 말하는 이는 다시는 모란을 기다리지 않을 것이라고 다짐하고 있다.

(          )

**3**

구조
파악

이 시의 특징으로 알맞지 <u>않은</u> 것에 ✕표 하세요.

(1) 1연 12행으로 이루어져 있다.                                    (          )

(2) 공간 변화에 따라 내용이 전개되고 있다.                      (          )

(3) '~ㄹ 테요'를 반복하여 운율을 형성하고 있다.                (          )

(4) 첫 부분과 끝부분에 비슷한 문장이 반복되고 있다.          (          )

**4**

표현
파악

전략 적용

다음에서 설명하는 표현을 이 시에서 찾을 때, 알맞은 것은 무엇인가요?  (          )

> 역설이란 앞뒤가 맞지 않아 보이지만, 그 속에 진실을 담고 있는 표현 방법이다.

① 그 하루 무덥던 날
② 찬란한 슬픔의 봄을
③ 내 한 해는 다 가고 말아
④ 모란이 뚝뚝 떨어져 버린 날
⑤ 천지에 모란은 자취도 없어지고

**5** 다음은 이 시를 읽은 친구들의 대화입니다. 말하는 이의 생각이나 마음을 잘못 짐작한 친구의 이름을 쓰세요.

★ 추론

> 경수: 말하는 이는 모란이 지면 한 해가 다 간다고 말할 만큼 모란이 지는 것을 슬퍼하고 있어.
>
> 재범: 맞아, 모란이 지고 난 뒤에 삼백예순 날을 울 거라고 말하는 것에서도 깊은 슬픔이 느껴져.
>
> 태진: 말하는 이에게 봄은 기다리던 모란이 피는 찬란한 계절이지만, 모란이 시들어 버리는 슬픈 계절이기도 할 거야.
>
> 하리: 그래서 말하는 이는 모란이 천지에 자취도 남지 않을 만큼 없어졌으면 좋겠다고 생각하나 봐.

(                              )

**핵심 정리**

**6** 노트의 빈칸을 채우며, 이 시의 내용을 정리해 보세요.

## 「모란이 피기까지는」 정리하기

| | |
|---|---|
| 1~2행 | ❶(          )이 피기를 기다림. |
| 3~10행 | 모란이 진 후 서러움과 슬픔을 느낌. |
| 11~12행 | 모란이 다시 필 ❷(          )을 기다림. |

⬇

| | |
|---|---|
| 주제 | 간절히 소망하는 것을 이루기 위한 기다림. |

• **이 시의 표현**

> 이 시의 12행인 "나는 아직 기다리고 있을 테요 찬란한 ❸(          )의 봄을"은 목적어와 서술어의 위치를 바꾼 표현이다. 이처럼 문장에서 말의 순서를 바꾸어 강한 인상을 주는 표현 방법을 '도치법'이라고 한다.

**1** 다음 낱말의 뜻으로 알맞은 것을 찾아 선으로 이으세요.

(1) 무덥다 •

(2) 찬란하다 •

(3) 뻗쳐오르다 •

• ① 물줄기나 불길 등이 위를 향해 세게 오르다.

• ② 빛깔이나 모양 등이 매우 화려하고 아름답다.

• ③ 습도와 온도가 매우 높아 찌는 듯 견디기 어렵게 덥다.

**2** 빈칸에 알맞은 낱말을 보기 에서 찾아 쓰세요.

보기          설움          자취          천지

(1) 밤새 내린 눈이 온 (          )을/를 뒤덮었다.

(2) 선생님께 혼나던 수빈이는 (          )에 복받쳐 울음을 터뜨렸다.

(3) 책상 서랍에 숨겨 두었던 보물 상자가 (          )도 없이 사라졌다.

**3** 다음 설명을 읽고, (          )에서 알맞은 낱말을 골라 ○표 하세요.

헷갈리는
말

| 여위다 | 살이 많이 빠져 몸이 마르고 얼굴에 핏기가 없게 되다.<br>예 오랫동안 고생을 했더니 몸이 홀쭉하게 여위었다. |
|---|---|
| 여의다 | 부모나 사랑하는 사람이 죽어서 이별하다.<br>예 나는 어렸을 때 할머니를 여의었다. |

(1) 그는 아버지를 ( 여위고 / 여의고 ) 어머니와 둘이 살고 있다.

(2) 장염을 앓느라 음식을 먹지 못해 얼굴이 많이 ( 여위었다 / 여의었다 ).

(3) 오랜 가뭄으로 굶주린 동물들은 갈비뼈가 드러날 만큼 ( 여위어 / 여의어 ) 있었다.

# 춘향전

**앞부분의 줄거리** | 남원 사또의 아들 이몽룡과 기생 월매의 딸 춘향은 사랑에 빠지지만, 이몽룡이 한양으로 떠나며 둘은 이별하게 된다. 혼자 남은 춘향은 수청을 들라는 변 사또의 명을 따르지 않아 옥에 갇힌다. 암행어사가 된 이몽룡은 신분을 숨긴 채 옥에 갇힌 춘향을 만나고, 춘향은 내일 있을 변 사또의 생일잔치에서 자신이 죽게 될 것이라고 말한다.

소설 | 1,069자

이튿날, 변 사또의 생일을 맞아 가까운 고을의 관리들이 죄다 남원 관아로 모여들었다. 호화로운 음식이 상에 가득 차려지고 노랫소리가 울려 퍼졌다. 그때 남루한 차림의 이몽룡이 관아로 들어서며 외쳤다.

"여기 큰 잔치가 열린 듯하니 나도 한 상 얻어먹자꾸나!"

이몽룡을 본 변 사또는 그를 즉각 끌어내라고 소리쳤다. 그때 한 관리가 뭔가 생각이 있는 듯 변 사또에게 청했다.

"저 자가 옷차림은 초라하나 양반의 후손 같으니, 대충 먹여 보냅시다."

변 사또는 마지못해 허락했다. 이몽룡이 자리를 잡고 앉아 상을 받아 보니 콩나물, 깍두기, 막걸리 한 사발이 전부였다. 이몽룡은 상을 걷어차 버리고, 변 사또와 관리들이 있는 상석에 냅다 앉았다.

그 모습이 못마땅했던 변 사또는 돌아가며 시를 지어 보자고 말했다. 이몽룡의 행색으로 보아 글을 못 배웠을 것이 분명하므로, 이를 구실 삼아 이몽룡을 내쫓을 요량이었다. 그런데 이몽룡은 자기가 먼저 시를 한 수 짓겠다고 나섰다.

┌ 금동이에 담긴 술은 만백성의 피요 / 옥쟁반에 놓인 안주는 만백성의 기름이라
㉠
└ 촛농 떨어질 때 백성의 눈물도 떨어지고 / 노랫소리 높은 곳에 원망 소리도 높더라

이몽룡의 시를 본 관리들은 가슴이 철렁 내려앉았다. 그때였다.

"암행어사 출두야!"

천지가 흔들리는 소리와 함께 사방에서 사내들이 몽둥이를 휘두르며 관아로 들이쳤다. 백성을 괴롭혀 자신들의 배만 불리던 변 사또와 관리들이 정신없이 도망쳤지만, 이내 붙잡히고 말았다. 암행어사인 이몽룡은 변 사또를 파면하고 재산을 몰수하라 명했다. 그리고 감옥에 있는 사람 중에 죄가 없는 자를 풀어 주게 하였다.

영문도 모른 채 풀려난 춘향이 이몽룡 앞에 엎드리자, 그는 일부러 목소리를 바꾸어 말했다.

"네가 절개를 지킨다고 변 사또의 명을 거역한 춘향이로구나. 관리의 명을 거역한 죄가 크나, 이제라도 내 명에 따라 수청을 든다면 너를 살려 주마."

"㉡어째 내려오는 관리마다 하나같이 훌륭하군요. 푸른 나무가 눈이 온들 변하겠습니까? 명을 거두시고 그냥 나를 죽이시오."

춘향의 단호한 대답에 이몽룡은 웃으며 말했다.

**어휘 풀이**

□ **수청** (옛날에) 기생이 높은 관직에서 일하는 사람에게 몸을 바쳐 시중을 들던 일.

□ **남루하다** 옷이 낡고 차림새가 너저분하다.

□ **상석** 윗사람이 앉는 자리.

□ **행색** 겉으로 드러나는 차림새나 태도.

□ **요량** 앞일을 잘 헤아려 한 생각.

□ **출두** 조선 시대에, 암행어사가 중요한 사건을 처리하기 위하여 나서던 일.

□ **파면하다** 잘못을 한 사람에게 일을 그만두게 하다.

□ **몰수하다** 죄를 지은 사람에게서 그 죄를 통해 얻은 재산을 강제로 빼앗다.

□ **절개** 남편에 대한 신의를 지키는 여자의 태도.

"춘향아, 고개를 들어 나를 보아라."

익숙한 목소리에 놀라 고개를 든 춘향은 이몽룡을 보고 기쁨의 눈물을 흘렸다.

**1**

내용
이해

이 글에 대한 설명으로 알맞은 것을 두 개 고르세요. (　　,　　)

① 말하는 이는 춘향이다.

② 공간적 배경은 남원 관아이다.

③ 변 사또의 생일잔치 날 일어난 이야기이다.

④ 이몽룡과 춘향의 갈등을 중심으로 사건이 전개된다.

⑤ 이몽룡의 정체가 끝까지 드러나지 않아 호기심을 유발한다.

**2**

내용
이해

이 글의 내용으로 알맞지 <u>않은</u> 것은 무엇인가요? (　　　)

① 이몽룡은 잔치에서 상을 걷어차고 상석에 앉았다.

② 이몽룡은 자신의 명을 거역한 춘향에게 화가 났다.

③ 변 사또는 잔치에 온 이몽룡을 끌어내라고 소리쳤다.

④ 변 사또는 이몽룡이 시를 짓지 못할 것이라고 생각했다.

⑤ 감옥에서 풀려난 춘향은 이몽룡을 바로 알아보지 못했다.

💡 **어떻게 알았나요?**

푸른 나무는 눈이 와도 변하지 않는다는 춘향의 단호한 대답에 　　　　　은 웃으며 말했습니다.

**3**

★추론

㉠을 본 관리들의 가슴이 내려앉은 까닭으로 알맞은 것에 ○표 하세요.

(1) 자신들을 비판하는 내용의 시를 쓴 이몽룡이 보통 사람이 아님을 눈치채서 (　　　)

(2) 이몽룡이 양반의 후손이 아니라 자신들을 원망하는 백성이었음을 깨달아서 (　　　)

(3) 금동이에 담긴 술과 옥쟁반에 놓인 안주를 이몽룡이 다 먹을까 봐 걱정되어서 (　　　)

**4**

표현
파악

전략 적용

㉡에 대한 설명으로 알맞은 것은 무엇인가요? (　　　)

① 암행어사에게 죄를 용서받기 위해 억지로 칭찬하는 말이다.

② 자신을 풀어 준 암행어사에게 감사하는 마음을 표현한 말이다.

③ 훌륭한 관리들만 내려 보내는 비결이 무엇인지 물어보는 말이다.

④ 암행어사도 변 사또처럼 부도덕하다는 생각을 반대로 표현한 말이다.

⑤ 남원에 오는 관리들이 모두 훌륭하다는 사실을 직접적으로 표현한 말이다.

**5** 이 글을 읽고 짐작한 내용을 잘못 말한 친구의 이름을 쓰세요.

★ 추론

> 연우: 이몽룡이 변 사또의 생일잔치에 남루한 차림으로 나타난 것은 자신이 암행어사임을 숨기기 위해서였구나.
>
> 다혜: 춘향이 "푸른 나무가 눈이 온들 변하겠습니까?"라고 말한 것은 희고 깨끗한 눈처럼 절개를 지키겠다는 뜻인 것 같아.
>
> 현준: 암행어사가 출두했다는 말에 관리들이 도망가는 것을 보니, 암행어사는 백성을 괴롭히는 관리를 처벌하는 일을 했나 봐.

(                )

핵심 정리

**6** 노트의 빈칸을 채우며, 이 글의 내용을 정리해 보세요.

## 「춘향전」 정리하기

이몽룡이 남루한 차림으로 ❶(         )의 생일잔치에 나타났다.

⬇

변 사또가 이몽룡을 내쫓을 요량으로 시를 지어 보자고 말했고, 이몽룡은 백성을 돌보지 않고 호화로운 생활을 하는 ❷(       )들을 꼬집는 시를 지었다.

⬇

이몽룡이 ❸(       )로서 출두하여 변 사또를 잡아 파면하고, 죄가 없는 자들을 풀어 주었다.

⬇

풀려난 춘향은 이몽룡을 보고 기쁨의 눈물을 흘렸다.

• 이 글의 주제

신분을 넘어선 이몽룡과 ❹(      )의 사랑

**1** 다음 낱말의 뜻으로 알맞은 것을 찾아 선으로 이으세요.

(1) 남루하다 •

(2) 몰수하다 •

(3) 파면하다 •

• ① 옷이 낡고 차림새가 너저분하다.

• ② 잘못을 한 사람에게 일을 그만두게 하다.

• ③ 죄를 지은 사람에게서 그 죄를 통해 얻은 재산을 강제로 빼앗다.

**2** 빈칸에 알맞은 낱말을 보기 에서 찾아 쓰세요.

보기   상석   요량   행색

(1) 그는 사업이 크게 성공한 후에 (                    )이 달라졌다.

(2) 종규는 아이스크림을 사 먹을 (                    )으로 집을 나섰다.

(3) 우리는 가족 중에 가장 어른인 할아버지를 (                    )에 모시고 식사를 했다.

**3** 다음 뜻풀이를 읽고, 밑줄 친 낱말의 뜻으로 알맞은 것을 찾아 각각 기호를 쓰세요.

다의어

차리다
ㄱ 음식 등을 장만하여 먹을 수 있게 상 위에 벌이다.
ㄴ 기운이나 정신 등을 가다듬어 되찾다.
ㄷ 마땅히 해야 할 도리, 법식 등을 갖추다.

(1) 어른을 대할 때는 예의를 차려야 한다.                    (          )

(2) 진호는 친구들에게 위로를 받고 다시 기운을 차렸다.          (          )

(3) 할머니께서 음식을 만들어 손주의 생일상을 차리셨다.          (          )

# 4 설명하는 글의 짜임 알기

**개념 이해**

설명하는 글은 어떤 대상에 대한 여러 가지 정보를 사실대로 전달하는 글로, '설명문'이라고도 합니다. 설명하는 글은 보통 '처음-가운데-끝'으로 짜여 있습니다.

**설명하는 글의 짜임**

처음에서는 설명하고자 하는 대상을 소개합니다. 가운데에서는 설명 대상에 대한 구체적인 정보를 알기 쉽게 설명합니다. 끝에서는 전체 내용을 요약하거나 중요한 내용을 정리합니다.

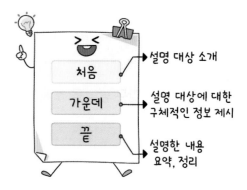

**다양한 설명 방법**

설명하는 글은 **다양한 설명 방법**을 사용합니다. 설명 방법을 파악하며 글을 읽으면, 설명 대상과 글의 짜임을 더 쉽게 이해할 수 있습니다.

- 정의: 어떤 대상의 뜻을 쉽게 풀어서 설명하는 방법
- 예시: 대상과 관련된 구체적인 예를 들어 설명하는 방법
- 열거: 대상의 특징을 나열하여 설명하는 방법
- 인과: 대상에 대해 원인과 결과를 중심으로 설명하는 방법
- 비교·대조: 둘 이상의 대상에서 공통점·차이점을 찾아 설명하는 방법
- 분류: 대상을 일정한 기준에 따라 종류별로 나누어 설명하는 방법
- 분석: 대상 전체를 몇 개의 구성 요소나 부분으로 나누어 설명하는 방법

**이렇게 해요!**

① '처음-가운데-끝'의 짜임을 생각하며 글을 읽습니다.

② 처음에서는 설명하는 대상을 파악하고, 가운데에서는 설명 대상에 대한 구체적인 정보를 이해하고, 끝에서는 정리된 내용을 다시 한번 확인합니다.

설명하는 글의 짜임을 알면 긴 글에서도 원하는 정보를 찾기 쉬워!

## 확인 문제

[1~2] 다음 글을 읽고, 물음에 답하세요.

여러 번 반복되는 낱말을 통해 이 글에서 설명하려는 대상이 무엇인지 알 수 있어.

**1** 책거리는 책을 비롯한 여러 사물이 놓여 있는 모습을 그린 그림이다. 조선 후기에 정조가 책을 주제로 그림을 그려 보라고 명한 것이 책거리의 시작으로 전해진다. 책거리는 왕실과 양반 사회에서 크게 유행하였고, 이후 서민층까지 확산되었다.

**2** 책거리의 매력은 크게 두 가지로 정리할 수 있다. 첫째, 책거리는 색채의 조화와 대비를 통해 깊은 인상을 남긴다. 바탕을 이루는 책장은 진한 녹색이나 남색을 사용하여 다른 사물들과

▲ 이응록, 〈책가도 8폭 병풍〉

조화롭게 어우러진다. 여기에 밝은 빛깔의 종이, 강렬한 녹색과 붉은색의 사물들이 적절히 배치되어 화려하면서도 절제된 아름다움을 느낄 수 있다.

**3** 둘째, 책거리에는 당시 사람들의 생활상과 소망이 담겨 있다. 양반의 방을 장식하던 책거리를 보면 책과 문방구를 중심으로 지조를 상징하는 매화, 출세를 상징하는 공작 깃털 등의 장식품이 나타나 있다. 이를 통해 학문의 길을 추구했던 양반의 삶과 바람을 엿볼 수 있다. 한편, 서민층에서 유행한 책거리에는 책장 대신 꽃신이나 족두리, 어항 등의 생활용품과 장수, 다산, 풍요의 뜻을 지닌 동식물이 등장한다.

**4** 이처럼 책거리는 색감이 아름다울 뿐만 아니라, 사물 하나하나를 들여다보며 조상들의 생활을 짐작해 볼 수 있는 매력적인 그림이다. 오늘날에도 책거리는 국내외 미술관에 전시되며 우리나라는 물론 전 세계인의 관심을 받고 있다.

**1** 이 글에서 사용한 설명 방법으로 알맞지 <u>않은</u> 것에 ✕표 하세요.

(1) 책거리의 뜻을 정의의 방법으로 설명하였다. ( )

(2) 책거리의 아름다움을 분석의 방법으로 설명하였다. ( )

(3) 책거리의 특징을 다른 그림과 대조하여 설명하였다. ( )

**2** 이 글을 설명하는 글의 짜임에 따라 나눌 때, 빈칸에 알맞은 문단 번호를 쓰세요.

각 문단의 중심 내용을 찾고, 비슷한 내용끼리 묶어 봐.

| (1) 처음 | (2) 가운데 | (3) 끝 |
| --- | --- | --- |
| | | |

# 국민 참여 재판

사회 | 1,209자

교과 연계
사회 6-1 우리나라의 정치 발전

**1** 뉴스를 보면 범죄자에 대한 법원의 판결이 일반 국민의 생각보다 무겁거나 가벼울 때가 있다. 이처럼 국민의 생각과 재판 결과가 다르면, 법이 국민의 공감을 받지 못하는 문제가 생긴다. 이를 해결하기 위해 만든 제도가 '국민 참여 재판'이다. 국민 참여 재판은 일반 국민이 배심원이 되어 참여하는 형사 재판으로, 2008년부터 우리나라에 도입되었다.

**2** 국민 참여 재판의 핵심인 배심원은 엄격한 절차에 따라 선정된다. 국민 참여 재판이 잡히면 법원은 전과가 있는 사람이나 변호사, 경찰관 등의 직업을 가진 사람을 제외한 만 20세 이상의 대한민국 국민 중에서 무작위로 배심원 후보를 뽑는다. 이렇게 뽑힌 배심원 후보는 재판이 열리는 날짜에 법원에 가야 한다. 배심원 후보들이 모이면 판사와 검사, 변호인이 질문을 통해 적합하지 않은 후보를 골라내고, 최종적으로 5~9명의 배심원을 정한다. 그리고 곧바로 재판이 시작된다.

**3** 배심원들은 검사와 변호인의 주장, 증인에 대한 신문 등을 들으며 재판 진행 과정을 지켜본다. 검사와 변호인의 최종 진술까지 끝나면 배심원들은 피고인이 유죄인지 무죄인지를 논의하여 결정한다. 유무죄 여부는 만장일치로 결정하는 것이 원칙이지만, 배심원들 사이에 의견이 갈리면 판사의 의견을 듣고 다수결로 결정한다. 만약 피고인이 유죄라는 결론을 내렸다면, 배심원들은 피고인에게 매길 형량에 대해서도 논의해야 한다. 이렇게 논의를 통해 확정된 배심원들의 최종 판단 결과를 '평결'이라고 한다. 평결을 전달받은 판사는 최종적으로 판결을 내린다. 판사는 배심원들의 평결을 존중하되, 이를 꼭 따라야 하는 것은 아니다.

**4** 국민 참여 재판에는 여러 가지 장점이 있다. 우선, 변화한 사회적 분위기를 재판에 반영할 수 있다. 사회가 발전하면서 사람들의 기준과 상식도 달라지게 된다. 그래서 예전에는 적절하다고 생각했던 형량이 지금은 부족하게 느껴지기도 하고, 범죄가 아니라고 생각했던 것이 큰 죄라고 여겨지기도 한다. 국민 참여 재판은 ┌─────── ㉠ ───────┐ 법에 대한 신뢰를 높여 준다. 또 국민 참여 재판은 보다 많은 사람이 법과 친숙해지는 데 도움이 된다. 평소 법에 큰 관심이 없던 사람도 배심원으로서 재판 과정을 가까이서 지켜보며 법의 집행에 참여할 수 있기 때문이다.

**5** 지난 10여 년간 국민 참여 재판은 법에 대한 국민의 불신을 해소하고, 국민의 눈높이에 맞는 판결이 이루어지는 데 기여하였다. 앞으로도 국민 참여 재판은 법과 일반 국민을 이어 주는 튼튼한 다리 역할을 할 것이다.

**어휘 풀이**

□ **배심원** 법률 전문가가 아닌 일반 국민 중에서 뽑혀 재판에 참여하고 판단을 내리는 사람.

□ **무작위** 뽑힐 확률이 모두 같도록 함.

□ **신문** 법원이나 기타 국가 기관이 어떤 사건에 관하여 증인, 당사자, 피고인 등에게 말로 물어 조사하는 일. (訊 물을 신, 問 물을 문)

□ **만장일치** 모든 사람의 의견이 같음.

□ **갈리다** 쪼개지거나 나뉘어져 따로따로 되다.

□ **형량** 죄인에게 내리는 형벌의 양이나 정도. (刑 형벌 형, 量 헤아릴 량)

**1**
중심
생각

이 글의 중심 내용으로 알맞은 것에 ○표 하세요.

(1) 국민 참여 재판의 과정과 장점 ( )

(2) 국민 참여 재판의 뜻과 실제 사례 ( )

(3) 국민 참여 재판에 대한 오해와 진실 ( )

**2**
내용
이해

이 글의 내용으로 알맞지 <u>않은</u> 것은 무엇인가요? ( )

① 법원이 뽑는 배심원 후보는 5~9명이다.

② 변호사나 경찰관은 배심원이 될 수 없다.

③ 판사는 배심원들의 평결을 따르지 않아도 된다.

④ 우리나라는 2008년에 국민 참여 재판을 도입했다.

⑤ 배심원은 논의를 통해 피고인의 유무죄 여부와 형량 등을 논의한다.

**3**
구조
파악

전략 적용

이 글의 짜임에 대한 설명으로 알맞지 <u>않은</u> 것을 두 개 고르세요. ( , )

① **1**문단은 '처음'으로, 설명 대상이 무엇인지 소개하고 있다.

② **2**문단은 '처음'으로, 설명 대상에 대한 구체적인 정보를 설명하고 있다.

③ **3**문단은 '가운데'로, 설명 대상이 무엇인지 소개하고 있다.

④ **4**문단은 '가운데'로, 설명 대상에 대한 구체적인 정보를 설명하고 있다.

⑤ **5**문단은 '끝'으로, 중요한 내용을 요약하고 정리하고 있다.

**4**
★추론

㉠에 들어갈 알맞은 말은 무엇인가요? ( )

① 사람들의 기준과 상식을 바꿈으로써

② 사람들에게 법의 중요성을 가르쳐 줌으로써

③ 판사가 아닌 사람들이 최종 판결을 내림으로써

④ 사람들의 생각과 판결 사이의 간극을 좁힘으로써

⑤ 모든 재판에 사람들을 배심원으로 참여시킴으로써

💡 어떻게 알았나요?

국민 참여 재판은 변화한 사회적 분위기를       에 반영할 수 있습니다.

# 천연두 퇴치의 열쇠, 우두법

과학 | 1,182자

📖 교과 연계
중학 과학 1 과학과 인류의 지속가능한 삶

**1** 급성 전염병인 천연두는 과거에 호랑이보다 무서운 존재였다. 천연두에 걸리면 10명 중 3명이 목숨을 잃었고, 운 좋게 살아남는다 해도 눈이 멀거나 깊은 흉터가 남았다. 천연두는 수 세기 동안 인류를 괴롭혔으며 20세기에만 무려 3억 명 이상의 목숨을 앗아 갔다. 그런데 1980년, ㉠세계 보건 기구는 천연두가 퇴치되었다고 선포했다. 역사상 최악의 전염병이라 불렸던 천연두는 어떻게 사라질 수 있었을까?

**2** 오래전 중국과 인도의 의사들은 천연두에 한 번 걸렸던 사람은 다시 걸리지 않는다는 사실을 발견하고 천연두 예방법을 만들었다. ㉡이는 천연두를 가볍게 앓았던 사람의 상처 딱지를 말려서 가루로 만든 뒤, 건강한 사람의 콧구멍에 넣는 것이었다. 일부러 천연두 균을 주입하여 천연두를 약하게 앓게 함으로써 이후에 천연두에 걸리지 않게 만드는 원리였다. 이 방법은 사람의 천연두 균을 이용한다고 해서 '인두법'이라고 부른다. 인두법은 천연두를 예방할 길을 열었지만, 매우 위험한 방법이었다. 자칫하면 건강한 사람이 천연두 균에 감염되어 심하게 앓거나 사망할 수 있었기 때문이다.

**3** 인두법보다 안전하고 효과적인 천연두 예방법을 찾아낸 사람은 영국의 의사 에드워드 제너였다. 제너는 소젖을 짜는 사람은 이상하게도 천연두에 걸리지 않는다는 소문을 들었다. 소에게서 옮는 전염병인 우두를 한 번 앓고 나면 평생 천연두를 앓지 않는다는 말이었다. 제너는 관찰을 통해 ㉢우두는 천연두와 비슷하지만, 증세가 훨씬 약하고 흉터도 남지 않는다는 사실을 알아냈다.

**4** 이 사실을 바탕으로 제너는 상대적으로 위험성이 낮은 우두 균을 사람에게 접종하여 천연두를 예방하는 '우두법'을 고안했다. 1796년, 제너는 건강한 소년의 팔에 우두 균을 주입하는 우두법 실험을 최초로 실시했다. 소년은 우두를 약하게 앓다가 이내 회복했다. 6주 후 제너는 그 소년에게 천연두 균을 주입했다. 소년에게서 천연두 감염 증상이 나타나지 않는 것을 본 제너는 우두법의 효과를 확신했다. 그는 ㉣더 많은 사람을 대상으로 우두법의 효과를 실험하여 동일한 결과를 얻었고, 실험 결과들을 종합하여 우두법에 관한 논문을 발표했다.

▲ 우두법을 시행하는 제너

**5** 제너의 논문이 발표되자 유럽과 미국을 중심으로 우두법이 보급되기 시작하였다. 이후에도 제너는 우두법 연구에 매진하였으며, ㉤우두법에 특허를 내지 않고 무상으로 배포하였다. 인류를 공포에 떨게 한 천연두를 지구상에서 박멸한 것은 이러한 제너의 업적 덕분이다.

**어휘 풀이**

□ **급성** 병 같은 것이 갑자기 나타나 빠르게 진행하는 성질. (急 급할 급, 性 성품 성)

□ **주입하다** 흘러 들어가도록 부어 넣다. (注 물댈 주, 入 들 입)

□ **자칫하다** 어쩌다가 조금 어긋나 잘못되다.

□ **증세** 병을 앓을 때 나타나는 여러 가지 상태나 모양.

□ **고안하다** 연구하여 새로운 안을 생각해 내다.

□ **무상** 어떤 행위에 대하여 아무런 대가나 보상이 없음. (無 없을 무, 償 갚을 상)

□ **박멸하다** 모조리 잡아 없애다.

## 1
중심
생각

이 글에 대한 설명으로 알맞지 <u>않은</u> 것은 무엇인가요?  (          )

① 인두법과 우두법의 차이점이 나타나 있다.

② 제너의 업적에 대한 긍정적인 관점이 담겨 있다.

③ 전염병은 치료보다 예방이 중요함을 강조하고 있다.

④ 우두법의 개발 과정을 시간 순서에 따라 설명하고 있다.

⑤ 천연두가 지구상에서 사라진 까닭에 대해 설명하고 있다.

## 2
내용
이해

이 글의 내용으로 알맞은 것은 무엇인가요?  (          )

① 인두법은 우두법보다 안전하다.

② 우두는 소에게서 옮는 전염병이다.

③ 천연두로 인해 1년에 3억 명 이상이 목숨을 잃었다.

④ 우두법은 건강한 사람이 천연두 균에 감염되어 사망할 수 있어 위험했다.

⑤ 제너는 천연두에 걸린 소년에게 우두 균을 주입하여 우두법의 효과를 확인했다.

### 어떻게 알았나요?

인두법은 사람의 [            ] 균을 이용하고, 우두법은 상대적으로 위험성이 낮은 [            ] 균을 이용합니다.

## 3
구조
파악

전략 적용

이 글의 짜임에 대해 알맞게 말한 친구의 이름을 쓰세요.

> 승현: '처음'은 **1**문단이고, '가운데'는 **2**, **3**문단이고, '끝'은 **4**, **5**문단이야.
> 가은: '처음'은 **1**문단이고, '가운데'는 **2**, **3**, **4**문단이고, '끝'은 **5**문단이야.
> 준호: '처음'은 **1**, **2**문단이고, '가운데'는 **3**, **4**문단이고, '끝'은 **5**문단이야.

(                              )

## 4
★ 추론

㉠~㉤에 대해 알맞게 짐작한 것은 무엇인가요?  (          )

① ㉠: 세계 보건 기구는 호랑이와 같은 멸종 위기종을 보호하기 위한 기구일 것이다.

② ㉡: 상처 딱지를 말려 가루로 만든 것은 천연두 균을 없애기 위해서일 것이다.

③ ㉢: 우두는 천연두보다 증세가 약하므로, 우두법이 인두법보다 효과가 떨어질 것이다.

④ ㉣: 제너는 논문에서 우두법이 천연두를 예방하는 효과가 있다고 결론 내렸을 것이다.

⑤ ㉤: 제너가 우두법을 무상으로 배포하지 않았다면 천연두를 더 빨리 퇴치할 수 있었을 것이다.

**5** 이 글과 보기를 읽고 보인 반응으로 알맞지 않은 것에 ✕표 하세요.

> **보기**
>
> 제너가 이용한 우두 균처럼, 약하게 만든 병원체(세균이나 바이러스와 같이 질병을 일으키는 생물)를 이용하여 질병을 예방하는 약물이 바로 '백신(vaccine)'이다. 백신의 원리는 우리 몸에 면역 기억을 형성하는 것이다. 우리 몸은 ㉮이전에 몸속으로 들어왔던 병원체의 정보를 기억하여 이후에 ㉯유사한 병원체가 침범했을 때 더욱 신속하고 강력하게 반응하는 능력이 있는데, 이를 '면역 기억'이라 한다.

(1) 인두법에서 ㉮와 ㉯는 모두 천연두 균이다. (　　　)

(2) 우두법에서 ㉮는 천연두 균이고, ㉯는 우두 균이다. (　　　)

(3) 인두법과 우두법은 모두 면역 기억을 형성하여 질병을 예방하는 방법이다. (　　　)

---

**핵심 정리**

**6** 노트의 빈칸을 채우며, 이 글의 내용을 정리해 보세요.

### 「천연두 퇴치의 열쇠, 우두법」 정리하기

| 1문단 | 천연두는 수 세기 동안 인류를 괴롭힌 최악의 ❶(　　　)이었다. |
|---|---|
| 2문단 | 오래전 중국과 인도의 의사들은 사람의 천연두 균을 이용한 천연두 예방법인 ❷(　　　)을 만들었다. |
| 3문단 | 제너는 ❸(　　　)를 한 번 앓고 나면 평생 천연두에 걸리지 않는다는 소문을 듣고, 우두가 천연두와 비슷하지만 증세가 약하다는 사실을 알아냈다. |
| 4문단 | 제너는 우두 균을 이용하여 천연두를 예방하는 ❹(　　　)을 고안하고, 실험을 통해 그 효과를 확인했다. |
| 5문단 | 제너의 업적 덕분에 천연두가 지구상에서 박멸되었다. |

**1** 다음 낱말의 뜻으로 알맞은 것을 찾아 선으로 이으세요.

(1) 고안하다 •

(2) 자칫하다 •

(3) 주입하다 •

• ① 흘러 들어가도록 부어 넣다.

• ② 어쩌다가 조금 어긋나 잘못되다.

• ③ 연구하여 새로운 안을 생각해 내다.

**2** 빈칸에 알맞은 낱말을 보기 에서 찾아 쓰세요.

보기    급성    무상    증세

(1) 이 병은 (                    ) 질환이기 때문에 서둘러 치료해야 한다.

(2) 약을 먹으니 배가 아프고 열이 나는 (                    )이/가 한결 나아졌다.

(3) 컴퓨터가 고장 났지만 (                    ) 수리 기간이어서 무료로 고칠 수 있었다.

**3** 다음 뜻을 가진 '멸(滅)'이 사용된 낱말에 모두 ∨표 하세요.

한자어

滅
없앨 멸

예 박멸(撲滅): 모조리 잡아 없앰.

(1) 멸시(■視): 업신여기거나 하찮게 여겨 깔봄. ☐

(2) 멸종(■種): 생물의 한 종류가 지구에서 완전히 없어짐. ☐

(3) 멸균(■菌): 약품이나 열 등을 이용하여 세균을 죽여 없앰. ☐

# 사랑받는 공공 미술의 조건

**1** 서울 광화문에 가면 35초에 한 번씩 망치질을 하는 거대한 사람 모양의 조각을 만날 수 있다. 높이가 22m에 달하는 이 작품은 조너선 보로프스키가 만든 〈망치질하는 사람〉이다. 20여 년 동안 주변을 오가는 사람들에게 노동의 숭고한 가치를 전달해 온 〈망치질하는 사람〉은 대중의 사랑을 받는 대표적인 공공 미술 작품이다. '공공 미술'은 〈망치질하는 사람〉과 같이 거리나 광장 등 공개된 장소에 전시하는 미술을 말한다.

▲ 〈망치질하는 사람〉

**2** 그런데 모든 공공 미술 작품이 〈망치질하는 사람〉처럼 대중의 사랑을 받는 것은 아니다. 공공 미술 작품과 사람들 사이에 갈등이 생기는 사례도 허다하다. 미술관에 가야만 볼 수 있는 작품과 달리, ㉠공공 미술 작품은 평론가나 관람객뿐만 아니라 일반 대중이 작품을 평가하게 된다. 만약 작품이 대중의 취향에 맞지 않을 경우 그 작품은 불만의 대상이 되고, 이전 또는 철거 논쟁에 휘말리기도 한다.

**3** 공공 미술로 인한 갈등의 사례로 미국 뉴욕의 정부 청사 광장에 설치되었던 〈기울어진 호〉를 들 수 있다. 리처드 세라의 작품인 〈기울어진 호〉는 길이가 36m에, 높이가 3.6m나 되는 휘어진 형태의 녹슨 강철판이다. 1981년, 이 거대한 작품은 광장의 한가운데를 가로질러 세워졌다. 얼마 지나

▲ 〈기울어진 호〉

지 않아 이 작품이 자유로운 통행을 방해하고, 시야를 가리며, 흉물스럽다는 민원이 빗발쳤다. 급기야 시민들은 작품의 이전을 요구하고 나섰다. 그러나 세라는 이 작품이 정부 청사 광장을 특정하여 제작되었기 때문에 이전할 수 없다고 맞섰다.

**4** 〈기울어진 호〉를 둘러싼 대립은 쉽게 사그라들지 않았다. 결국 작품의 운명을 결정하기 위한 공청회가 열렸다. 이 공청회에서 시민, 정치인, 법조인 등은 작품을 다른 곳으로 옮길 것을 요구했다. 반면, 세라와 그의 편에 선 예술가들은 〈기울어진 호〉가 원래 자리를 떠나면 그 의미가 퇴색된다며 이전을 반대했다. 3일간의 치열한 공방 끝에 공청회에서는 〈기울어진 호〉의 이전이 결정되었다. 세라가 이 결정을 받아들이지 않아 법정 다툼까지 이어진 갈등은 1989년에 작품이 광장에서 철거되는 것으로 일단락되었다.

**5** 〈기울어진 호〉의 사례에서 알 수 있듯이 공공 미술은 예술적 가치가 아무리 뛰어나더라도 대중과의 소통 없이는 존재하기 어렵다. 오래도록 사랑받는 공공 미술 작품이 되려면, 작품을 관람하는 대중의 공감을 끌어낼 수 있어야 한다.

**어휘 풀이**

- **숭고하다** 뜻이 높고 훌륭하다. (崇 높을 숭, 高 높을 고)
- **허다하다** 수가 매우 많다.
- **민원** 주민이 행정 기관에 대하여 원하는 바를 요구하는 일. (民 백성 민, 願 바랄 원)
- **특정하다** 특별히 가리켜 분명하게 지정하다. (特 특별할 특, 定 정할 정)
- **공청회** 국회나 행정 기관에서 일의 관련자에게 의견을 들어 보는 공개적인 모임.
- **퇴색되다** (비유적으로) 어떤 것의 가치가 떨어져 그 의미나 중요성이 희미해지고 볼품없어지다.
- **공방** 서로 공격하고 방어함. (攻 칠 공, 防 막을 방)
- **일단락되다** 일의 한 단계가 끝나다.

**1** 이 글을 읽고 답할 수 있는 질문이 <u>아닌</u> 것은 무엇인가요?　（　　　）

내용
이해

① 공공 미술의 뜻은 무엇일까?

② 〈기울어진 호〉는 왜 철거되었을까?

③ 공공 미술 작품의 특징은 무엇일까?

④ 공공 미술은 언제부터 시작되었을까?

⑤ 〈망치질하는 사람〉은 누가 만들었을까?

**2** 리처드 세라의 〈기울어진 호〉에 대한 설명으로 알맞은 것은 무엇인가요?　（　　　）

내용
이해

① 노동의 숭고한 가치를 전달한다.

② 세라가 공청회의 결정을 받아들여 철거하였다.

③ 미국 뉴욕의 정부 청사 광장을 가로질러 세워졌다.

④ 대중의 사랑을 받는 대표적인 공공 미술 작품이다.

⑤ 작품이 넘어지면서 시민들의 자유로운 통행을 방해하였다.

🔆 **어떻게 알았나요?**

〈기울어진 호〉는 공공 미술로 인한 　　　　　　　의 사례입니다.

**3** 전략 적용

이 글의 짜임과 설명 방법에 대해 <u>잘못</u> 말한 친구는 누구인가요?　（　　　）

구조
파악

① 소미: **1**문단은 이 글의 '처음'이야.

② 유주: **1**문단에서 사용한 설명 방법은 정의와 예시야.

③ 아라: **2**, **3**, **4**문단은 이 글의 '가운데'야.

④ 경호: **3**, **4**문단에서 사용한 설명 방법은 분류야.

⑤ 주하: **5**문단은 이 글의 '끝'이야.

**4** ㉠의 까닭으로 알맞은 것에 ○표 하세요.

✱ 추론

(1) 공공 미술 작품은 평론가나 관람객에게 인기가 없기 때문에　（　　　）

(2) 공공 미술 작품은 일반 대중에게 공개된 장소에 전시되기 때문에　（　　　）

(3) 공공 미술 작품은 일반 대중의 평가를 받아야 전시할 수 있기 때문에　（　　　）

**5** 이 글과 보기를 읽고 짐작한 내용으로 알맞은 것은 무엇인가요? (          )

창의

> 보기
>
> 2017년, 미국 뉴욕의 금융가인 월 스트리트에 작은 소녀 동상이 등장했다. 조각가 크리스틴 비스벌이 세계 여성의 날을 기념하여 만든 〈두려움 없는 소녀상〉이었다. 이 동상은 남성 중심적인 증권사들이 모여 있는 월 스트리트에 '여성의 경제 활동을 독려한다.'라는 메시지를 전하기 위해 설치되었다. 당초 〈두려움 없는 소녀상〉은 한 달간 전시될 예정이었지만 전시 기간이 대폭 연장되었고, 2018년에 뉴욕 증권 거래소 앞으로 이전해 지금도 자리를 지키고 있다.
>
>
> ▲ 〈두려움 없는 소녀상〉

① 〈두려움 없는 소녀상〉은 크기가 작으므로 공공 미술 작품이 아닐 것이다.

② 〈두려움 없는 소녀상〉은 예술적 가치가 부족해서 거리에 전시되었을 것이다.

③ 〈두려움 없는 소녀상〉은 대중에게 사랑을 받아 전시 기간이 연장되었을 것이다.

④ 〈두려움 없는 소녀상〉은 금융과 관련 없는 곳으로 이전해도 의미가 퇴색되지 않을 것이다.

⑤ 〈두려움 없는 소녀상〉과 〈기울어진 호〉는 모두 뉴욕에 설치되었으므로 같은 메시지를 담고 있을 것이다.

핵심 정리

**6** 노트의 빈칸을 채우며, 이 글의 내용을 정리해 보세요.

## 「사랑받는 공공 미술의 조건」 정리하기

| 1문단 | ❶(          )은 거리나 광장 등 공개된 장소에 전시하는 미술을 말한다. |
|---|---|
| 2문단 | 공공 미술 작품과 사람들 사이에 갈등이 생기는 경우도 많다. |
| 3문단 | 미국 뉴욕의 정부 청사 광장에 리처드 세라의 작품 〈기울어진 호〉가 설치되자, 시민들은 작품의 ❷(          )을 요구하였다. |
| 4문단 | 〈기울어진 호〉의 이전 여부를 결정하기 위한 공청회와 법정 다툼이 이어졌고, 작품은 결국 1989년에 ❸(          )되었다. |
| 5문단 | 사랑받는 공공 미술 작품이 되려면 대중의 ❹(          )을 끌어낼 수 있어야 한다. |

**1** 다음 낱말의 뜻으로 알맞은 것을 찾아 선으로 이으세요.

(1) 숭고하다 • • ① 수가 매우 많다.

(2) 허다하다 • • ② 뜻이 높고 훌륭하다.

(3) 일단락되다 • • ③ 일의 한 단계가 끝나다.

**2** 빈칸에 알맞은 낱말을 보기 에서 찾아 쓰세요.

| 보기 | 공방 | 민원 | 공청회 |
|------|------|------|--------|

(1) 토론자들은 서로 자신의 주장을 펼치며 (                    )을/를 벌였다.

(2) 공사장에서 발생하는 소음 때문에 잠을 잘 수 없다는 (                    )이/가 쏟아졌다.

(3) 국회는 새 법안에 대한 국민의 의견을 알아보기 위해 (                    )을/를 개최하였다.

**3** 다음 뜻풀이를 읽고, 밑줄 친 낱말의 뜻으로 알맞은 것을 찾아 각각 기호를 쓰세요.

다의어

| 세우다 | ㉠ 몸이나 몸의 일부를 곧게 펴게 하거나 일어서게 하다.<br>㉡ 계획, 방안 등을 정하거나 짜다.<br>㉢ 부피를 가진 어떤 물체를 땅 위에 수직의 상태로 있게 하다. |
|--------|---|

(1) 나는 1월 1일에 그해의 목표를 세운다. (        )

(2) 몸을 꼿꼿이 세우고 앉아 수업에 집중했다. (        )

(3) 위인의 업적을 기리기 위하여 광장에 커다란 동상을 세웠다. (        )

# 주장하는 글의 짜임 알기

**개념 이해**

　　주장하는 글은 어떤 문제에 관해 자신의 생각이나 의견을 쓴 글로, '논설문' 이라고도 합니다. 주장하는 글은 다른 사람을 논리적으로 설득할 수 있도록 '서론-본론-결론'으로 짜여 있습니다.

**주장하는 글의 짜임**

　　서론에서는 글을 쓴 문제 상황과 글쓴 이의 주장을 밝힙니다. 본론에서는 주장 에 대한 적절한 근거를 제시합니다. 결 론에서는 전체 내용을 요약하거나 글쓴 이의 주장을 다시 한번 강조합니다.

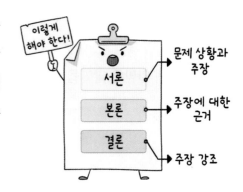

**내용의 타당성**

　　주장하는 글은 주장과 근거로 이루어져 있습니다. 주장하는 글을 읽을 때는 주장이 가치 있고 중요한지, 근거가 주장과 관련이 있는지, 근거가 주장을 뒷 받침하는지를 따져 보며 **내용의 타당성**을 판단해야 합니다.

주장이 가치 있고 중요한가? ＋ 근거가 주장과 관련이 있는가? ＋ 근거가 주장을 뒷받침하는가? ＝ 내용의 타당성

**이렇게 해요!**

① '서론-본론-결론'의 짜임을 생각하며 글을 읽습니다.

② 서론에서는 문제 상황과 글쓴이의 주장을 파악하고, 본론에서는 글쓴이가 제시한 주장의 근거를 파악하고, 결론에서는 글쓴이가 강조하고자 하는 내용을 다시 한번 확인합니다.

일반적으로 주장은 서론과 결론에 제시되고, 주장에 대한 근거는 본론에 나타나.

## 확인 문제

[1~2] 다음 글을 읽고, 물음에 답하세요.

> **1** 카페인은 커피 열매, 코코아 열매, 찻잎 등에 들어 있는 성분이다. 카페인은 적당히 섭취하면 피로감을 줄이고 정신을 맑게 해 주지만, 과다하게 섭취할 경우 불면증, 두통, 혈압 상승, 위장병 등을 일으킬 수 있으므로 주의해야 한다. 특히 ㉠어린이와 청소년은 커피나 에너지 음료와 같이 카페인 함량이 높은 고카페인 음료를 가급적 피하는 것이 좋다.
>
> **2** 어린이와 청소년은 성인에 비해 카페인을 분해하는 속도가 느리기 때문에 카페인 성분이 몸 안에 오래 남는다. 그래서 ㉡고카페인 음료를 마시면 심한 부작용이 나타날 수 있다. 실제로 해외에서는 고카페인 음료를 급하게 마신 어린이가 갑자기 쓰러져 숨진 사건이 있었다.
>
> **3** ㉢고카페인 음료는 어린이와 청소년의 성장에도 악영향을 준다. 많은 양의 카페인은 성장에 꼭 필요한 칼슘과 철분을 수분과 함께 몸 밖으로 배출시킨다. 또한 성장 호르몬은 깊이 잠들었을 때 분비되는데, 카페인의 각성 효과로 인해 숙면을 취하지 못하면 성장 호르몬 분비량이 줄어들 수 있다.
>
> **4** 카페인은 어린이와 청소년이 즐겨 먹는 사탕, 초콜릿, 탄산음료에도 들어 있다. ㉣그러다 보니 고카페인 음료까지 마실 경우 카페인 하루 섭취 기준을 초과하기 십상이다. 예를 들어 체중이 50kg인 청소년이 커피 한 캔과 콜라 한 캔을 마시고 초콜릿 두 개를 먹으면 카페인 하루 섭취 허용량을 넘게 된다.
>
> **5** 정부는 어린이와 청소년의 카페인 과다 섭취를 막기 위해 학교 내 고카페인 음료 판매를 금지하였다. 그러나 학교 밖에서는 누구든 어려움 없이 고카페인 음료를 살 수 있다. ㉤어린이와 청소년은 고카페인 음료의 위험성을 잘 인식하고, 졸리거나 목이 마르면 물을 마시는 등 고카페인 음료를 자제할 필요가 있다.

각 문단의 중심 내용이 주장, 근거, 내용 강조 중 어디에 해당하는지 생각하면서 읽어 봐.

**1** ㉠~㉤ 중 이 글의 주장이 나타난 문장을 두 개 찾아 기호를 쓰세요.

(       ,       )

주장은 글쓴이가 내세우는 의견을 말해.

**2** 이 글을 주장하는 글의 짜임에 따라 나눌 때, 빈칸에 알맞은 문단 번호를 쓰세요.

| (1) 서론 | (2) 본론 | (3) 결론 |
|---------|---------|---------|
|         |         |         |

연습

인문 | 1,022자

# 사라지는 우리말, 지역 방언

1 '배또롱'은 '배꼽'을 뜻하는 제주도 방언이다. 배또롱은 소리가 곱고 어감이 좋아 아름다운 우리말 상표로 선정되기도 하였다. 제주도 방언에는 배또롱처럼 제주도만의 감성이 담겨 있는 아름다운 말들이 많다. 하지만 안타깝게도 제주도 방언은 빠르게 소멸하고 있다. 지난 2010년 유네스코가 제주도 방언을 소멸 위기 언어로 분류했을 만큼 심각한 상황이다. 제주도뿐 아니라 다른 지역의 방언들도 해당 방언을 사용하는 인구가 줄면서 소멸 위기에 놓여 있다. 지역 방언이 사라지기 전에 이를 지키기 위한 노력이 필요한 때다.

2 지역 방언을 지켜야 하는 첫 번째 이유는 [        ㉠        ] 예를 들어, 제주도 방언인 '정낭'이라는 단어를 통해 제주 지역의 전통적인 주거 문화를 엿볼 수 있다. 바람이 강하게 부는 제주도에서는 집 앞에 대문을 만들기 어려웠다. 그래서 설치한 것이 통나무 세 개로 만든 정낭이다. 정낭은 통나무 세 개가 다

걸쳐 있으면 집주인이 멀리 가 있음을, 두 개가 걸쳐 있으면 조금 먼 곳에 나갔음을, 하나만 걸쳐 있으면 가까운 곳에 잠깐 외출했음을 나타낸다. 이처럼 지역 방언에는 그 지역에서 오래도록 전해 내려온 역사와 문화가 살아 숨 쉬고 있다.

▲ 정낭

3 지역 방언을 지켜야 하는 두 번째 이유는 표준어로 표현하기 어려운 섬세한 정서가 지역 방언에 배어 있기 때문이다. 김영랑 시인의 시 속 구절 "오매 단풍 들것네"를 "어머나 단풍이 들겠네"로 바꾸어 보자. 전라도 방언인 '오매'와 '들것네'에 담긴 따뜻하고 애잔한 정서가 사라지고 만다. 또 부산 자갈치 시장을 상징하는 문구인 "오이소, 보이소, 사이소!"는 "오세요, 보세요, 사세요!"라는 표준어가 줄 수 없는 정겨움과 친근감을 전달한다. 이렇듯 지역 특유의 정서가 담긴 방언은 우리의 언어 표현을 더욱 풍부하게 만든다.

4 지금까지 살펴본 것처럼 지역 방언에는 그 지역의 역사와 문화, 정서가 깊이 배어 있다. 물론 원활한 의사소통을 위해서는 표준어가 필요하지만, 지역 방언 역시 우리의 소중한 언어문화 자산이다. 따라서 지역 방언이 사라지지 않도록 지역 방언 보호에 관심을 기울여야 한다.

## 어휘 풀이

□ **어감** 말소리나 말투에서 느껴지는 느낌. (語 말씀 어, 感 느낄 감)

□ **소멸하다** 사라져 없어지다. (消 꺼질 소, 滅 멸망할 멸)

□ **섬세하다** 매우 세밀하고 정확하다. (纖 가늘 섬, 細 가늘 세)

□ **배다** 느낌이나 생각 등이 깊이 느껴지거나 오래 남아 있다.

□ **애잔하다** 애처롭고 애틋하다.

□ **자산** 성공하거나 발전하는 데 바탕이 될 만한 것을 비유적으로 이르는 말.

**1** 이 글의 특징으로 알맞은 것에 ○표 하세요.

중심
생각

(1) 지역 방언의 뜻과 종류를 사실대로 쓴 글이다.         (      )

(2) 지역 방언에 대한 글쓴이의 의견을 논리적으로 쓴 글이다.   (      )

(3) 지역 방언을 사용하는 글쓴이의 경험과 느낌을 솔직하게 쓴 글이다.   (      )

⚡ **어떻게 알았나요?**

글쓴이는 지역 방언            에 관심을 기울일 것을 주장하고 있습니다.

**2** 이 글의 내용으로 알맞지 <u>않은</u> 것은 무엇인가요?   (      )

내용
이해

① "오매 단풍 들것네"는 전라도 방언이다.

② 원활한 의사소통을 위해서는 표준어가 필요하다.

③ 제주도에서는 대문을 만들기 어려워 정낭을 설치했다.

④ 자갈치 시장을 상징하는 문구는 "오세요, 보세요, 사세요!"이다.

⑤ 제주도 방언을 비롯한 여러 지역 방언이 소멸 위기에 놓여 있다.

**3** 전략 적용

이 글의 짜임에 대한 설명으로 알맞지 <u>않은</u> 것을 두 개 고르세요.   (    ,      )

구조
파악

① **1**문단은 '서론'으로, 문제 상황과 글쓴이의 주장을 밝히고 있다.

② **2**문단은 '서론'으로, 글쓴이의 주장을 뒷받침하는 근거를 제시하고 있다.

③ **3**문단은 '본론'으로, 문제 상황과 글쓴이의 주장을 밝히고 있다.

④ **3**문단은 '본론'으로, 글쓴이의 주장을 뒷받침하는 근거를 제시하고 있다.

⑤ **4**문단은 '결론'으로, 전체 내용을 요약하고 주장을 강조하고 있다.

**4** ㉠에 들어갈 알맞은 말은 무엇인가요?   (      )

★추론

① 지역 방언이 표준어보다 익숙하기 때문이다.

② 지역 방언에 곱고 아름다운 말이 많기 때문이다.

③ 지역 방언에 정낭의 특징이 반영되어 있기 때문이다.

④ 지역 방언이 그 지역의 역사와 문화를 담고 있기 때문이다.

⑤ 지역 방언이 모든 지역에서 나타나는 보편적인 현상이기 때문이다.

**실전 1**

# 인공 지능, 규제가 필요하다

과학 | 1,239자

📖 교과 연계
사회 6-2 변화하는 세계 속의 우리

**1** 인공 지능은 우리 삶 곳곳에 스며들어 있다. ㉠안면을 인식하는 스마트폰, 목소리를 알아듣는 스피커, 취향에 맞는 음악을 추천해 주는 서비스 등은 이미 일상화되었다. 인공 지능은 여기에 머무르지 않고 예술 창작, 의료 기기, 금융 투자 등으로 그 영역을 급속히 넓혀 가고 있다. 이에 따라 유럽 연합을 비롯한 세계 각국에서는 인공 지능이 사회에 미칠 부작용을 우려하여 인공 지능을 규제하는 법안을 내놓고 있다. 우리나라도 다음과 같은 문제에 대응하기 위해 인공 지능 규제 법안을 마련해야 한다.

**2** 첫째, 인공 지능은 지식 재산권과 개인 정보를 침해하고 있다. ㉡인공 지능은 학습에 사용하는 데이터의 품질과 양에 따라 그 성능이 좌우된다. 그러다 보니 인공 지능을 개발하는 업체가 사람들의 창작물이나 개인 정보를 허락 없이 수집하여 데이터로 활용하는 일이 발생하고 있다. 이러한 문제를 해결하려면 기업이 인공 지능의 학습에 사용한 데이터의 출처를 공개하고, 필요한 경우 사용료를 지불하게끔 법으로 규정해야 한다.

**3** 둘째, 인공 지능은 윤리 문제를 야기하고 있다. 인공 지능 채팅 서비스가 사용자에게 성차별, 인종 차별 발언을 쏟아내 운영이 중단된 사례들이 이를 잘 보여 준다. 물론 인공 지능은 스스로 누군가를 차별한 것이 아니라 차별적 표현을 학습했을 뿐이다. 하지만 인공 지능이 만들어 내는 차별적 결과물을 방치한다면, ㉢그러한 차별이 더욱 공고해질 수 있다. 그러므로 인공 지능을 개발하고 활용하기 전에 인공 지능이 차별적 표현을 쓰지 않는지 반드시 검증하도록 의무화할 필요가 있다.

**4** 셋째, 강한 인공 지능의 위협이 다가오고 있다. 인공 지능은 크게 '약한 인공 지능'과 '강한 인공 지능'으로 구분된다. 약한 인공 지능은 인간의 지시에 따라 특정 분야의 일만 수행하는 인공 지능이다. 반면에 강한 인공 지능은 마치 인간처럼 자기 자신을 인식하고, 스스로 사고하고 결정하며, 넓은 분야에서 인간 이상의 성능을 보여 주는 인공 지능이다. 이러한 강한 인공 지능을 통제하지 못할 경우, 인간은 인공 지능의 지배 아래 놓일 수 있다. 강한 인공 지능은 아직 등장하지 않았지만, 기술의 발전 속도를 고려하면 가까운 미래에 개발될 가능성이 크다. 따라서 ㉣지나치게 강력하고 위험한 인공 지능의 개발을 금지하는 것이 시급하다.

**5** 일각에서는 ㉤인공 지능 규제 법안이 기술 혁신을 방해한다고 주장한다. 그러나 인공 지능을 맹목적으로 신뢰하기보다 적절한 규제를 마련한다면, 인류는 인공 지능의 부작용을 피하면서 혜택을 더 크게 누릴 수 있을 것이다.

**어휘 풀이**

☐ **안면** 눈, 코, 입이 있는 머리의 앞면. (顔 얼굴 안, 面 낯 면)

☐ **규제하다** 규칙이나 법에 의하여 개인이나 단체의 활동을 제한하다. (規 법 규, 制 억제할 제)

☐ **지식 재산권** 지적 활동으로 인하여 발생하는 모든 재산권. 크게 산업 재산권과 저작권으로 나뉜다.

☐ **야기하다** 일이나 사건 등을 일으키다. (惹 이끌 야, 起 일어날 기)

☐ **공고하다** 단단하고 튼튼하다. (鞏 굳을 공, 固 굳을 고)

☐ **일각** 한 귀퉁이. 또는 한 방향.

☐ **맹목적** 사실을 옳게 보거나 판단하지 못한 채로 무조건 행동하는 것.

**1**

중심
생각

글쓴이가 이 글을 쓴 목적은 무엇인가요?    (          )

① 인공 지능의 학습 원리를 설명하기 위해

② 강한 인공 지능을 개발해야 한다고 설득하기 위해

③ 인공 지능이 사회에 미칠 부작용을 알려 주기 위해

④ 인공 지능 규제 법안을 마련해야 한다고 주장하기 위해

⑤ 인공 지능이 야기한 윤리적 문제의 해결 방법을 소개하기 위해

**2**

내용
이해

이 글의 내용으로 알맞은 것은 무엇인가요?    (          )

① 강한 인공 지능은 널리 활용되고 있다.

② 인공 지능은 스스로 누군가를 차별하기도 한다.

③ 인공 지능을 규제하는 법안을 내놓은 곳은 유럽 연합뿐이다.

④ 약한 인공 지능은 인간의 지시에 따라 특정 분야의 일만 수행한다.

⑤ 인공 지능 개발 업체는 학습에 사용한 데이터에 대해 사용료를 지불하고 있다.

💡 어떻게 알았나요?

약한 인공 지능과 달리, 강한 인공 지능은 넓은 분야에서 [          ] 이상의 성능을 보여 줍니다.

**3**

구조
파악

[ 전략 적용 ]
이 글의 짜임에 대해 알맞게 말한 친구의 이름을 쓰세요.

> 진아: '서론'은 **1**문단이고, '본론'은 **2**, **3**문단이고, '결론'은 **4**, **5**문단이야.
>
> 영우: '서론'은 **1**문단이고, '본론'은 **2**, **3**, **4**문단이고, '결론'은 **5**문단이야.
>
> 현진: '서론'은 **1**, **2**문단이고, '본론'은 **3**, **4**문단이고, '결론'은 **5**문단이야.

(                              )

**4**

★ 추론

㉠~㉤에 대해 짐작한 내용으로 알맞지 <u>않은</u> 것은 무엇인가요?    (          )

① ㉠: 모두 일상에서 사용되는 인공 지능의 예시이다.

② ㉡: 고품질의 데이터를 많이 학습할수록 인공 지능의 성능이 좋아진다는 의미이다.

③ ㉢: 인공 지능을 규제했을 때 나타날 수 있는 결과이다.

④ ㉣: 강한 인공 지능을 뜻한다.

⑤ ㉤: 글쓴이의 의견과 반대되는 주장이다.

**5**
평가

보기 를 읽고, 이 글의 내용이 타당한지 알맞게 판단한 것에 ○표 하세요.

보기

　주장하는 글을 읽을 때는 주장과 근거를 무조건 받아들이는 것이 아니라, 그 내용이 충분히 타당한지 판단해야 한다. 주장은 글쓴이가 제기한 문제 상황에서 그것이 가치 있고 중요할 때, 그리고 근거는 주장과 관련이 있으면서 주장을 잘 뒷받침할 때 타당하다고 판단할 수 있다.

(1) 이 글의 주장은 나의 생각과 같으므로 가치가 있고 중요하다. 　　　　　　　 (　　　　)

(2) 인공 지능이 지식 재산권을 침해하고 있다는 이 글의 첫 번째 근거는 주장과 관련이 없다.
　　　　　　　 (　　　　)

(3) 인공 지능이 윤리 문제를 야기하고 있다는 이 글의 두 번째 근거는 주장을 잘 뒷받침한다.
　　　　　　　 (　　　　)

(4) 위협적인 인공 지능이 개발될 수 있다는 이 글의 세 번째 근거는 주장을 뒷받침하지 못한다.
　　　　　　　 (　　　　)

핵심 정리

**6**

노트의 빈칸을 채우며, 이 글의 내용을 정리해 보세요.

「인공 지능, 규제가 필요하다」 정리하기

| | |
|---|---|
| 1문단 | 인공 지능으로 인한 문제에 대응하기 위해 인공 지능 ❶(　　　　) 법안을 마련해야 한다. |
| 2문단 | 인공 지능은 ❷(　　　　)과 개인 정보를 침해하고 있다. |
| 3문단 | 인공 지능은 ❸(　　　　) 문제를 야기하고 있다. |
| 4문단 | ❹(　　　　) 인공 지능의 위협이 다가오고 있다. |
| 5문단 | 인공 지능에 대한 적절한 규제를 마련하면 인공 지능의 혜택을 더 크게 누릴 수 있다. |

## 어휘 다지기

**1** 다음 낱말의 뜻으로 알맞은 것을 찾아 선으로 이으세요.

(1) 공고하다 •  • ① 단단하고 튼튼하다.

(2) 규제하다 •  • ② 일이나 사건 등을 일으키다.

(3) 야기하다 •  • ③ 규칙이나 법에 의하여 개인이나 단체의 활동을 제한하다.

**2** 빈칸에 알맞은 낱말을 보기 에서 찾아 쓰세요.

보기          안면      일각      맹목적

(1) 아이를 안은 그의 (          )에 미소가 떠올랐다.

(2) 다른 나라의 문화를 (          )으로 따르는 것은 옳지 않다.

(3) 새로운 백신 접종을 앞두고 (          )에서는 안전성에 대한 우려를 나타냈다.

## 어휘 키우기

**3** 다음 '-화'가 붙은 낱말이 쓰인 것에 모두 ∨표 하세요.

뜻을
더하는
말

| -화 | 낱말의 뒤에 붙어 '그렇게 됨' 또는 '그렇게 만듦'의 뜻을 더하는 말. |
|---|---|
| | 예 전염병이 확산하자 정부는 마스크 착용을 <u>의무화</u>하였다. |

(1) 생산성을 <u>최대화</u>하기 위해 공장의 설비를 교체했다.                                  ☐

(2) 그 화가는 여러 대통령의 <u>초상화</u>를 그린 것으로 유명하다.                        ☐

(3) <u>세계화</u>의 흐름에 발맞추어 우리 문화를 널리 알리려는 노력이 필요하다.  ☐

# 통일을 이루자

사회 | 1,252자

📖 교과 연계
사회 6-2 통일 한국의 미래와 지구촌의 평화

**1** 일제의 강점으로부터 해방된 1945년, 광복의 기쁨을 온전히 누리기도 전에 우리 민족은 남과 북으로 나뉘었다. 일본군의 무장을 해제한다는 명목으로 북위 38도선의 남쪽에는 미국이, 북쪽에는 소련이 들어온 것이다. 이후 통일 정부를 수립하기 위해 많은 이들이 노력했지만 결국 실패하였고, 1948년 남한과 북한에 각각 정부가 수립되었다. 2년 뒤인 1950년에는 남북 간에 6.25 전쟁이 발발하였다. 1953년 정전 협정을 체결하며 전쟁은 멈췄으나, 남한과 북한은 휴전선을 기준으로 분단되어 지금까지 갈라진 상태를 유지하고 있다. 분단을 극복하고 통일을 이루는 것은 우리 민족이 꼭 해결해야 할 과제이다.

**2** 현재 남한과 북한은 전쟁을 완전히 끝낸 것이 아니라, 일시적으로 중단한 상태이다. 그렇다 보니 언제 다시 일어날지 모를 전쟁에 대비하여 매년 막대한 규모의 국방비를 지출하고 있다. 국가의 1년 예산 가운데 국방비가 차지하는 비율을 보면 남한이 약 9%, 북한이 약 16%에 이른다. 통일을 하면 남북이 국방비를 줄여 국민의 삶의 질을 높이는 데 더 많은 예산을 사용할 수 있다.

**3** 또한 전쟁을 막고 평화롭게 살기 위해서는 통일을 해야 한다. 6.25 전쟁은 남북 모두에 엄청난 고통을 안겨 주었다. 수많은 사람이 죽고 무수한 이산가족이 생겼으며, 대부분의 산업 시설이 파괴되고 국토가 황폐화되었다. 이렇듯 전쟁은 우리의 삶을 송두리째 앗아 간다. 지금도 우리는 남한과 북한 사이에 긴장이 높아질 때마다 전쟁이 일어날 수도 있다는 불안감에 휩싸인다. 통일은 전쟁의 공포에서 벗어날 수 있는 가장 확실한 방법이다.

**4** 통일은 경제적으로도 이익이다. 원래 반도는 해양과 대륙으로 뻗어 나갈 수 있다는 이점이 있다. 하지만 분단으로 인해 우리나라는 그 이점을 누리지 못하고 섬처럼 고립되었다. 통일이 되면 남북 사이에 끊어진 철도를 복원하여 대륙을 잇는 철도를 건설할 수 있다. 우리나라에서 시작한 철도가 북한을 거쳐 중국과 러시아, 나아가 유럽까지 이어진다면, 우리나라는 아시아와 유럽을 연결하는 세계적인 물류 거점이 될 것이다. 이뿐만 아니라, 남한의 발전된 기술력과 북한의 풍부한 자원을 이용하면 저렴하면서도 질 좋은 제품을 생산하여 큰 이익을 얻을 수 있다.

**5** 이 외에 이산가족의 아픔을 치유하고, 남한과 북한이 전통문화와 역사를 함께 발전시킬 수 있다는 점에서도 통일은 필요하다. 물론 통일로 나아가는 길이 쉽지는 않을 것이다. 하지만 우리가 통일에 대해 꾸준히 관심을 가지고 남과 북이 서로를 이해하고자 노력한다면 통일을 이루어 낼 수 있다.

## 어휘 풀이

- **무장** 전투에 필요한 장비를 갖춤.
- **명목** 무엇을 하기 위해 겉으로 내세우는 이유나 핑계.
- **발발하다** 전쟁이나 큰 사건 등이 갑자기 일어나다.
- **정전 협정** 전쟁 중인 양쪽이 일시적으로 전투를 중단하기로 합의하여 맺은 협정.
- **황폐화되다** 집, 땅, 숲 등을 돌보지 않고 그냥 두어 거칠어지고 못 쓰게 되다.
- **반도** 삼면이 바다로 둘러싸이고 한 면은 육지에 이어진 땅. (半 반 반, 島 섬 도)
- **고립되다** 혼자 따로 떨어져 다른 곳이나 사람과 교류하지 못하게 되다. (孤 외로울 고, 立 설 립)
- **거점** 어떤 활동을 하는 데에 중심이 되는 중요한 지점.

**1** 글쓴이가 제시한 문제 상황은 무엇인가요?   (       )

중심
생각

① 우리의 전통문화가 잊히고 있다.

② 통일에 대한 관심이 높아지고 있다.

③ 세계 곳곳에서 전쟁이 일어나고 있다.

④ 남한과 북한이 지금까지 분단되어 있다.

⑤ 남한과 북한이 경제적 어려움을 겪고 있다.

💡 어떻게 알았나요?

글쓴이는            을 극복하고 통일을 이루어야 한다고 주장합니다.

**2** 이 글의 내용으로 알맞은 것은 무엇인가요?   (       )

내용
이해

① 1953년에 남한과 북한에 각각 정부가 수립되었다.

② 남한은 자원이 풍부하고, 북한은 기술이 발전하였다.

③ 6.25 전쟁으로 수많은 사람이 죽고 국토가 황폐화되었다.

④ 1년 예산 중에서 국방비가 차지하는 비율은 남한이 더 높다.

⑤ 우리나라는 해양과 대륙으로 뻗어 나갈 수 있는 반도의 이점을 누리고 있다.

**3** 글쓴이의 주장에 대한 근거가 <u>아닌</u> 것은 무엇인가요?   (       )

내용
이해

① 경제적 이익을 얻을 수 있다.

② 전쟁의 공포에서 벗어날 수 있다.

③ 남과 북이 서로를 이해할 수 있다.

④ 이산가족의 아픔을 치유할 수 있다.

⑤ 국방비를 줄여 국민의 삶의 질을 높일 수 있다.

전략 적용

**4** 이 글의 짜임을 생각할 때, 다음 설명에 해당하는 문단은 무엇인가요?   (       )

구조
파악

> 주장하는 글의 '결론'에서는 글 전체의 내용을 요약하거나 글쓴이의 주장을 다시 한번 강조한다.

① **4**문단                     ② **5**문단                     ③ **3**, **4**문단

④ **4**, **5**문단                   ⑤ **3**, **4**, **5**문단

## 5

이 글과 보기 를 읽고 든 생각을 알맞게 말한 친구에게 ○표 하세요.

보기

통일을 하는 데는 상당한 비용이 든다. 2020년 통일 연구원에 따르면 예상 통일 비용이 최소 831조 원에서 최대 3,621조 원에 이를 것이라고 한다. 이러한 통일 비용은 우리나라 국민들에게 큰 부담이 될 것이다.

또한 통일이 된다고 해서 곧바로 평화가 오지는 않는다. 그러므로 국방비 지출을 쉽게 줄일 수 없을 것이다. 오히려 내부의 갈등에 대비하거나 통일을 반기지 않는 주변 강대국으로부터 나라를 지키기 위해 국방비를 늘려야 할 가능성도 있다.

(1) 영지: 이 글의 글쓴이처럼 보기 의 글쓴이도 통일에 반대할 거야.　　　　　　(　　　)

(2) 민서: 이 글과 보기 는 모두 통일의 긍정적인 측면을 강조하고 있어.　　　　(　　　)

(3) 선아: 이 글과 달리 보기 는 통일에 따르는 경제적인 부담을 다루고 있어.　　(　　　)

---

핵심 정리

## 6

노트의 빈칸을 채우며, 이 글의 내용을 정리해 보세요.

### 「통일을 이루자」 정리하기

| | |
|---|---|
| 1문단 | 해방 이후 6.25 전쟁과 정전 협정 체결을 거쳐 지금까지 남한과 북한으로 갈라져 있는 우리 민족에게 ❶(　　　　　)을 이루는 것은 꼭 해결해야 할 과제이다. |
| 2문단 | 통일을 하면 남북이 ❷(　　　　　)를 줄여 국민의 삶의 질을 높이는 데 더 많은 예산을 사용할 수 있다. |
| 3문단 | ❸(　　　　　)을 막고 평화롭게 살기 위해서는 통일을 해야 한다. |
| 4문단 | 통일은 ❹(　　　　　)으로 이익이다. |
| 5문단 | 통일에 대해 꾸준히 관심을 가지고 남과 북이 서로를 이해하고자 노력한다면 통일을 이룰 수 있다. |

## 어휘 다지기

**1** 다음 낱말의 뜻으로 알맞은 것을 찾아 선으로 이으세요.

(1) 고립되다 •

(2) 발발하다 •

(3) 황폐화되다 •

• ① 전쟁이나 큰 사건 등이 갑자기 일어나다.

• ② 혼자 따로 떨어져 다른 곳이나 사람과 교류하지 못하게 되다.

• ③ 집, 땅, 숲 등을 돌보지 않고 그냥 두어 거칠어지고 못 쓰게 되다.

**2** 빈칸에 알맞은 낱말을 보기 에서 찾아 쓰세요.

| 보기 | 거점 | 명목 | 무장 |
|---|---|---|---|

(1) 군인들은 전투에 나가기 위해 단단히 (　　　　　)을 했다.

(2) 1920년대에 독립군은 만주를 (　　　　　)으로 독립운동을 전개했다.

(3) 갖가지 (　　　　　)으로 세금을 거두는 관리들 때문에 백성들의 삶이 힘들어졌다.

## 어휘 키우기

**3** 다음 설명을 읽고, (　　　)에서 알맞은 낱말을 골라 ○표 하세요.

헷갈리는 말

| 째 | 낱말의 끝에 붙어 '그대로', 또는 '전부'의 뜻을 더하는 말.<br>예 불이 나서 건물이 송두리째 타 버렸다. |
|---|---|
| 채 | 이미 있는 상태 그대로 있다는 뜻을 나타내는 말.<br>예 그는 고개를 숙인 채 말했다. |

(1) 사과를 깨끗이 씻어 껍질( 째 / 채 ) 먹었다.

(2) 동생이 의자에 앉은 ( 째 / 채 )로 잠들었다.

(3) 나는 라면 국물을 그릇( 째 / 채 )로 들고 후루룩 마셨다.

# 함축된 표현의 의미 추론하기

**개념 이해**

우리는 다른 사람에게 무언가를 요청할 때, 직접적으로 말하는 대신 간접적으로 돌려 말하기도 합니다. 예를 들면 "창문 좀 닫아 줘."라고 하지 않고, "방이 춥지 않아?"라고 하는 것이지요. 이와 마찬가지로 글쓴이도 종종 말하고자 하는 바를 숨겨 놓는 함축된 표현을 사용합니다.

**함축된 표현**

함축된 표현이란 전달하고자 하는 핵심적 의미를 그대로 나타내지 않고 간접적으로 나타낸 표현을 말합니다. 글쓴이는 보통 자신의 의도를 정확하게 전하기 위해 직접적이고 분명한 표현을 사용합니다. 하지만 때로는 읽는 이에게 강한 인상을 남기거나, 참신한 느낌을 주거나, 말하려는 바를 부드럽게 전달할 목적으로 함축된 표현을 사용합니다.

**함축된 표현의 의미 추론하기**

함축된 표현의 의미는 겉으로 드러난 낱말의 뜻만 해석해서는 알기 어렵습니다. 글에 적혀 있는 것이 실제로 무엇을 의미하는지를 알아내야 하지요. **글의 전체적인 흐름과 앞뒤 내용**을 잘 살펴보고, 글쓴이가 그러한 표현을 통해 무엇을 말하고자 했을지를 생각해 보면 함축된 표현에 숨겨진 의미를 추론할 수 있습니다.

월드컵 16강 진출

대표팀 감독

16강에 진출한 소감이 어떻습니까?
우리는 아직 배가 고픕니다.

16강 진출에 만족하지 않고 더 높은 목표에 도전하겠다는 뜻이구나!

**이렇게 해요!**

① 글의 전체 흐름과 함축된 표현의 앞뒤 내용을 파악합니다.

② 함축된 표현을 사용하여 글쓴이가 전달하려는 의미가 무엇일지 짐작해 봅니다.

함축된 표현은 그 의미를 한 번 더 생각해 보게 만들어. 그래서 읽는 이에게 강한 인상을 남기지.

## 확인 문제

**1** 다음 ㉮와 ㉯에 대한 설명으로 알맞지 <u>않은</u> 것에 ✕표 하세요.

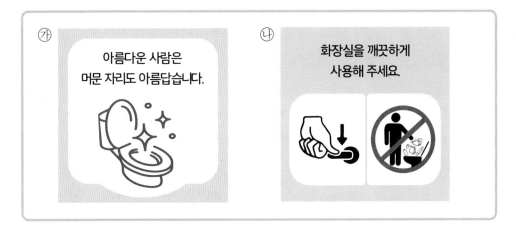

㉮와 ㉯에서 글쓴이가
말하고자 하는 바는
무엇일까?

(1) ㉮에는 함축된 표현이 사용되었다. ( )

(2) ㉯에는 간접적 표현이 사용되었다. ( )

(3) ㉮와 ㉯에서 글쓴이가 전달하려는 의미는 비슷하다. ( )

**2** 다음 글을 읽고, ㉠에 담긴 의미를 알맞게 추론한 것에 ○표 하세요.

㉠의 앞 내용을 이해해야
숨겨진 의미를 정확하게
파악할 수 있어.

> 물은 지구 표면의 70% 이상을 차지할 만큼 아주 많다. 하지만 지구의 물 중 생물이 살아가는 데 이용할 수 있는 물은 1% 미만에 불과하다. 물론 이 정도 양의 물로도 인류는 문명을 꽃피우고 발전을 이루어 냈다. 그러나 오늘날 환경 오염과 무분별한 물 사용으로 인해 안전하게 마실 수 있는 물이 급격히 줄어들고 있다.
>
> 그 결과 현재 전 세계 인구 중 10억 명 이상이 깨끗한 물을 구하지 못해 고통받고 있다. 물 부족 문제를 해결하기 위해서는 물을 담는 시설을 늘리는 것보다 물 사용량을 줄이는 것이 효과적이다. 컵에 물을 받아 양치하기, 샤워 시간 줄이기 등 우리의 작은 실천이 필요한 때이다. 물을 '물 쓰듯' 하기 전에, ㉠<u>지구는 우리가 소유한 것이 아니라 빌린 것이라는 사실을 기억해야 한다.</u>

(1) 우리가 지구를 소유한다면 물 부족 문제를 해결할 수 있다. ( )

(2) 지구는 우리의 소유가 아니므로 물을 함부로 써서는 안 된다. ( )

# 언어와 생각

언어와 생각은 인간을 동물과 구별하는 중요한 특징이다. 인간은 생각을 통해 체계적인 언어를 만들어 냈고, 언어를 사용하여 생각을 높은 수준으로 발전시켜 왔다. 이렇듯 인간의 본질적 요소라 할 수 있는 언어와 생각은 밀접한 관계를 맺고 있다.

언어는 생각에 영향을 미친다. 이 말은 곧 우리가 언어에 따라 대상을 인식한다는 뜻이다. 예를 들면, 무지개가 일곱 빛깔이라고 생각하는 것은 무지개의 색을 일곱 개의 단어로 표현하기 때문이다. 실제 무지개는 색과 색 사이에 뚜렷한 경계선이 없다. 무수한 색이 연속적으로 이어져 있을 뿐이다. 하지만 우리는 '빨강, 주황, 노랑, 초록, 파랑, 남색, 보라'의 일곱 가지 낱말로 무지개의 색을 구분한다. 이러한 언어의 틀을 가지고 무지개를 바라본 결과, 무지개는 일곱 빛깔로 인식된다. 만약 무지개의 색에 '분홍'과 '연두'를 추가해서 말한다면 어떨까? 우리는 무지개에서 그 색들을 찾아내고, 무지개를 아홉 빛깔이라고 생각할 것이다.

반대로 생각이 언어에 영향을 주기도 한다. 어린아이의 언어 발달을 생각해 보자. 아이는 대상을 식별하고 이해하는 능력이 어느 정도 발달된 후에야 언어를 의미 있게 구사할 수 있다. 논리적으로 말하기 위해서는 논리적인 생각이 뒷받침되어야 하는 것이다. 또한 우리의 생각이 언어 표현을 결정하기도 한다. 인간은 자신과 가까운 것을 먼저 인식하는 경향이 있다. 그렇기 때문에 '여기저기', '이것저것', '오늘내일'과 같은 말은 자연스럽지만 '저기여기', '저것이것', '내일오늘'은 어색하게 느껴진다. 그런 점에서 ㉠언어는 생각을 비추는 거울이다.

이렇듯 언어와 생각은 서로 영향을 주고받는다. 언어에 따라 생각이 달라지기도 하고, 생각에 따라 언어가 변화하기도 한다. 이러한 이유로 오랫동안 쓰이던 용어가 바뀌는 사례도 있다. 예전에는 간호사를 '간호원'이라고 불렀지만, 사람들이 이 직업을 의사나 약사와 같은 전문적인 직업으로 여기게 되면서 '간호사'로 명칭이 바뀌었다. 그리고 이러한 언어 표현의 변화는 간호사를 대하는 사람들의 생각에도 영향을 끼쳤다.

언어가 생각에 미치는 영향이 더 큰지, 아니면 생각이 언어에 미치는 영향이 더 큰지는 아직 밝혀지지 않았다. 다만 언어와 생각이 뗄 수 없는 관계라는 사실은 분명하다. 그러므로 중요한 것은 올바른 언어와 올바른 생각의 선순환을 만드는 것이다.

**어휘 풀이**

☐ **체계적** 전체가 일정한 원리에 따라 단계적으로 잘 짜여진 것.

☐ **본질적** 사물이나 현상의 근본적인 성질이나 모습에 관한 것.

☐ **인식하다** 무엇을 분명히 알고 이해하다. (認 알 인, 識 알 식)

☐ **식별하다** 다른 것과 구별하여 알아보다. (識 알 식, 別 다를 별)

☐ **구사하다** 말이나 기교 등을 마음대로 능숙하게 다루어 쓰다.

☐ **선순환** 좋은 일이 좋은 결과를 내고 또 그 결과가 원인이 되어 다시 좋은 결과를 내는 현상이 계속 되풀이됨.

**1** 이 글에 대한 설명으로 알맞은 것을 찾아 기호를 쓰세요.

중심
생각

> ㉮ 인간과 동물의 특징을 분석하고 차이점을 대조하고 있다.
>
> ㉯ 구체적인 예를 들어 언어와 생각의 관계를 설명하고 있다.
>
> ㉰ 잘못된 언어 표현의 문제점을 지적하고 해결 방법을 제시하고 있다.

(                    )

**2** 이 글의 내용으로 알맞지 <u>않은</u> 것은 무엇인가요?     (          )

내용
이해

① 언어와 생각은 인간의 본질적 요소이다.

② 아이가 언어를 의미 있게 구사하려면 생각이 발달해야 한다.

③ 무지개의 색을 구분하는 표현에 따라 무지개의 색깔을 인식한다.

④ 의사나 약사와 같은 전문적인 직업이 생기자 '간호원'의 명칭이 바뀌었다.

⑤ '저기여기'보다 '여기저기'가 자연스러운 것은 생각이 언어에 영향을 주기 때문이다.

**3**

전략 적용

㉠의 의미를 알맞게 추론한 것은 무엇인가요?     (          )

★ 추론

① 언어와 생각은 계속 변화한다.

② 언어와 생각은 모두 깨지기 쉽다.

③ 언어에는 사람의 생각이 드러난다.

④ 언어가 달라져도 생각은 잘 바뀌지 않는다.

⑤ 올바른 언어를 쓰면 올바른 생각을 하게 된다.

💡 어떻게 알았나요?

㉠의 앞 내용은 우리의 _____ 이 언어 표현을 결정하는 사례입니다.

**4** 다음 중 이 글의 내용과 관련이 <u>없는</u> 사례에 ✕표 하세요.

창의

(1) 예전에는 '자장면'만이 표준어였으나, 이를 '짜장면'이라고 부르는 사람이 많아 '짜장면'도 표준어로 인정되었다.     (          )

(2) 우리말에서는 초록색, 파란색, 남색을 모두 '푸르다'고 하기 때문에, 어린이들이 이 세 가지 색을 혼동하곤 한다.     (          )

(3) 쌀이 주식인 우리나라에서는 '모', '벼', '쌀', '밥' 등 쌀과 관련된 표현이 다양하지만, 서양에서는 'rice'라는 한 낱말로 표현한다.     (          )

# 점으로 그린 그림

예술 | 1,089자

인상주의 화가들은 사물의 색이 빛에 따라 ˙시시각각 달라진다는 점에 관심을 둔 화가들이다. 이들은 빛이 만든 순간적인 색을 재빨리 ˙포착하여 그림에 담기 위해 짧은 붓질로 색을 겹쳐 칠하는 기법을 사용하였다. 하지만 이 기법은 색이 겹쳐지면서 칙칙해질 뿐 아니라, 대상의 형태가 일그러진다는 문제가 있었다. 이에 인상주의의 기법을 과학적으로 발전시켜 화사한 빛의 느낌과 견고한 형태를 표현하려는 신인상주의가 등장하였다.

신인상주의를 대표하는 화가는 프랑스의 조르주 쇠라이다. 그가 남긴 ㉠"누군가는 내 그림에서 시를 보았다고 하지만 나는 오직 과학만을 보았다."라는 말은 그의 예술적 ˙지향을 잘 드러낸다. 쇠라는 인상주의 기법의 문제를 극복하기 위해 빛과 색에 대한 이론을 탐구하였다. 그는 하나의 색이 ˙인접한 색에 따라 다르게 보일 수 있다는 것, 그리고 물감은 섞을수록 어두워지지만 빛은 섞을수록 밝아진다는 것을 알게 되었다. 쇠라는 이러한 빛과 색의 과학적 원리를 미술에 적용하여 점묘법을 개발하였다.

점묘법은 수천 개의 작은 색점을 찍어 그림을 그리는 기법이다. 점묘법에서는 색점을 ˙병치하여 혼합된 색을 표현한다. 예를 들어 보라색을 표현하기 위해 빨간 점과 파란 점을 촘촘하게 찍어 나가는 식이다. 이렇게 점묘법으로 표현한 보라색은 물감을 섞어 만든 보라색보다 훨씬 밝고 투명한 느낌을 준다. 또한 점묘법은 사물의 형태를 일그러뜨리지 않고 분명하게 표현할 수 있다.

점묘법을 활용한 쇠라의 ˙걸작이 바로 〈그랑드자트섬의 일요일 오후〉이다. 이 그림에는 파리 그랑드자트섬의 아름다운 풍경과 그곳에서 여유를 즐기는 사람들이 그려져 있다. 이 그림은 전체적으로 보면 붓으로 칠한 그림 같지만, 가까이에서 보면 작은 점들이 캔버스를 가득

▲ 조르주 쇠라, 〈그랑드자트섬의 일요일 오후〉

채우고 있음을 알 수 있다. 쇠라는 오랜 시간을 들여 그림 속 색깔을 분석한 후, 마치 수를 놓듯 점을 찍어 이 그림을 완성했다.

쇠라가 점묘법을 사용한 그림을 처음 발표했을 때, '그림은 선으로 그려야 한다'고 생각하던 사람들은 그에게 ˙비판적이었다. 그러나 새로운 그림을 추구하던 이들은 쇠라의 기법에 열광했다. 쇠라는 10년 동안 단 일곱 점의 작품만 남겼지만, 그의 예술적 시도는 후대 화가들에게 큰 영향을 미쳤다.

**어휘 풀이**

☐ **시시각각** 그때그때의 시간.

☐ **포착하다** 놓치지 않고 꼭 붙잡다. (捕 사로잡을 포, 捉 잡을 착)

☐ **지향** 어떤 목적이나 목표에 뜻을 둠. (志 뜻 지, 向 향할 향)

☐ **인접하다** 가까이 있거나 바로 이웃하여 있다. (鄰 이웃 인, 接 접할 접)

☐ **병치하다** 두 가지 이상의 것을 한곳에 나란히 두다. (竝 아우를 병, 置 둘 치)

☐ **걸작** 매우 훌륭한 작품. (傑 뛰어날 걸, 作 지을 작)

☐ **비판적** 무엇에 대해 자세히 따져 옳고 그름을 밝히거나 잘못된 점을 지적하는 것.

**1** 이 글을 읽고 답할 수 있는 질문이 <u>아닌</u> 것은 무엇인가요? (      )

내용
이해

① 신인상주의가 무엇일까?

② 점묘법으로 그린 그림의 단점은 무엇일까?

③ 인상주의 화가들은 어떤 기법을 사용했을까?

④ 점묘법은 어떤 방법으로 그림을 그리는 기법일까?

⑤ 〈그랑드자트섬의 일요일 오후〉는 무엇을 그린 그림일까?

**2** '조르주 쇠라'에 대한 설명으로 알맞은 것은 무엇인가요? (      )

내용
이해

① 점묘법을 개발했다.

② 인상주의를 대표하는 화가이다.

③ 모든 사람이 그의 기법에 열광했다.

④ 10년 동안 단 한 점의 작품을 남겼다.

⑤ 신인상주의의 문제를 극복하려 했다.

💡 어떻게 알았나요?

쇠라는 10년 동안 단 　　　　 점의 작품만 남겼습니다.

**3** 전략 적용

㉠의 의미를 알맞게 추론한 친구의 이름을 쓰세요.

★ 추론

> 승수: 빛과 색에 대한 이론과 원리를 그림에 적용했다는 뜻이야.
>
> 주현: 하나의 그림도 사람에 따라 다르게 해석될 수 있다는 뜻이야.
>
> 정아: 그림을 그릴 때 대상을 사실적으로 표현하는 데 중점을 두었다는 뜻이야.

(                    )

**4** 이 글을 읽고 짐작한 내용으로 알맞은 것은 무엇인가요? (      )

★ 추론

① 인상주의보다 신인상주의가 먼저 등장했을 것이다.

② 쇠라가 죽은 뒤에야 그의 그림이 사람들에게 알려졌을 것이다.

③ 〈그랑드자트섬의 일요일 오후〉는 탁하고 칙칙한 느낌이 들 것이다.

④ 점묘법으로 그린 그림에서 멀리 떨어진 두 색점은 혼합되어 보이지 않을 것이다.

⑤ 점을 찍는 일은 쉬우므로 점묘법을 사용하면 그림을 금방 완성할 수 있을 것이다.

**5** 이 글과 보기를 읽고 보인 반응으로 알맞지 **않은** 것에 ✕표 하세요.

창의

보기

　프랑스의 화가인 클로드 모네는 인상주의의 창시자 중 한 사람이다. 그는 주로 야외로 나가 아름다운 자연의 풍경을 화폭에 담았다. 그가 1872년에 그린 〈인상, 해돋이〉는 안개로 뒤덮인 바다에 해가 떠오르는 모습을 나타낸 그림으로, 배나 구름과 같은 대상의 세세한 형태를 생략하는 대신 빛에 따른 변화무쌍한 색감과 순간적인 분위기를 표현하였다.

▲ 클로드 모네, 〈인상, 해돋이〉

(1) 모네는 짧은 붓질로 색을 겹쳐 칠하는 기법을 사용했을 것이다.　　( 　 　 )

(2) 모네는 화사한 빛의 느낌과 견고한 형태를 표현하려 했을 것이다.　( 　 　 )

(3) 모네는 빛이 만드는 순간적인 색을 포착하여 그림에 담고자 했을 것이다.　( 　 　 )

핵심 정리

**6** 노트의 빈칸을 채우며, 이 글의 내용을 정리해 보세요.

## 「점으로 그린 그림」 정리하기

| 1문단 | 인상주의의 기법을 과학적으로 발전시켜 화사한 빛의 느낌과 견고한 형태를 표현하려는 ❶(　　　　　)가 등장하였다. |
|---|---|
| 2문단 | 신인상주의를 대표하는 화가인 조르주 쇠라는 빛과 색의 과학적 원리를 미술에 적용해 ❷(　　　　)을 개발하였다. |
| 3문단 | 점묘법은 수천 개의 작은 ❸(　　　　)을 찍어 그림을 그리는 기법으로, 혼합된 색을 밝고 투명하게 나타낼 수 있으며 사물의 형태를 분명하게 표현할 수 있다. |
| 4문단 | ❹(　　　　)는 그림 속 색깔을 분석한 후, 마치 수를 놓듯 점을 찍어 〈그랑드자트섬의 일요일 오후〉를 완성했다. |
| 5문단 | 쇠라의 그림에 비판적인 사람도 있고 열광하는 사람도 있었지만, 그의 예술적 시도는 후대 화가들에게 큰 영향을 미쳤다. |

## 어휘 다지기

**1** 다음 낱말의 뜻으로 알맞은 것을 찾아 선으로 이으세요.

(1) 병치하다 •

(2) 인접하다 •

(3) 포착하다 •

• ① 놓치지 않고 꼭 붙잡다.

• ② 가까이 있거나 바로 이웃하여 있다.

• ③ 두 가지 이상의 것을 한곳에 나란히 두다.

**2** 빈칸에 알맞은 낱말을 보기 에서 찾아 쓰세요.

보기      걸작      지향      비판적

(1) 뉴스 보도를 (                    )으로 바라볼 필요가 있다.

(2) 이 선언문은 세계 평화에 대한 (                    )을 담고 있다.

(3) 베토벤은 청각을 잃은 뒤에도 위대한 (                    )을 많이 남겼다.

## 어휘 키우기

**3** 다음 '신-'이 붙은 낱말이 쓰인 것에 모두 V표 하세요.

뜻을 더하는 말

| 신- | 낱말의 앞에 붙어 '새로운'의 뜻을 더하는 말. ᅄ 신인상주의는 인상주의를 과학적으로 발전시키려는 움직임이었다. |
| --- | --- |

(1) 이 기사는 출처가 없어서 신뢰성이 떨어진다.  ☐

(2) 이번 올림픽에서 우리나라 선수가 신기록을 세웠다.  ☐

(3) 최근 출시된 신제품이 소비자들에게 좋은 반응을 얻고 있다.  ☐

# 북극곰의 눈물을 닦아 주자

과학 | 1,189자

📖 교과 연계
중학 과학 1 과학과 인류의
지속가능한 삶

북극의 •해빙이 빠르게 줄어들고 있다. 북극 해빙은 여름이 되면 녹기 시작해 9월에 크기가 가장 작아졌다가 겨울이 오면 다시 늘어나기를 반복한다. 그런데 지구의 기온이 상승하면서, 여름에 녹은 해빙이 겨울에도 회복되지 못하는 상황이다. 지금의 속도라면 2030년 여름에는 북극 해빙이 완전히 사라질 것이라고 한다. 해빙이 사라지면, 해빙에 의지해 사는 북극곰들은 어떻게 될까? 좁은 얼음 조각 위에 •위태롭게 서 있는 사진 속 북극곰의 모습이 그들의 불안한 미래를 말해 주는 듯하다.

북극 해빙의 감소는 그곳에서 살아가는 동물들의 생존을 심각하게 위협한다. 북극곰은 해빙을 타고 먼바다로 나가서 사냥을 하는데, 해빙이 줄어들면서 북극곰이 먹이를 찾지 못해 굶는 날이 늘어나고 있다. 넓은 해빙 위에 자리를 잡고 새끼를 낳는 바다표범 역시 •풍전등화의 위기에 처했다. 해빙이 녹아 없어짐에 따라 새끼 바다표범이 살아남기 힘들어진 것이다.

이렇게 북극의 해빙이 사라지는 것은 지구 온난화 때문이다. 그리고 지구 온난화의 원인은 석유나 석탄과 같은 화석 연료를 태울 때 발생하는 이산화 탄소이다. 지난 200년간 인간이 화석 연료를 주요 •에너지원으로 사용하면서 막대한 양의 이산화 탄소가 대기로 방출되었다. 대기 중의 이산화 탄소는 태양열을 가두어 지구 표면의 온도를 급격히 높였다. 그 결과가 현재의 지구 온난화 현상이다. ㉠최근에는 '지구 열대화'라는 말까지 나올 정도로 지구는 펄펄 끓고 있다.

북극 해빙의 감소도, 지구 온난화도 인간이 •초래한 문제이다. ㉡이제 우리가 북극곰의 눈물을 닦아 주어야 한다. 무엇보다 이산화 탄소의 배출을 줄이기 위해 노력해야 한다. 전기를 절약하기, 가까운 거리는 자전거를 타거나 걷기 등의 생활 속 실천을 통해 탄소 배출을 •감축할 수 있다. 이러한 개인의 노력과 더불어 사회적 차원의 노력도 필요하다. 화석 연료를 신재생 에너지로 대체하고, 기업이 배출하는 탄소의 양에 따라 세금을 부과하는 '탄소세'를 도입하는 것이 그 방법이 될 수 있다.

우리가 이산화 탄소를 줄여 북극 해빙을 지키지 못하면 ㉢북극곰의 눈물은 우리의 눈물이 될 것이다. 북극 해빙은 태양 빛을 반사하여 지구의 온도를 낮추어 주는 역할을 한다. 해빙이 줄어들수록 지구 온난화는 빨라지고, 이는 가뭄, •폭염, 태풍, 한파 등 인간을 괴롭히는 •기상 이변으로 이어진다. 지금부터라도 북극곰과 우리 자신을 위해 건강한 지구를 만들어 나가야 한다.

**어휘 풀이**

☐ **해빙** 바닷물이 얼어서 생긴 얼음. (海 바다 해, 氷 얼음 빙)

☐ **위태롭다** 상태가 마음을 놓을 수 없을 정도로 위험한 듯하다.

☐ **풍전등화** 바람 앞의 등불이라는 뜻으로, 사물이 매우 위태로운 처지에 놓여 있음을 비유적으로 이르는 말. (風 바람 풍, 前 앞 전, 燈 등잔 등, 火 불 화)

☐ **에너지원** 에너지를 만들어 내는 근원.

☐ **초래하다** 어떤 결과를 가져오게 하다. (招 부를 초, 來 올 래)

☐ **감축하다** 어떤 것의 수나 양을 줄이다. (減 덜 감, 縮 오그라들 축)

☐ **폭염** 매우 심한 더위.

☐ **기상 이변** 보통 지난 30년간의 기상과 아주 다른 기상 현상.

**1** 글쓴이가 제시한 문제 상황은 무엇인가요? (       )

중심
생각

① 북극곰이 해빙에 의지하여 사는 것

② 신재생 에너지를 사용하지 않는 것

③ 북극 해빙이 빠르게 줄어들고 있는 것

④ 여름에 녹은 북극 해빙이 겨울에 회복되는 것

⑤ 화석 연료를 태울 때 이산화 탄소가 발생하는 것

**2** 이 글의 내용으로 알맞은 것을 두 개 고르세요. (       ,       )

내용
이해

① 북극 해빙은 9월에 크기가 가장 크다.

② 지구 온난화는 기상 이변으로 이어진다.

③ 북극 해빙은 지구의 온도를 낮추어 준다.

④ 북극곰은 해빙 위에 자리를 잡고 새끼를 낳는다.

⑤ 탄소세는 탄소 배출을 줄이기 위한 개인적 차원의 노력이다.

**3** 지구 온난화의 원인과 결과에 맞게 순서대로 기호를 쓰세요.

내용
이해

> ㉮ 막대한 양의 이산화 탄소가 대기로 방출되었다.
>
> ㉯ 지구 온난화로 인해 북극의 해빙이 사라지고 있다.
>
> ㉰ 북극곰, 바다표범과 같은 동물들의 생존이 위협받고 있다.
>
> ㉱ 대기 중의 이산화 탄소가 지구 표면의 온도를 급격히 높였다.
>
> ㉲ 지난 200년간 인간이 화석 연료를 주요 에너지원으로 사용하였다.

㉲ → (        ) → (        ) → (        ) → (        )

전략 적용

**4** ㉠~㉢의 의미를 알맞게 추론한 것에 ○표 하세요.

★ 추론

(1) ㉠: '온난화'라는 말로 부족할 만큼 지구의 온도가 높아지고 있다.          (          )

(2) ㉡: 북극곰을 보호하기 위해 새로운 보금자리를 마련해야 한다.          (          )

(3) ㉢: 북극곰의 위태로운 처지를 알게 되면 많은 사람이 슬퍼할 것이다.          (          )

**5** 이 글을 읽고, 탄소 배출을 줄이기 위한 실천에 대해 잘못 말한 친구는 누구인가요?　(　　　)

창의

① 유미: 쓰지 않는 가전제품은 플러그를 뽑아야 해.

② 경수: 방에 사람이 없을 때는 불을 끄고 다녀야겠어.

③ 준영: 여름에 조금 덥더라도 에어컨보다 부채를 사용할 거야.

④ 도희: 음식을 직접 만들어 먹기보다는 배달 음식을 시켜 먹는 것이 좋겠어.

⑤ 창민: 전자 제품을 살 때 전기를 얼마나 소비하는지 따져 보고 고르려고 해.

💡 어떻게 알았나요?

　　　　　를 절약하기, 가까운 거리는 　　　　　　　　를 타거나 걷기 등의 실천을 통해 탄소 배출을 감축할 수 있습니다.

핵심 정리

**6** 노트의 빈칸을 채우며, 이 글의 내용을 정리해 보세요.

## 「북극곰의 눈물을 닦아 주자」 정리하기

| | |
|---|---|
| 1문단 | ❶(　　　　　)의 해빙이 빠르게 줄어들고 있다. |
| 2문단 | 북극 해빙의 감소는 그곳에서 살아가는 동물들의 ❷(　　　　)을 심각하게 위협한다. |
| 3문단 | 북극 해빙이 사라지는 것은 지구 ❸(　　　　) 때문이다. |
| 4문단 | 북극 해빙의 감소를 막으려면 ❹(　　　　　)의 배출을 줄이기 위해 노력해야 한다. |
| 5문단 | 해빙이 줄어들수록 지구 온난화가 빨라져 ❺(　　　　)으로 이어질 수 있으므로, 북극곰과 우리를 위해 건강한 지구를 만들어 나가야 한다. |

## 어휘 다지기

**1** 다음 낱말의 뜻으로 알맞은 것을 찾아 선으로 이으세요.

(1) 감축하다 •

(2) 위태롭다 •

(3) 초래하다 •

• ① 어떤 결과를 가져오게 하다.

• ② 어떤 것의 수나 양을 줄이다.

• ③ 상태가 마음을 놓을 수 없을 정도로 위험한 듯하다.

**2** 빈칸에 알맞은 낱말을 보기 에서 찾아 쓰세요.

보기     폭염     해빙     에너지원

(1) 남극 물개들이 (                    ) 위에서 휴식을 취하고 있다.

(2) 아이들이 계곡에서 물놀이를 하며 (                    )을 식혔다.

(3) 지열 발전은 지구 내부의 열을 (                    )으로 이용한다.

## 어휘 키우기

**3** 다음 뜻을 가진 '감(減)'이 사용된 낱말에 모두 ∨표 하세요.

한자어

減
덜 감

예 감소(減少): 양이나 수치가 줄어듦. 또는 양이나 수치를 줄임.

(1) 삭감(削 ): 깎아서 줄임.  ☐

(2) 예감(豫 ): 어떤 일이 일어나기 전에 미리 느낌.  ☐

(3) 경감(輕 ): 부담이나 고통 등을 덜어서 가볍게 함.  ☐

# 7 작품의 시대 상황 추론하기

**개념 이해**

　문학 작품에는 작품의 시대적 배경이 언제쯤인지를 알려 주는 단서들이 있습니다. 이를 통해 시대 상황을 짐작하며 읽으면, 작품의 내용을 더 잘 이해할 수 있습니다.

**작품의 시대 상황**

　작품 속 장면이나 사건에는 특정한 시기의 사회 분위기, 문화, 생활 방식과 같은 시대 상황이 반영되어 있습니다. 어떠한 작품에서 배경이 되는 시대가 달라지면 작품의 내용도 달라집니다. 예를 들어 소설의 배경이 조선 시대에서 현대로 바뀐다면, 인물의 모습이나 사건의 내용 등도 달라질 것입니다.

**시대 상황 추론하기**

　작품 속 인물의 말과 행동에서 작품의 시대 상황을 짐작할 수 있습니다. 또한 작품에 나타난 다양한 소재 가운데 특정 시기의 특징이 반영된 소재를 통해서도 시대 상황을 짐작할 수 있습니다.

**이렇게 해요!**

① 인물의 말과 행동 중에서 시대 상황을 알 수 있는 부분을 찾아보고, 이를 바탕으로 당시의 모습을 떠올려 봅니다.

② 특정한 시기의 특징이 반영된 소재를 통해 당시의 시대 상황을 짐작해 봅니다.

> 작품 속 사건과 그 시대의 특징을 연결해 보는 것도 시대 상황을 추론하는 데 도움이 돼.

## 확인 문제

[1~2] 다음 글을 읽고, 물음에 답하세요.

> 2월의 늦은 오후, 미국 남부 P 마을의 어느 저택에서 두 사람이 이야기를 나누고 있었다. 그들이 있는 방에는 가구가 잘 갖추어져 있었고 하인은 없었다. 그들이 의자를 바싹 붙이고 앉은 것으로 보아 어떤 문제를 아주 진지하게 토론하는 듯했다.
>
> 한 사람은 노예 상인 헤일리로, 땅딸막한 체구에 화려한 의상을 입고 손가락에는 반지를 여러 개 끼고 있었다. 다른 한 사람은 옷차림이 단정하고 신사적인 인상을 풍기는 셸비였다.
>
> "톰을 파는 것으로 이 문제를 매듭지었으면 좋겠소."
>
> 셸비가 이렇게 말하자, 헤일리가 고개를 가로저었다.
>
> "셸비 씨, 그런 식으로는 거래를 할 수 없습니다. 그렇게 되면 제가 손해 보는 장사입니다."
>
> "헤일리, 톰은 아주 특별한 친구요. 그는 어느 모로 봐도 끈기 있고 정직하고 유능하지요. 제 농장 일을 시계처럼 정확하게 돌보고 있어요."
>
> "흑인치고는 정직하다는 말씀이겠지요."
>
> 헤일리가 시큰둥한 목소리로 말했다.
>
> — 해리엇 비처 스토, 『톰 아저씨의 오두막』 중

**1** 다음 중 이 글의 시대 상황을 추론할 수 있는 말을 두 개 찾아 ○표 하세요.

요즘에는 잘 쓰지 않는 말이 있는지 생각해 봐.

| 거래 | 시계 | 저택 | 하인 | 노예 상인 |
|---|---|---|---|---|

**2** 이 글에 나타난 인물의 말에서 알 수 있는 내용을 찾아 선으로 이으세요.

(1) "톰을 파는 것으로 이 문제를 매듭지었으면 좋겠소."    •

① 특정 인종을 무시하는 문화가 있었다.

(2) "흑인치고는 정직하다는 말씀이겠지요."    •

② 물건을 거래하듯이 사람을 사고팔았다.

# 가난한 사랑 노래 | 신경림

가난하다고 해서 외로움을 모르겠는가
너와 헤어져 돌아오는
㉠눈 쌓인 골목길에 새파랗게 달빛이 쏟아지는데.
가난하다고 해서 두려움이 없겠는가
두 점을 치는 소리
방범대원의 호각 소리 메밀묵 사려 소리에
㉡눈을 뜨면 멀리 육중한 기계 굴러가는 소리.
가난하다고 해서 그리움을 버렸겠는가
㉢어머님 보고 싶소 수없이 뇌어 보지만
집 뒤 감나무에 까치밥으로 하나 남았을
새빨간 감 바람 소리도 그려 보지만.
가난하다고 해서 사랑을 모르겠는가
내 볼에 와 닿던 네 입술의 뜨거움
사랑한다고 사랑한다고 속삭이던 네 숨결
㉣돌아서는 내 등 뒤에 터지던 네 울음.
가난하다고 해서 왜 모르겠는가
가난하기 때문에 이것들을
이 모든 것들 을 버려야 한다는 것을.

## 어휘 풀이

□ **점** 예전에 시각을 세던 단위.

□ **방범대원** 방범대에 속하여 도둑질, 강도 등의 범죄를 막는 일을 하는 대원.

□ **호각** 불어서 소리를 내는 신호용 도구. (號 부르 짖을 호, 角 뿔 각)

□ **육중하다** 크고 둔하고 무겁다. (肉 고기 육, 重 무거울 중)

□ **뇌다** 지나간 일이나 한 번 한 말을 여러 번 거듭 말하다.

□ **까치밥** 까치 등의 날짐승이 먹으라고 따지 않고 몇 개 남겨 두는 감.

**1** ㉠~㉣에서 알 수 있는 내용이 <u>아닌</u> 것에 ✕표 하세요.

내용
이해

(1) ㉠: 이 시의 계절적 배경은 겨울이다. ( )

(2) ㉡: 말하는 이는 잠을 잘 자지 못하고 있다. ( )

(3) ㉢: 말하는 이는 어머니와 떨어져 지내고 있다. ( )

(4) ㉣: 말하는 이는 '너'와 이별하였다. ( )

**2** 이 시에서 이 모든 것들 에 해당하지 <u>않는</u> 것은 무엇인가요? ( )

내용
이해

① 달빛           ② 사랑           ③ 그리움

④ 두려움           ⑤ 외로움

**3** 이 시의 특징으로 알맞은 것을 두 개 고르세요. ( , )

표현
파악

① 현실을 극복하려는 말하는 이의 강한 의지가 느껴진다.

② 두 명의 인물이 대화를 나누는 형식으로 시가 전개된다.

③ 명령형의 문장을 통해 말하는 이의 마음이 강조되어 나타난다.

④ '가난하다고 해서 ~겠는가'라는 말을 반복하여 운율이 느껴진다.

⑤ 눈으로 보는 듯한 표현, 귀로 듣는 듯한 표현, 손으로 만지는 듯한 표현이 나타난다.

⚡ 어떻게 알았나요?

'네 입술의             '은 만지듯이 표현한 부분입니다.

**4**

전략 적용

보기 를 참고할 때, 이 시에서 시대 상황을 추론할 수 있는 말은 무엇인가요? ( )

★추론

보기

    1970년대에는 밤에 집 밖에서 활동하지 못하게 하는 '야간 통행금지' 제도가 있었다. 밤 12시에 사이렌이 울리면 단속이 시작되었고, 이 시간 이후에 통행하는 사람은 경찰이나 방범대원에게 붙잡혀 새벽 4시까지 파출소에서 밤을 새워야 했다.

① 새빨간 감 바람 소리

② 방범대원의 호각 소리

③ 집 뒤 감나무에 까치밥

④ 새파랗게 달빛이 쏟아지는데

⑤ 사랑한다고 속삭이던 네 숨결

# 이상한 선생님 | 채만식

ⓐ
박 선생님은 생긴 것부터가 무척 이상하게 생긴 선생님이었다. 키가 한 °뼘밖에 안 되어서 뼘생 또는 뼘박이라는 별명이 있는 것처럼, 박 선생님의 키는 키 작은 사람 가운데에서도 유난히 작은 키였다. 일본 정치 때에, °혈서로 지원병을 지원했다 체격 검사에 키가 제 °척수에 차지 못해 °낙방이 되었다면, 그래서 땅을 치고 울었다면, 얼마나 작은 키인지 알 일이다.

그런 작은 키에 몸집은 그저 한 줌만 하고. 이 한 줌만 한 몸집, 한 뼘만 한 키 위에 깜짝 놀랄 만큼 큰 머리통이 위태위태하게 °올라앉아 있다. 그래서 박 선생님의 또 하나의 별명은 대갈장군이라고도 했다. 〈중략〉

이런 대갈장군인 뼘생 박 선생님과 아주 정반대로 생긴 이가 강 선생님이었다.

강 선생님은 키가 크고, 몸집도 크고, 얼굴이 °너부릇하고, 얼굴이 검기는 해도 순하여 사나움이 든 데가 없고, 눈은 더 순하고, 허허 웃기를 잘하고, 별로 성을 내는 일이 없고, 아무하고나 장난을 잘하고…….. 강 선생님은 이런 선생님이었다. 〈중략〉

학교에서고 학교 밖에서고 조선말로 말을 하다 선생님한테 들키는 날이면 °경치는 판이었다. 선생님들 중에서도 제일 심하게 밝히는 선생님이 뼘박 박 선생님이었다. 교장 선생님이나 다른 일본 선생님은 나무라기만 하고 마는 수가 있어도, 뼘박 박 선생님만은 절대로 용서가 없었다.

나도 여러 번 혼이 나 보았다.

한번은 상준이 녀석과 어떡하다 쌈이 붙었는데 둘이 서로 부둥켜안고 구르면서 이 자식아, 저 자식아, 죽어 봐, 때려 봐, 하면서 한참 때리고 °제기고 하는 참이었다.

그런데, 느닷없이

"고랏! 조셍고데 겡까 스루야쓰가 이루까(이놈아! 조선말로 쌈하는 녀석이 어딨어)."

하면서 구둣발길로 넓적다리를 걷어차는 건, 정신없는 중에도 뼘박 박 선생님이었다.

우리 둘이는 그 자리에서 °뺨이 붓도록 따귀를 맞았고, 공부 시간에 들어가지도 못하고 그 시간 동안 변소 청소를 했고, 그리고 °조행 점수를 듬뿍 깎였다.

이렇게 뼘박 박 선생님한테 제일 중한 벌을 받는 때가 언제냐 하면, 조선말로 지껄이다 들키는 때였다.

강 선생님은 그와 반대로 아무 °시비가 없었다.

교실에서 공부를 할 때 빼고는 그리고 다른 선생님, 그중에서도 교장 이하 일본 선생님들과 뼘박 박 선생님이 보지 않는 데서는, ⓑ강 선생님은 우리한테, 일본 말로 말을 하지 않았다. 우리가 일본 말을 해도 강 선생님은 조선말을 하곤 했다.

우리가 어쩌다

"선생님은 왜 '국어(일본 말)'로 안 하세요?" / 하고 물으면 강 선생님은 웃으면서

## 어휘 풀이

□ **뼘** 손가락을 힘껏 벌렸을 때 엄지손가락에서부터 새끼손가락까지의 길이를 재는 단위.

□ **혈서** 굳은 결심이나 맹세 등을 나타내기 위해 스스로 상처를 내어 피로 쓴 글.(血 피 혈, 書 글 서)

□ **척수** 길이에 대한 몇 자 몇 치의 셈.(尺 자 척, 數 셀 수)

□ **낙방** 시험, 선발, 선거 등에서 떨어짐.(落 떨어질 낙, 榜 패 방)

□ **올라앉다** 높은 곳에 놓이다.

□ **너부릇하다** '약간 넓고 평평하다.'를 뜻하는 '너부죽하다'의 방언.

□ **경치다** 심하게 꾸지람을 듣거나 단단히 벌을 받다.

□ **제기다** 팔꿈치나 발꿈치 등으로 지르다.

□ **조행** 태도와 행실을 아울러 이르는 말.

□ **시비** 옳고 그름을 따지는 말다툼.

"나는 '국어'가 서툴러서 그런다." / 하고 대답했다.

그렇지만 우리가 보기에도 강 선생님은 일본 말이 서투른 선생님이 아니었다.

## 1

**내용 이해**

이 글에 대한 설명으로 알맞지 <u>않은</u> 것은 무엇인가요? ( )

① 공간적 배경은 학교이다.

② 말하는 이는 '나'로, 학생이다.

③ 계절적 배경이 두드러지게 나타난다.

④ 외모와 행동이 정반대인 두 인물이 등장한다.

⑤ 인물의 말과 행동에서 인물의 성격이 드러난다.

## 2

**내용 이해**

이 글의 내용으로 알맞은 것은 무엇인가요? ( )

① 강 선생님은 잘 웃지만 성도 잘 낸다.

② 강 선생님의 별명은 '뻠생', '뻠박', '대갈장군'이었다.

③ 학교 밖에서는 조선말을 쓰다 들켜도 벌을 받지 않았다.

④ 박 선생님은 지원병을 지원했다가 키가 작아서 낙방했다.

⑤ '나'는 상준이와 싸움을 해서 박 선생님에게 여러 번 혼이 났다.

## 3

**표현 파악**

㉠에 대한 설명으로 알맞은 것에 ○표 하세요.

(1) 인물의 외모를 우스꽝스럽게 묘사하고 있다. ( )

(2) 인물의 특징을 속마음과 반대로 표현하고 있다. ( )

(3) 비유하는 표현을 사용하여 인물의 행동을 생생하게 나타내고 있다. ( )

## 4

**★ 추론**

전략 적용

이 글의 시대 상황을 <u>잘못</u> 추론한 친구의 이름을 쓰세요.

> 서하: '일본 정치 때'라는 말을 보니, 이 글은 일제 강점기를 배경으로 한 것 같아.
>
> 병희: 일본 말을 '국어'라고 하는 것을 보면, 일제는 국어 수업에서 일본어를 가르치게 했을 거야.
>
> 로호: 학생들이 강 선생님에게 왜 일본 말을 안 하냐고 물은 것을 보면, 저 때는 다들 일본 말이 더 편했나 봐.

( )

## 5

**★ 추론**

ⓒ의 까닭을 알맞게 짐작한 것은 무엇인가요?　(　　　　)

① 몰래 조선말을 쓰는 것이 재미있어서

② 자신의 조선말 실력을 자랑하고 싶어서

③ 조선말을 못 쓰게 하는 일본에 저항하기 위해서

④ 일본 말을 좋아하는 박 선생님을 약 올리기 위해서

⑤ 교장 이하 일본 선생님들만큼 일본 말을 잘하지 못해서

**어떻게 알았나요?**

강 선생님은 일본 말이 　　　　　　　선생님이 아니었습니다.

**핵심 정리**

## 6

노트의 빈칸을 채우며, 이 글의 내용을 정리해 보세요.

### 「이상한 선생님」 정리하기

> 박 선생님은 지원병에 낙방할 만큼 ❶(　　　　)가 작은 데다가 몸집도 작고 머리가 매우 크다.

⬇

> ❷(　　　　) 선생님은 키가 크고 몸집도 크고 얼굴이 순하고 웃기를 잘한다.

⬇

> 박 선생님은 ❸(　　　　)을 하다가 들켰을 때 제일 중한 벌을 주었다.

⬇

> 그와 반대로 강 선생님은 ❹(　　　　)에서 공부할 때를 빼고, 다른 선생님들이 보지 않는 곳에서는 우리에게 조선말을 했다.

• 이 글의 표현

> 이 글에서는 ❺(　　　　) 선생님을 우스꽝스럽게 묘사한다. 이를 통해 읽는 이는 웃음을 짓게 되고, 그를 비판적으로 바라보게 된다. 이와 같이 대상을 과장하거나 비꼬아서 표현함으로써 웃음을 유발하고 부정적인 대상을 비판하는 방식을 '풍자'라고 한다.

## 어휘 다지기

**1** 다음 낱말의 뜻으로 알맞은 것을 찾아 선으로 이으세요.

(1) 경치다 •          • ① 높은 곳에 놓이다.

(2) 제기다 •          • ② 팔꿈치나 발꿈치 등으로 지르다.

(3) 올라앉다 •          • ③ 심하게 꾸지람을 듣거나 단단히 벌을 받다.

**2** 빈칸에 알맞은 낱말을 보기 에서 찾아 쓰세요.

| 보기 | 뼘 | 낙방 | 시비 |
|---|---|---|---|

(1) 지나가는 사람과 어깨가 부딪혀 (          )이/가 붙었다.

(2) 책상의 너비를 손으로 재 보니 세 (          ) 정도 되었다.

(3) 시험에서 여러 차례 (          )을/를 했으나 계속 도전하여 마침내 합격했다.

## 어휘 키우기

**3** 다음 뜻을 가진 '원(願)'이 사용된 낱말에 모두 V표 하세요.

한자어

願
바랄 원

예 지원(志願): 어떤 일이나 조직에 뜻을 두어 한 구성원이 되기를 바람.

(1) 기원(祈 ▢): 바라는 일이 이루어지기를 빎.                                    ▢

(2) 구원(救 ▢): 어려움이나 위험에 빠진 사람을 구하여 줌.                          ▢

(3) 애원(哀 ▢): 소원이나 요구 등을 들어 달라고 애처롭게 사정하여 간절히 바람.        ▢

# 홍계월전

**앞부분의 줄거리** | 어렸을 때부터 총명했던 계월은 다섯 살이 되던 해에 부모님과 헤어진다. 여공에게 거두어진 계월은 '평국'이라는 새 이름을 얻고 남장을 한 채 살아간다. 계월은 여공의 아들 보국과 함께 학문과 무예를 익혀 장원 급제를 하고 전쟁에 나가 큰 공을 세운다.

**소설 | 1,112자**

전쟁터에서 돌아온 평국이 피곤하여 앓다 병에 걸리니 집안사람들이 걱정하며 밤낮으로 간병했다. 이 소식을 들은 천자는 깜짝 놀라 즉시 어의를 보냈다. 어의가 평국의 병세를 살피기 위해 맥을 짚으니 심각한 상태는 아니었다. 그리하여 급히 쓸 약을 알려 주고 돌아와 천자에게 말했다.

"병세는 위중하지 않아 크게 걱정하실 일은 아닙니다. 그런데 이상하게도 평국의 맥이 남자의 맥이 아니었사옵니다."

그 말을 들은 천자가 말했다.

"평국이 여자라면 어찌 전장에 나아가 10만 대군을 물리칠 수 있었겠는가? 평국의 얼굴이 곱고 몸이 가냘파 미심쩍기는 하나, 아직은 다른 이에게 알리지 말라."

병세가 차츰 나아지자 평국은 생각했다.

'어의가 맥을 짚었으니 여자임이 드러났을 것이다. 이제 여자 홍계월로 규중에 갇혀 조용히 지내야 하겠구나.'

남자 옷을 벗고 여자 옷으로 갈아입은 계월은 ㉠하염없이 눈물을 흘렸다. 계월은 마음을 가다듬고 천자께 글을 올렸다.

어린 시절 전쟁 중에 부모를 잃고 죽을 뻔했으나 여공의 덕으로 살아났습니다. 여자의 행색을 하고서는 집 안에서만 늙어 부모님을 찾지 못할 것 같아, 남장을 하며 폐하를 속였습니다. 그러니 제 벼슬을 거두고 속히 처벌해 주시옵소서.

천자가 이 글을 보고 감탄하며 말했다.

"평국처럼 문무를 겸비하고, 나라에 충성하며, 효도를 다하는 이는 남자 중에도 없을 것이다. 평국이 비록 여자이지만 어찌 벼슬을 거두겠는가?" 〈중략〉

오왕과 초왕의 반란 소식에 신하들은 계월을 보내 그들을 막아야 한다고 청했다. 천자는 한참을 고민하다 말했다.

"계월이 빼어난 장수이기는 하나, 지금은 보국과 혼인하여 규중에 머무는 여자인지라 차마 전쟁터로 보낼 수가 없구나."

모든 신하가 재차 청하자, 천자는 마지못해 계월을 불러들여 반란을 진압하라고 명하였다. 계월은 즉시 명을 받들고 전장에 나갈 준비를 하였다.

계월은 보국에게 중군장으로 자신을 따르라는 명령을 내렸다. 화가 난 보국은 부모님께 말했다.

## 어휘 풀이

□ **남장** 여자가 남자처럼 얼굴과 옷차림 등을 꾸밈. (男 사내 남, 裝 꾸밀 장)

□ **천자** 중국에서 임금 또는 왕을 부르던 말. (天 하늘 천, 子 아들 자)

□ **어의** 임금이나 왕족의 병을 치료하던 의원.

□ **맥** 심장 박동에 따라 나타나는 동맥의 주기적인 움직임. (脈 맥 맥)

□ **위중하다** 병의 상태가 위험하고 심각하다. (危 위태할 위, 重 무거울 중)

□ **전장** 싸움을 치르는 장소. (戰 싸울 전, 場 마당 장)

□ **규중** 결혼했거나 나이가 있는 여자가 지내는 방.

□ **겸비하다** 두 가지 이상을 함께 갖추다. (兼 겸할 겸, 備 갖출 비)

□ **괄시하다** 업신여겨 하찮게 대하다.

"계월이 또 저를 중군장으로 삼아 아랫사람처럼 부리려 하니, 이런 일이 세상에 어디 있습니까?"

ⓒ 보국의 불만을 들은 아버지 여공이 말했다.

"전에 내가 너에게 뭐라고 했더냐? 네가 계월을 괄시하다가 이런 일을 당했으니, 누구에게 잘못했다 하겠느냐? 나랏일이 매우 중하므로 어찌할 수가 없다."

## 1

**내용 이해**

이 글의 특징으로 알맞은 것은 무엇인가요? (　　　)

① 과거와 현재를 오가며 이야기가 전개된다.

② 인물들의 성격 변화가 두드러지게 나타난다.

③ 동물과 사물을 마치 사람처럼 표현하고 있다.

④ 탁월한 재능을 가진 영웅적인 인물이 등장한다.

⑤ 말하는 이가 자신의 마음을 직접 전달하고 있다.

## 2

**내용 이해**

이 글의 내용으로 알맞지 <u>않은</u> 것은 무엇인가요? (　　　)

① 계월은 반란을 진압하라는 천자의 명을 즉시 받들었다.

② 어의는 계월의 맥을 짚고 알게 된 사실을 천자에게 말했다.

③ 계월은 병이 든 몸으로 전장에 나아가 10만 대군을 물리쳤다.

④ 반란 소식을 들은 신하들은 천자에게 계월을 보내야 한다고 청했다.

⑤ 천자는 계월이 여자임을 알고 난 후에도 계월을 칭찬하며 벼슬을 유지했다.

## 3

**내용 이해**

㉠의 까닭으로 알맞은 것은 무엇인가요? (　　　)

① 여자로 살아갈 삶이 기대되어서

② 천자를 속인 죄로 큰 벌을 받게 될 것을 알아서

③ 여자임을 숨기고 살 수밖에 없었던 과거가 떠올라서

④ 이제 나라를 위해 능력을 펼치지 못할 것이라고 생각해서

⑤ 전장에 나가지 않고 규중에서 지내게 된 것에 마음이 놓여서

## 4

**★추론**

ⓒ에 대해 짐작한 내용으로 알맞지 <u>않은</u> 것에 ✕표 하세요.

(1) 중군장은 계월의 계급보다 낮은 계급일 것이다. (　　　)

(2) 여공은 아들인 보국보다 뛰어난 계월을 시기해 왔을 것이다. (　　　)

(3) 보국은 여자이자 아내인 계월이 자신에게 명령을 내려 화가 났을 것이다. (　　　)

## 5

★추론

이 글의 시대 상황을 알맞게 추론한 것을 찾아 기호를 쓰세요.

> ㉮ 여자와 남자가 하는 일에 차이가 없었다.
>
> ㉯ 여자가 전쟁터에 나가는 것은 흔한 일이었다.
>
> ㉰ 여자가 남자 옷을 입으면 벼슬을 뺏기고 처벌을 받았다.
>
> ㉱ 여자는 자유롭게 활동하지 못하고 집 안에서만 지내야 했다.

(          )

### 어떻게 알았나요?

여자임이 드러났을 것이라 짐작한 계월은 '이제 여자 홍계월로 　　　　에 갇혀 조용히 지내야 하겠구나.'라고 생각하였습니다.

핵심 정리

## 6

노트의 빈칸을 채우며, 이 글의 내용을 정리해 보세요.

### 「홍계월전」 정리하기

> 병에 걸린 계월의 맥을 짚은 어의가 천자에게 계월의 맥이 ❶(　　　　)의 맥이 아니라고 말했다.

⬇

> 자신이 여자임이 드러났을 것이라고 생각한 계월은 천자에게 글을 올려 남장을 한 사실을 고백하였으나, 천자는 계월의 문무와 충성, 효심을 칭찬하며 ❷(　　　　)을 유지했다.

⬇

> 오왕과 초왕의 ❸(　　　　)이 일어나자 천자는 계월에게 이를 진압하라고 명했고, 계월은 전장에 나갈 준비를 했다.

⬇

> 보국은 아내인 계월의 명령에 따르는 것에 화를 냈고, 아버지인 ❹(　　　　)은 그런 보국을 나무랐다.

• 이 글의 갈래

> 이 글은 남성보다 우월한 능력을 지닌 ❺(　　　　)이라는 여성을 영웅으로 설정한 여성 영웅 소설이다. 이러한 소설은 당대 여성 독자들에게 통쾌함과 대리 만족을 느끼게 하였다.

## 어휘 다지기

**1** 다음 낱말의 뜻으로 알맞은 것을 찾아 선으로 이으세요.

(1) 겸비하다 •

(2) 괄시하다 •

(3) 위중하다 •

• ① 업신여겨 하찮게 대하다.

• ② 두 가지 이상을 함께 갖추다.

• ③ 병의 상태가 위험하고 심각하다.

**2** 빈칸에 알맞은 낱말을 보기 에서 찾아 쓰세요.

> 보기          맥          어의          전장

(1) 그 병사는 (                    )에서 총에 맞아 큰 부상을 입었다.

(2) 뛰어난 의술을 펼치던 허준은 (                    )이/가 되어 임금의 병을 진찰했다.

(3) 응급실에 들어온 환자의 손목을 짚어 보니 다행히 (                    )이/가 뛰고 있었다.

## 어휘 키우기

**3** 다음 밑줄 친 낱말과 같은 뜻의 '걸리다'가 쓰인 것에 V표 하세요.

다의어

> 전쟁터에서 돌아온 평국이 피곤하여 앓다 병에 <u>걸리니</u> 집안사람들이 걱정하며 밤낮으로 간병했다.

(1) 그는 심한 감기에 <u>걸렸다</u>. ☐

(2) 벽에 <u>걸려</u> 있던 액자를 뗐다. ☐

(3) 어부가 그물에 <u>걸린</u> 물고기를 양동이에 담았다. ☐

# 읽기 전략 8

# 작가의 의도 해석하기

**개념 이해**

문학 작품은 작가가 쓰는 것이기 때문에 작품 전체에 작가의 의도가 반영되어 있습니다. 그래서 작가의 의도를 헤아리며 읽으면, 작품의 내용을 더 깊이 있게 이해할 수 있습니다. 작가의 의도를 알고 해석하는 법을 알아봅시다.

**작가의 의도**

'의도'는 무엇을 하고자 하는 생각이나 계획을 의미합니다. 문학 작품에서 **작가의 의도**는 작가가 작품을 왜 썼는지, 작품을 통해 무슨 말을 하고 싶은지를 뜻합니다.

**작가의 의도 해석하기**

작가는 작품을 쓸 때, 자신의 의도가 잘 드러나도록 작품 속 인물과 사건을 설정합니다. 그래서 **이야기의 내용이나 인물의 말과 행동**을 보면 작가의 의도를 짐작할 수 있습니다. 또한 앞에서 배운 작품의 **시대 상황**도 작가의 의도를 알 수 있는 단서가 됩니다.

**이렇게 해요!**

① 이야기의 내용이나 인물의 말과 행동에서 작가의 생각이 드러나는 부분을 찾고, 이를 바탕으로 작가의 의도를 짐작해 봅니다.

② 작품의 시대 상황과 관련지어 작가의 의도를 생각해 봅니다.

> 작가의 의도를 해석할 때는 '왜 이런 장면을 넣었을까?'를 생각해 보는 것도 도움이 돼.

**확인 문제**

[1~2] 다음 글을 읽고, 물음에 답하세요.

'양반'이 등장하는 것에서 이 작품의 배경이 되는 시대를 짐작할 수 있어.

> 강원도 정선에 한 양반이 살고 있었다. 이 양반은 예의를 중시하여, 군수가 새로 부임할 때마다 그 집에 찾아가 인사를 드렸다. ⊙그런데 이 양반은 몹시 가난해서 해마다 관청에 빚을 내어 쌀을 빌려 먹었다.
>
> 어느 날 강원도 관찰사가 양반의 빚이 천 석이나 되는데도 한 번도 갚지 않은 것을 알고 크게 노했다.
>
> "어떤 놈의 양반이 빚을 내고 갚지 않는단 말이냐?"
>
> 관찰사는 그 양반을 잡아 가두라고 명했다. 군수는 가난한 양반을 딱하게 여겨 차마 가두지는 못하였다. 그러나 군수도 양반의 빚을 해결할 방법은 없었다.
>
> 양반은 아무리 생각해 보아도 빚을 갚을 방법이 없어서 밤낮으로 울기만 하였다. 양반의 아내가 그에게 쏘아붙였다.
>
> ⓒ"당신은 평소에 글 읽기만 좋아하더니, 빚을 갚는 데는 전혀 도움이 안 되는구려. 허구한 날 양반, 양반 하더니……, 한 푼어치도 못 되는 그놈의 양반!"
>
> — 박지원, 「양반전」 중

**1** ⊙에서 알 수 있는 시대 상황을 알맞게 말하지 **못한** 친구의 이름을 쓰세요.

> 동운: 양반들은 쌀을 빌려도 갚을 필요가 없었어.
> 민경: 가난한 사람들을 위해 쌀을 빌려주는 제도가 있었구나.
> 주희: 양반들은 다 잘사는 줄 알았는데, 가난한 양반도 있었나 봐.

(           )

**2** ⓒ에 드러난 작가의 의도를 알맞게 해석한 것에 ○표 하세요.

작가는 양반 아내의 말을 통해 무엇을 전하고 싶었을까?

(1) 글 읽기를 좋아하지만 경제적인 문제는 해결하지 못하는 양반을 비판하고자 했다. (     )

(2) 진정한 양반은 재물을 욕심내지 않고 가난하게 살아가야 한다는 것을 말하고자 했다. (     )

# 빼떼기 | 권정생

**앞부분의 줄거리** | 순진이네 가족은 깜둥이와 턱주배기라는 닭을 기른다. 어느 날 깜둥이의 병아리 중 한 마리가 아궁이로 뛰어 들어가 온몸이 타 버리는 사고가 난다. 순진이네 가족은 불에 덴 병아리를 정성껏 보살피고, 병아리가 빼딱빼딱 걷기 시작하자 '빼떼기'라고 부르며 아껴 준다.

**소설 | 1,186자**

식구들은 집으로 돌아오면 하나같이 빼떼기를 찾았다. 어쩌다가 빼떼기가 마당 구석에 숨어서 보이지 않으면 온 식구가 걱정을 하며 찾았다.

골목길 이웃 사람들도 빼떼기를 유달리 눈여겨보아 주었다.

"빼떼기는 절대 잡아먹거나 팔아서는 안 됩니다. 언제까지나 제명대로 살다가 죽을 수 있도록 길러야 합니다." 이렇게 똑같은 말을 했다.

정말 누구나 빼떼기를 보면 가엾으면서도 장하게 느낄 것이다. 보기 흉하면서도 그 어려운 고통을 이기고 살아난 것이 누구에게나 대견스러웠다.

하기야 빼떼기 혼자 버려뒀더라면 벌써 죽어 버렸겠지만, 그러나 빼떼기는 보살펴 준 것만큼 제 스스로도 용감했다. 부리가 거의 없어진 주둥이로 모이를 주워 먹는 모습은 보기에도 애처로울 만큼 힘이 들었다. 한 번 쪼면 다른 데로 튕겨 나가 버리고 또 한 번 쪼면 또 튕겨 나가고, 그래도 쪼아 먹고 살아난 것이다. 〈중략〉

1950년 6월에 전쟁이 일어났고 7월에는 마을 사람들이 피란을 갔다.

전쟁은 사람들에게만 고통을 가져온 것이 아니라 모든 가축에게도 홍수처럼 밀려와 쓸고 갔다.

순진이네는 피란을 떠나기 전에 닭과 병아리 모두를 내다 팔았다. 닭이야 보통 먹이다가 팔기도 하고 잡아먹기도 하는 것이지만, 한 마리 두 마리 팔려 갈 때마다 순금이나 순진이는 섭섭한 마음에 울기까지 했다.

그런데 그렇게 고생 고생 기르던 빼떼기를 어떻게 해야 할지 참으로 괴로운 일이었다.

"이것도 장에 내다 팔지?" / 아버지는 그렇게 하는 것이 좋을 듯했다.

"빼떼기를 보고 누가 사 가겠어요. 안 그래도 장에는 닭들이 너무 많아서 팔리지도 않는다던데…….." / 어머니는 차라리 그냥 버려두고 떠나자고 했다.

㉠"안 돼! 다래끼에 담아 가지고 데리고 가."

순진이는 빼떼기를 꼭 껴안았다. 순금이도 그렇게 하자고 하면서 순진이가 안고 있는 빼떼기의 등을 쓰다듬었다. 아무것도 모르는 빼떼기는 눈만 똘방똘방 뜨고 보고 있었다.

이러지도 저러지도 못하고 있다가 결국 아버지가 마지막 결정을 지었다.

"할 수 없다. 본래부터 짐승을 키우는 건 잡아먹기 위한 것이니 빼떼기도 우리가 잡아먹자."

## 어휘 풀이

- **유달리** 보통과는 아주 다르게.
- **제명** 타고난 자기의 목숨.
- **대견스럽다** 보기에 흐뭇하고 자랑스러운 데가 있다.
- **피란** 난리를 피하여 옮겨 감. (避 피할 피, 亂 어지러울 란)
- **다래끼** 입구가 좁고 바닥이 넓은 바구니.

아버지는 앞집 태복이네 아버지를 불러 빼떼기의 목을 비틀어 달라고 부탁했다.

"빼떽아, 지금 나라에 전쟁이 일어나서 우리는 피란을 가야 한단다. 그래서 너 혼자 두고 갈 수도 없고 데리고 갈 수도 없어 어쩔 수 없이 너를 잡아먹는다. 너도 그 편이 제일 좋겠지?"

아버지 말에 빼떼기는 그렇다는 듯이 "꾸꾸 꾸꾸." 지껄였다.

## 1
중심
생각

**다음에서 설명하는 것을 이 글에서 찾아 두 글자로 쓰세요.**

> • 새로운 일이 벌어지는 계기가 되는 사건이다.
> • 작품의 시대 상황이 드러난다.

(        )

## 2
내용
이해

**빼떼기에 대한 설명으로 알맞지 않은 것은 무엇인가요?** (    )

① 겉모습이 보기 흉하다.        ② 고통을 이기고 살아났다.

③ 순진이네가 키우고 있다.        ④ 부리가 거의 남아 있지 않다.

⑤ 스스로 모이를 먹으려 하지 않는다.

## 3
★ 추론

**㉠을 말하는 순진이의 마음으로 알맞은 것은 무엇인가요?** (    )

① 빼떼기가 대견스럽다.

② 빼떼기와 헤어지기 싫다.

③ 빼떼기를 흉보는 어머니가 밉다.

④ 빼떼기에게 장을 구경시켜 주고 싶다.

⑤ 빼떼기를 버리고 떠나려는 순금이가 원망스럽다.

## 4
★ 추론

[ 전략 적용 ]

**이 글의 내용과 그것에서 알 수 있는 작가의 의도를 알맞게 짝 짓지 못한 것에 ✕표 하세요.**

(1) 역경을 딛고 살아가는 빼떼기의 모습 ― 생명의 강인함과 소중함        (    )

(2) 작은 병아리인 빼떼기까지 장에 팔아야 하는 상황 ― 가난의 비참함        (    )

(3) 그동안 보살피던 빼떼기를 잡아먹을 수밖에 없는 상황 ― 전쟁의 비극성        (    )

💡 **어떻게 알았나요?**

순진이네는          을 떠나기 전에 닭과 병아리를 모두 내다 팔았습니다.

# 무소유 | 법정

수필 | 1,249자

나는 지난해 여름까지 ㉠난초 두 •분을 정성스레, 정말 정성을 다해 길렀었다. 3년 전 •거처를 지금의 다래헌으로 옮겨 왔을 때 어떤 스님이 우리 방으로 보내 준 것이다. 혼자 사는 거처라 살아 있는 생물이라고는 나하고 ㉡그 애들뿐이었다. 그 애들을 위해 관계 서적을 구해다 읽었고, 그 애들의 건강을 위해 하이포넥스인가 하는 비료를 구해 오기도 했었다. 여름철이면 서늘한 그늘을 찾아 자리를 옮겨 주어야 했고, 겨울에는 그 애들을 위해 실내 온도를 내리곤 했다. 〈중략〉

지난해 여름 장마가 갠 어느 날 봉선사로 운허 노사를 뵈러 간 일이 있었다. 한낮이 되자 장마에 갇혔던 햇볕이 눈부시게 쏟아져 내리고 앞 개울물 소리에 어울려 숲속에서는 매미들이 있는 대로 목청을 돋우었다.

아차! 이때에야 문득 생각이 난 것이다. 난초를 뜰에 내놓은 채 온 것이다. 모처럼 보인 찬란한 햇볕이 돌연 원망스러워졌다. 뜨거운 햇볕에 늘어져 있을 난초 잎이 눈에 아른거려 더 지체할 수가 없었다. 허둥지둥 그 길로 돌아왔다. 아니나 다를까. 잎은 축 늘어져 있었다. 안타까워하며 샘물을 길어다 축여 주고 했더니 겨우 고개를 들었다. 하지만 어딘지 생생한 기운이 빠져나간 것 같았다.

나는 이때 온몸으로 그리고 마음속으로 절절히 느끼게 되었다. •집착이 괴로움인 것을. 그렇다. 나는 난초에게 너무 •집념한 것이다. 이 집착에서 벗어나야겠다고 결심했다. ㉢난을 가꾸면서는 산철에도 나그네 길을 떠나지 못한 채 꼼짝을 못했다. 밖에 볼일이 있어 잠시 방을 비울 때면 환기가 되도록 들창문을 조금 열어 놓아야 했고, 분을 내놓은 채 나가다가 •뒤미처 생각하고는 되돌아와 들여놓고 나간 적도 한두 번이 아니었다. 그것은 정말 지독한 집착이었다.

며칠 후, 난초처럼 말이 없는 친구가 놀러 왔기에 선뜻 ㉣그의 품에 분을 안겨 주었다. 비로소 나는 얽매임에서 벗어난 것이다. 날아갈 듯 홀가분한 해방감. 3년 가까이 함께 지낸 ㉤'유정'을 떠나보냈는데도 서운하고 허전함보다 홀가분한 마음이 앞섰다.

이때부터 나는 하루 한 가지씩 버려야겠다고 스스로 다짐을 했다. 난을 통해 무소유의 의미 같은 걸 •터득하게 됐다고나 할까.

인간의 역사는 어떻게 보면 소유사처럼 느껴진다. 보다 많은 자기네 몫을 위해 끊임없이 싸우고 있다. •소유욕에는 한정도 없고 휴일도 없다. 그저 하나라도 더 많이 갖고자 하는 일념으로 출렁거리고 있다. 물건만으로는 성에 차질 않아 사람까지 소유하려 든다. 그 사람이 제 뜻대로 되지 않을 경우는 끔찍한 비극도 •불사하면서. 제정신도 갖지 못한 처지에 남을 가지려 하는 것이다.

어휘 풀이

□ **분** 흙을 담아 화초나 나무를 심는 그릇. (盆 동이 분)

□ **거처** 일정하게 자리를 잡고 사는 장소. (居 살 거, 處 곳 처)

□ **집착** 어떤 것에 늘 마음이 쏠려 잊지 못하고 매달림. (執 잡을 집, 着 붙을 착)

□ **집념하다** 한 가지 일에 매달려 마음을 쏟다. (執 잡을 집, 念 생각할 념)

□ **뒤미처** 그 뒤에 곧 잇따라.

□ **유정** 불교에서, 마음을 가진 살아 있는 모든 무리. (有 있을 유, 情 뜻 정)

□ **터득하다** 깊이 생각하여 이치를 깨달아 알아내다. (攄 펼 터, 得 얻을 득)

□ **소유욕** 자기 것으로 만들어 가지고 싶어 하는 욕망.

□ **불사하다** 거절하거나 마다하지 않다.

**1**
중심
생각

이 글의 특징으로 알맞은 것은 무엇인가요?  (          )

① 사투리를 사용하여 흥미를 유발하고 있다.

② 인물과 인물 사이의 갈등이 잘 드러나 있다.

③ 일상적인 경험에서 깨달은 교훈을 전달하고 있다.

④ 상상 속 인물을 통해 호기심을 불러일으키고 있다.

⑤ 인물들이 주고받는 대화를 통해 이야기를 전달하고 있다.

**2**
내용
이해

㉠~㉤ 중 가리키는 것이 <u>다른</u> 하나는 무엇인가요?  (          )

① ㉠                    ② ㉡                    ③ ㉢                    ④ ㉣                    ⑤ ㉤

**3**
내용
이해

'내'가 친구에게 난초를 준 까닭은 무엇인가요?  (          )

① 난초에서 생생한 기운이 사라져서

② 난초에 대한 집착에서 벗어나기 위해서

③ 운허 노사를 뵈러 봉선사로 떠나기 위해서

④ 난초를 기르는 보람을 함께 나누고 싶어서

⑤ 자신보다 친구가 난초를 잘 길러 줄 것 같아서

💡 어떻게 알았나요?

글쓴이는 뜰에 내놓은 난초가 눈에 아른거려 허둥지둥 돌아온 후, '그렇다. 나는 난초에게 너무 ＿＿＿＿＿＿＿＿ 한 것이다.'라고 생각했습니다.

전략 적용

**4**
★ 추론

이 글을 통해 글쓴이가 말하고자 하는 바를 알맞게 짐작한 것은 무엇인가요?  (          )

① 생명을 존중해야 한다.

② 소유에 얽매이는 것은 괴로운 일이다.

③ 자연과 더불어 사는 삶이 가치 있는 삶이다.

④ 사람답게 살기 위해서는 적당한 소유가 필요하다.

⑤ 내가 소유한 것을 다른 사람과 나누는 것이 행복이다.

## 5

이 글의 '내'가 희서에게 해 줄 말로 알맞은 것에 ○표 하세요.

> 희서: 최근에 비싼 신발을 샀는데, 동생이 선물로 받은 신발이 더 좋아 보여서 내가 가지고
> 싶어.

(1) 비싼 물건이 반드시 좋은 것은 아니야. ( )

(2) 물건을 많이 가지려는 것은 환경에 해가 되는 일이야. ( )

(3) 욕심에는 끝이 없으니 소유욕에 사로잡히지 않도록 조심해야 해. ( )

(4) 나의 입장만이 아니라 다른 사람의 입장에서도 생각해 볼 필요가 있어. ( )

---

핵심 정리

## 6

노트의 빈칸을 채우며, 이 글의 내용을 정리해 보세요.

### 「무소유」 정리하기

> '나'는 어떤 스님이 보내 준 ❶( ) 두 분을 정성을 다해 길렀다.

⬇

> 봉선사에 가다가 뜰에 내놓은 난초가 생각난 '나'는 허둥지둥 돌아와 난초에 물을 주었다.

⬇

> '나'는 난초에게 집념한 것을 깨닫고 이 ❷( )에서 벗어나야겠다고 결심했다.

⬇

> '나'는 놀러 온 친구의 품에 난초를 안겨 준 뒤로 하루에 한 가지씩 버려야겠다고 다짐하며 ❸( )의 의미를 터득했다.

⬇

> '나'는 인간의 역사가 소유의 역사처럼 느껴졌으며, 소유욕으로 인해 인간이 불행해짐을 깨달았다.

• 이 글에 나타난 '나'의 마음 변화

> 이 글에서 '나'는 집착이 ❹( )인 것을 절절히 느끼고 난초를 떠나보낸 뒤 홀가분한 해방감을 느낀다.

## 어휘 다지기

**1** 다음 낱말의 뜻으로 알맞은 것을 찾아 선으로 이으세요.

(1) 불사하다 •

(2) 집념하다 •

(3) 터득하다 •

• ① 거절하거나 마다하지 않다.

• ② 한 가지 일에 매달려 마음을 쏟다.

• ③ 깊이 생각하여 이치를 깨달아 알아내다.

**2** 빈칸에 알맞은 낱말을 보기 에서 찾아 쓰세요.

보기    거처    뒤미처    소유욕

(1) 번개가 번쩍이고 (          ) 천둥이 쳤다.

(2) 그는 돈에 대한 (          )이/가 남달리 강했다.

(3) 삼촌은 취직한 후에 직장 근처로 (          )을/를 옮겼다.

## 어휘 키우기

**3** 다음 밑줄 친 낱말과 같은 뜻의 '개다'가 쓰인 것에 V표 하세요.

동형어

> 지난해 여름 장마가 <u>갠</u> 어느 날 봉선사로 운허 노사를 뵈러 간 일이 있었다.

(1) 다 마른 옷들을 <u>개어</u> 서랍장에 넣었다. ☐

(2) 장마철이 끝나고 간만에 날씨가 활짝 <u>개었다</u>. ☐

(3) 밀가루를 물에 <u>갠</u> 반죽으로 수제비를 만들었다. ☐

# 마술의 손 | 조정래

**앞부분의 줄거리** | 밤골에 전기가 들어온다는 소식에 마을 사람들은 기대한다. 전기가 들어온 다음 날, 낯선 청년들이 텔레비전을 가져와 마을 사람들에게 홍보하고 많은 집에서 텔레비전을 구입한다.

소설 | 1,201자

텔레비전 바람은 좀처럼 잠잘 줄을 모른 채 •더러 가정불화까지 일으키며 꾸역 꾸역 밤골을 먹어 가더니만, 3개월쯤 지난 7월이 되어서는 100개가 넘는 안테나가 서게 되었다.

지난해와는 달리 무더운 밤인데도 •당산나무 밑에는 모깃불이 •지펴지지 않았다. 어둠 속에서 담뱃불이 빨갛게 타고, 어른들이 나누는 이야기 소리가 개구리 울음 소리에 섞여 두런두런 들리던 밤이 없어졌다.

그뿐만 아니라 앞개울의 어둠 속에서 물을 튀기는 소리와 함께 여자들의 간지 러운 웃음소리도 들을 수가 없었다. 반딧불을 쫓는 애들의 •왁자한 외침도 자취를 감추었고, 감자나 옥수수 •추렴을 하는 아낙네들의 나들이도 씻은 듯이 없어졌다. 집집마다 텔레비전 앞에 매달려 있는 탓이었다. 〈중략〉

가을로 접어들면서 잔칫집이 생겼지만 일손이 예전과 같지 않았다. 누구도 예전과 같이 밤늦게까지 일을 도와주려 들지 않았다. 날이 어둑어둑해지자 이런저런 이유를 대며 슬슬 자리를 뜨기 시작한 것이다. 주인의 입장에서는 •품삯을 주는 것도 아닌데 붙들어 앉힐 수 없는 노릇이었다.

주인은 전에 없던 이 ㉠야릇한 변화를 얼핏 알아차리지 못했고, 평소에 앙큼한 짓 잘하던 어린 딸년이 텔레비전 때문이라고 일깨워서야 그렇구나 싶었고, 텔레비전 없는 집만 골라 일손을 모아야 했다. 잔치 준비를 하는 데 처음으로 품삯을 지불하기로 한 주인은, 마당 감나무 잎에 내려앉기 시작한 가을의 •썰렁함이 그대로 가슴에 옮겨지는 것을 느끼고 있었다. 〈중략〉

"엄마! 불이야, 불!"

아들이 문을 박차고 뛰어들었다.

"불? 어디냐, 어디!"

월전댁이 방을 뛰쳐나갔다.

불길은 부엌을 다 채우고 넘쳐 나 처마 밑을 핥고 있었다.

"달수 아부지, 달수 아부지, 불요, 불! 불이 났소."

월전댁은 펄쩍펄쩍 뛰며 남편을 찾았다. 아직 돌아올 시간이 아니었다.

"달수야, 달수야!"

방으로 뛰어들면서 외쳤다.

"엄마, 나 여기 있어, 여기!"

아들이 여동생 손을 잡고 마당에서 와들와들 떨며 소리쳤다.

## 어휘 풀이

- □ **더러** 이따금 드물게.
- □ **당산나무** 마을의 수호 신으로 모셔 제사를 지내 주는 나무.
- □ **지피다** 아궁이나 화로 등에 땔감을 넣어 불을 붙이다.
- □ **왁자하다** 정신이 어지러울 만큼 떠들썩하다.
- □ **추렴** 모임이나 놀이, 잔치 등의 비용으로 여러 사람에게 얼마씩의 돈을 거둠.
- □ **품삯** 일을 한 대가로 주거나 받는 돈이나 물건.
- □ **썰렁하다** 서늘한 기운이 있어 조금 추운 듯하다.
- □ **사립** 나뭇가지를 엮어서 만든 문짝을 달아서 만든 문.

"아, 얼른 사람들 불러. 불 끄라고 사람들 불러!"

부엌에서 되돌아 나온 월전댁이 뒤집힌 눈으로 울부짖었다.

"불이야! 불이야!" / "사람 살려! 불이야!"

월전댁의 째지는 부르짖음과 아들의 울먹이는 외침이 어두운 골목으로 퍼져 나가기 시작했다. 어쩐지 사람들의 기척은 들리지 않았고, ⓛ월전댁이 사립을 떠다밀고 마당으로 뛰어들어 외쳐서야 비로소 방문이 열리는 것이었다. 사람들이 물통을 들고 월전댁의 집에 도착했을 때는 이미 불길이 처마 밑을 빙그르 돌아 지붕으로 번진 뒤였다.

**1** 다음 빈칸에 들어갈 알맞은 말을 이 글에서 찾아 네 글자로 쓰세요.

중심
생각

> 이 글은 밤골에 새로운 문물인 [          ]이 보급되면서 마을 사람들의 삶이 변화하는 모습을 그리고 있다.

(                    )

**2** 밤골의 지난해 여름밤 모습이 <u>아닌</u> 것은 무엇인가요? (          )

내용
이해

① 아이들이 반딧불을 쫓으며 놀았다.

② 여자들이 앞개울에서 물놀이를 했다.

③ 개구리 울음소리에 잠을 자기 어려웠다.

④ 아낙네들이 감자나 옥수수를 추렴하러 다녔다.

⑤ 당산나무 밑에서 어른들이 이야기를 나누었다.

**3** ㉠의 뜻으로 알맞은 것은 무엇인가요? (          )

내용
이해

① 가을이 썰렁하게 느껴지는 것

② 잔칫집 주인의 딸이 앙큼한 짓을 잘하게 된 것

③ 사람들이 밤늦게까지 잔칫집 일을 도와주지 않는 것

④ 잔칫집에서 일을 한 사람들이 품삯을 더 받으려 하는 것

⑤ 사람들이 텔레비전이 있는 집에서만 모이고 싶어 하는 것

💡 어떻게 알았나요?

가을로 접어들면서 잔칫집이 생겼지만 [          ]이 예전과 같지 않습니다.

**4** ⓛ의 까닭으로 알맞은 것은 무엇인가요? (        )

★ 추론
① 월전댁을 도와주고 싶지 않아서
② 불이 났다는 사실을 믿을 수 없어서
③ 몸이 와들와들 떨릴 만큼 추운 날씨여서
④ 텔레비전을 보느라 바깥의 소리가 들리지 않아서
⑤ 월전댁의 집이 다른 사람들의 집과 멀리 떨어져 있어서

**5**
전략 적용
이 글을 읽고 작가의 의도를 가장 알맞게 짐작한 친구에게 ○표 하세요.

★ 추론
(1) 기태: 텔레비전 때문에 마을의 공동체 의식이 사라지는 모습을 비판하려는 것 같아.

(        )

(2) 재희: 텔레비전이 마을 사람들의 삶을 바꾸었듯이 기술의 발전이 중요함을 강조하려는 것
같아.                                                            (        )

(3) 규선: 텔레비전이 가져온 변화에 적응하지 못하는 어리석은 사람들의 모습을 보여 주려는
것 같아.                                                          (        )

핵심 정리

**6** 노트의 빈칸을 채우며, 이 글의 내용을 정리해 보세요.

## 「마술의 손」 정리하기

밤골에 전기가 들어온 뒤로, 마을 사람들이 바깥에 모여 함께 어울려 놀지 않고 집집마다
❶(              ) 앞에 매달려 있게 되었다.

⬇

잔칫집이 생겨도 사람들이 텔레비전을 보기 위해 일찍 자리를 뜨기 시작했다.

⬇

월전댁의 집에 ❷(            )이 났는데, 사람들이 텔레비전을 보느라 소리를 듣지 못해 뒤
늦게 물통을 들고 도착했다.

• 이 글의 제목

마술이 믿기 어려운 변화를 만들어 낸다는 점에서, 이 글의 제목인 '❸(            )의 손'은
밤골 사람들의 삶을 크게 바꾸어 놓은 새로운 문물을 의미한다고 볼 수 있다.

## 어휘 다지기

**1** 다음 낱말의 뜻으로 알맞은 것을 찾아 선으로 이으세요.

(1) 지피다 •

(2) 썰렁하다 •

(3) 와자하다 •

• ① 정신이 어지러울 만큼 떠들썩하다.

• ② 서늘한 기운이 있어 조금 추운 듯하다.

• ③ 아궁이나 화로 등에 땔감을 넣어 불을 붙이다.

**2** 빈칸에 알맞은 낱말을 보기 에서 찾아 쓰세요.

보기          더러      추렴      품삯

(1) 아무리 꼼꼼한 사람이라도 (                    ) 실수할 때가 있다.

(2) 예전에는 일을 하고 (                    )(으)로 돈 대신에 쌀을 받기도 했다.

(3) 우리는 각자 조금씩 (                    )을/를 해서 선생님께 선물을 사 드렸다.

## 어휘 키우기

**3** 다음 설명을 읽고, (          )에서 알맞은 낱말을 골라 ○표 하세요.

헷갈리는 말

| | |
|---|---|
| 좇다 | 목표, 이상, 행복 등을 추구하다.<br>예 그는 돈보다 행복을 <u>좇는다</u>. |
| 쫓다 | 어떤 대상을 잡거나 만나기 위하여 뒤를 급히 따르다.<br>예 경찰이 범인을 <u>쫓는다</u>. |

(1) 술래가 열을 센 다음 아이들을 ( 좇았다 / 쫓았다 ).

(2) 목줄이 풀린 강아지를 ( 좇아 / 쫓아 ) 골목길로 들어갔다.

(3) 언니는 자신의 꿈을 ( 좇기 / 쫓기 ) 위해 유학을 결심했다.

# 표현의 적절성 판단하기

**개념 이해**

주장하는 글을 읽을 때는 내용의 타당성만큼이나 표현의 적절성을 판단하는 것도 중요합니다. 그럼, 어떤 표현이 적절한 표현인지 알아볼까요?

**객관적인 표현**

주장하는 글에서는 자신만의 생각에 치우치는 주관적인 표현이 아닌 **객관적인 표현**을 써야 합니다. '내 생각에는 ~인 것 같다.', '나는 ~를 좋아한다.'와 같이 주관적인 표현으로는 다른 사람을 논리적으로 설득하기 어렵기 때문입니다.

> 예 축구를 하면 체력을 키울 수 있다. ( ○ )
> 나는 축구를 좋아한다. ( ✕ )

'반드시', '절대로', '결코', '무조건'과 같이 어떤 사실을 딱 잘라 판단하거나 결정해 단정하는 표현도 객관적이지 않을 수 있으므로 조심해서 써야 합니다.

> 예 골고루 먹는 것이 건강에 좋다. ( ○ )
> 반드시 채소를 먹어야 한다. ( ✕ )

**명확한 표현**

주장하는 글에서는 모호한 표현이 아닌 **명확한 표현**을 써야 합니다. 의미가 분명하지 않은 모호한 표현을 사용하면, 문제 상황이나 주장 등을 정확하게 전달할 수 없기 때문입니다.

> 예 하루에 여덟 시간 이상 자는 것이 좋다. ( ○ )
> 잠을 적당히 자야 한다. ( ✕ )

**이렇게 해요!**

① 글에 사용된 표현이 객관적이고 명확한지 살펴봅니다.

② 주관적인 표현, 모호한 표현, 단정하는 표현을 쓰지 않는지 확인해 봅니다.

> 객관적인 표현이란 사실을 있는 그대로 드러내는 표현이야!

**확인 문제**

**[1~2] 다음 글을 읽고, 물음에 답하세요.**

스마트폰을 손에서 놓지 못하고 장시간 사용하는 학생들이 많다. 등하굣길이나 학원에서 스마트폰 삼매경에 빠진 학생들의 모습도 심심치 않게 보인다. 그런데 스마트폰을 과도하게 사용하면 여러 가지 문제가 발생할 수 있다. 따라서 스마트폰 사용 시간을 알맞게 조절해야 한다.

스마트폰 사용 시간을 조절해야 하는 이유는 첫째, 스마트폰을 과도하게 사용하는 것이 건강에 좋지 않기 때문이다. ㉠내 생각에는 스마트폰 화면을 오래 들여다보면 눈이 쉽게 피로해지는 것 같다. 또한 스마트폰을 보느라 고개를 쭉 빼는 자세를 오래 유지할 경우, 목이 앞으로 굽는 거북목 증후군이 생길 수 있다.

둘째, 일상생활에 지장을 줄 수 있기 때문이다. 스마트폰을 오래 사용하면 가족이나 친구와 대화하는 시간이 줄어들어 관계가 멀어지게 된다. 그리고 ㉡공부하는 데 쓸 시간이 부족해져서 시험에서 결코 좋은 성적을 얻을 수 없다.

스마트폰을 과도하게 사용하면 건강에 해롭고 일상생활에도 문제가 생길 수 있다. 그러므로 ㉢스마트폰을 하루에 한 시간 정도만 사용하는 것이 좋을지도 모른다.

**1** ㉠~㉢ 중 다음 설명에 해당하는 것을 찾아 각각 기호를 쓰세요.

(1) 자신만의 생각이나 감정에 치우치는 주관적인 표현 ( )

(2) 어떤 사실을 딱 잘라 판단하거나 결정해 단정하는 표현 ( )

(3) 의미가 분명하지 않아 정확하게 해석할 수 없는 모호한 표현 ( )

**2** ㉠~㉢을 알맞게 고쳐 쓰지 못한 것에 ✕표 하세요.

여전히 주관적이거나, 모호하거나, 단정하는 표현이 있는지 살펴보자.

(1) ㉠: 스마트폰 화면을 볼 때는 평소보다 눈을 덜 깜빡이게 되어 눈이 쉽게 피로해진다. ( )

(2) ㉡: 공부하는 데 쓸 시간이 부족해져서 좋은 성적을 받기 힘들다. ( )

(3) ㉢: 스마트폰을 절대 하루에 한 시간 이상 사용해서는 안 된다. ( )

# 청소년 봉사 활동 의무제, 바람직한가?

사회 | 1,114자

**1** 청소년 봉사 활동 의무제란 학교에서 권장하는 봉사 시간이 있고, 학생들이 매년 그 시간만큼 봉사 활동을 의무적으로 해야 하는 제도를 말한다. 봉사 활동을 통해 학생들이 타인을 배려하는 마음과 공동체 정신을 기르고, 서로 돕고 나누는 기쁨을 느끼게 하는 것이 이 제도의 목적이다. 하지만 청소년 봉사 활동 의무제는 이러한 목적을 달성하기는커녕 여러 가지 문제를 낳고 있으므로 바람직하지 않다.

**2** 봉사는 ˙자발적으로 이루어져야 의미가 있다. 봉사 활동의 뜻은 '이웃과 사회를 돕기 위해 대가를 바라지 않고 내가 가진 것을 나누는 자발적인 참여 활동'이다. 따라서 정해진 봉사 시간을 채우기 위해 어쩔 수 없이 참여하는 봉사 활동은 진정한 의미의 봉사 활동이 아니다. 다른 사람을 돕고 싶은 마음에서 스스로 봉사 활동에 참여할 때, 봉사의 보람과 기쁨을 경험할 수 있다. 의무적인 봉사 활동은 그저 시간을 채우기 위한 ˙형식적인 활동으로 변질될 가능성이 크다.

**3** 또한 학교에서 시켜서 하는 봉사 활동은 학생들의 ˙반감만 키울 수 있다. 봉사 활동이 의무일 경우, 학생들은 봉사 활동을 그저 귀찮은 일이나 ˙진학을 위한 수단쯤으로 여기면서 마지못해 참여하게 된다. ㉠왜냐하면 예전에 나도 학급에서 친구들과 봉사 활동을 할 때, 귀찮고 하기 싫은 마음이 들었기 때문이다. 문제는 청소년기에 봉사 활동에 대한 부정적인 인식이 생기면 성인이 되어서도 봉사에 무관심해질 수 있다는 점이다. 봉사 활동을 억지로 한 경험은 봉사와 나눔의 문화를 활성화하는 데 도움이 되지 않는다.

**4** 일부 사람들은 청소년 때 봉사 활동을 아예 하지 않는 것보다는 의무적으로라도 해 보는 것이 낫다고 말한다. 처음에는 의무로 시작한다 해도 학교를 벗어나 지역 사회와 이웃을 돌아보는 시간을 가지면서 봉사 활동의 가치를 발견할 수 있다는 것이다. 그러나 실제로 학생들은 봉사 활동 기관에 가서 청소나 ˙허드렛일만 하는 경우가 많다. 이러한 일로 봉사 정신이 길러지기는 힘들다.

**5** 의무로 강제하는 봉사 활동은 의미가 없을뿐더러 ˙반발심만 불러일으킨다. 봉사 활동은 자기가 하고 싶어서 하는 일이어야 한다. 따라서 봉사 활동을 의무화하는 것이 아니라, 봉사 활동이 사회에 어떻게 기여하는지를 충분히 교육함으로써 청소년의 자발적인 참여를 끌어내는 것이 우선이다.

**어휘 풀이**

□ **자발적** 남이 시키거나 부탁하지 않았는데도 자기 스스로 하는 것.

□ **형식적** 겉으로 나타나 보이는 모양을 위주로 하는 것.

□ **반감** 반대하거나 반항하는 감정. (反 돌이킬 반, 感 느낄 감)

□ **진학** 더 높은 등급의 학교에 들어감. (進 나아갈 진, 學 배울 학)

□ **허드렛일** 중요하지 않고 허름한 일.

□ **반발심** 어떤 상태나 행동 등에 대하여 거스르고 반항하려는 마음. (反 돌이킬 반, 撥 다스릴 발, 心 마음 심)

**1** 글쓴이의 주장은 무엇인가요? (      )

중심
생각

① 청소년의 봉사 활동 시간을 늘려야 한다.

② 청소년 봉사 활동 의무제를 유지해야 한다.

③ 봉사 활동에 참여한 청소년에게 충분한 보상을 주어야 한다.

④ 청소년의 봉사 활동을 의무화하지 말고 자발적인 참여를 끌어내야 한다.

⑤ 청소년에게 청소나 허드렛일이 아닌 의미 있는 봉사 활동을 마련해 주어야 한다.

💡 어떻게 알았나요?

이 글에서 글쓴이는 [            ]로 강제하는 봉사 활동은 의미가 없고 반발심만 불러일으킨다고 하였습니다.

**2** 이 글을 읽고 알 수 있는 내용이 <u>아닌</u> 것을 두 개 고르세요. (      ,      )

내용
이해

① 봉사 활동의 뜻

② 봉사 활동을 할 때 주의할 점

③ 청소년 봉사 활동 기관의 종류

④ 청소년 봉사 활동 의무제의 목적

⑤ 청소년 봉사 활동 의무제의 좋은 점

**3** 각 문단에 대한 설명으로 알맞은 것을 찾아 각각 기호를 쓰세요.

구조
파악

> ㉮ 글쓴이의 주장을 뒷받침하는 근거를 제시하였다.
> ㉯ 글쓴이가 생각하는 문제 상황과 글쓴이의 주장을 제시하였다.
> ㉰ 글의 내용을 요약하고 글쓴이의 주장을 다시 한번 강조하였다.
> ㉱ 글쓴이의 주장과 반대되는 의견을 제시하고 이에 대해 반박하였다.

(1) **1**문단: (                    )  (2) **2**, **3**문단: (                    )

(3) **4**문단: (                    )  (4) **5**문단: (                    )

**전략 적용**

**4** ㉠의 표현이 적절한지 알맞게 평가한 것은 무엇인가요? (      )

평가

① 지나치게 단정적인 표현이다.

② 의미가 분명하지 않은 모호한 표현이다.

③ 사실을 있는 그대로 드러내는 객관적인 표현이다.

④ 자신의 경험을 바탕으로 하는 설득력 있는 표현이다.

⑤ 자신만의 생각이나 감정에 치우치는 주관적인 표현이다.

# 혐오 표현을 사용하지 말자

인문 | 1,114자

📖 교과 연계
중학 사회 1 인간과 사회생활

　　최근 우리 사회에 혐오 표현이 넘쳐 나고 있다. '○○충'과 같이 특정한 대상에게 '벌레 충(虫)'을 붙인 말은 요즘 유행하는 혐오 표현 가운데 하나이다. "여자는 얌전해야 한다."라거나 "남자가 왜 이렇게 겁이 많니?"와 같은 말은 성별에 대한 편견이 담긴 말이다. 다른 인종이나 외국인, 장애인에 대한 차별을 조장하는 혐오 표현도 만연하다.

　　혐오 표현은 '어떤 개인 또는 집단에 대하여 외모, 나이, 성별, 인종, 국가, 출신 지역, 장애 여부 등을 이유로 차별하거나 폭력을 선동하는 표현'을 뜻한다. 혐오 표현은 크게 두 가지 유형으로 나뉜다. 첫 번째 유형은 특정한 대상을 모욕하거나 웃음거리로 삼거나 부정적으로 바라보게 만드는 표현이다. '○○충', '○○녀'와 같은 말이 대표적인 예이다. 두 번째 유형은 특정한 대상을 피하거나 없애야 할 대상으로 묘사하는 표현으로, "외국인 노동자를 모조리 추방해야 한다." 등이 그 예이다. 이러한 혐오 표현은 우리의 언어생활 곳곳에 스며들어 있다. 우리는 평소에 혐오 표현을 사용하지 않도록 노력해야 한다.

　　혐오 표현은 그 대상이 되는 사람에게 극심한 정신적 고통을 준다. 나이나 인종, 장애 여부 등 혐오 표현이 공격하는 특성은 대개 자신의 의지로 변화시킬 수 있는 것이 아니다. 그런데 혐오 표현은 이러한 특성을 문제 삼아 그 대상을 열등한 존재, 하찮은 존재, 해로운 존재로 규정한다. 이에 따라 혐오 표현의 대상이 된 사람은 스트레스와 모욕감, 공포감에 시달리고, 자신을 비하하게 된다. 이들은 위축감과 무력감 때문에 인간관계와 사회생활에도 어려움을 겪는다. 이러한 혐오 표현을 사용하는 것은 개인의 인권을 침해하고 인간의 존엄을 부정하는 일이다.

　　게다가 혐오 표현은 그 대상에 대한 선입견을 강화함으로써 사회 전반에 걸쳐 차별을 정당화하는 효과가 있다. 혐오 표현이 일상적으로 사용될수록 많은 사람이 차별을 당연시하게 된다. 이는 ㉠그 대상을 향한 범죄 행위로 반드시 이어진다는 점에서 더욱 위험하다.

　　사람들이 재미로 또는 무의식적으로 사용하는 혐오 표현은 그 대상과 우리 사회에 악영향을 준다. 그러므로 혐오 표현의 심각성을 인식하고, 내가 한 말이 누군가에게 상처를 주는 혐오 표현은 아닌지 한 번 더 생각해 보는 습관을 지녀야 하겠다.

**어휘 풀이**

□ **혐오** 싫어하고 미워함.
(嫌 싫어할 혐, 惡 미워할 오)

□ **조장하다** 바람직하지 않은 일을 더 심해지도록 부추기다.

□ **만연하다** (비유적으로) 전염병이나 나쁜 현상이 널리 퍼지다.

□ **선동하다** 남을 부추겨 어떤 일이나 행동에 나서도록 하다. (煽 붙일 선, 動 움직일 동)

□ **열등하다** 보통의 수준이나 등급보다 낮다. (劣 못할 열, 等 같을 등)

□ **위축감** 어떤 힘에 눌려 졸아들고 기를 펴지 못하는 느낌. (萎 시들 위, 縮 오그라들 축, 感 느낄 감)

□ **선입견** 어떤 대상에 대하여 겪어 보지 않고 미리 짐작하여 가지는 생각. (先 먼저 선, 入 들 입, 見 볼 견)

**1** 글쓴이가 제시한 문제 상황으로 알맞은 것에 ○표 하세요.

중심
생각

(1) 우리 사회에 혐오 표현이 만연하다. ( )

(2) 최근 들어 새로운 혐오 표현이 등장하고 있다. ( )

(3) 혐오 표현의 심각성을 알려 주는 교육이 부족하다. ( )

💡 **어떻게 알았나요?**

주장하는 글에서 일반적으로 문제 상황은 서론, 본론, 결론 중 [          ] 에 나타나 있습니다.

**2** 이 글을 읽고 답할 수 있는 질문이 <u>아닌</u> 것은 무엇인가요? ( )

내용
이해

① 혐오 표현은 왜 문제일까?

② 혐오 표현의 뜻은 무엇일까?

③ 혐오 표현의 유형에는 어떤 것이 있을까?

④ 혐오 표현이 언어생활에 스며든 까닭은 무엇일까?

⑤ 혐오 표현을 사용하지 않으려면 어떻게 해야 할까?

**3** 글쓴이가 주장을 뒷받침하기 위해 제시한 근거를 두 개 고르세요. ( , )

내용
이해

① 대부분의 혐오 표현은 실제 사실과 다르다.

② 언젠가는 나도 혐오 표현의 대상이 될 수 있다.

③ 혐오 표현의 대상이 된 사람은 정신적 고통을 겪는다.

④ 혐오 표현은 선입견을 강화하여 사회 전반에 걸쳐 차별을 정당화한다.

⑤ 혐오 표현을 사용하면 인간관계와 사회생활에 어려움을 겪을 수 있다.

전략 적용

**4** 다음은 ㉠의 적절성을 평가한 것입니다. 빈칸에 들어갈 알맞은 말은 무엇인가요? ( )

평가

> 주장하는 글에서는 단정하는 표현을 조심해서 사용해야 한다. ㉠에는 지나치게 단정하는 표현이 쓰였으므로, "[                    ]"와 같이 고치는 것이 적절하다.

① 그 대상을 향한 범죄 행위로 이어져서 더욱 위험하지 않을까?

② 그 대상을 향한 범죄 행위로 이어질 수 있다는 점에서 더욱 위험하다.

③ 무조건 그 대상을 향한 범죄 행위로 이어진다는 점에서 더욱 위험하다.

④ 내 생각에 그 대상을 향한 범죄 행위로 이어질 것 같아서 더욱 위험하다.

⑤ 그 대상을 향한 범죄 행위로 이어지는 것을 결코 피할 수 없으므로 더욱 위험하다.

**5** 이 글을 읽고, 다음 현수막에 대해 할 말로 알맞지 <u>않은</u> 것은 무엇인가요?   (        )

창의

| 결사 | **주택가 대문 앞에 장애인 학교가 웬 말이냐!** <br> 장애인 학교 반대 추진 위원회 | 반대 |

① 장애인을 피해야 할 대상으로 묘사하고 있어.

② 이 현수막을 본 장애인은 모욕감과 무력감을 느낄지도 몰라.

③ 욕설이나 비속어를 쓰고 있지 않으니 혐오 표현이라고 하긴 어려워.

④ 장애가 있다는 특성을 문제 삼아 장애인을 차별하는 것은 옳지 않아.

⑤ 이러한 표현 때문에 더 많은 사람이 장애인을 차별하게 될 수 있겠어.

핵심 정리

**6** 노트의 빈칸을 채우며, 이 글의 내용을 정리해 보세요.

### 「혐오 표현을 사용하지 말자」 정리하기

| 1문단 | 최근 우리 사회에 혐오 표현이 넘쳐 나고 있다. |
|---|---|
| 2문단 | 혐오 표현은 '어떤 개인 또는 집단에 대하여 외모, 나이, 성별, 인종 등을 이유로 ❶(        )하거나 폭력을 선동하는 표현'을 뜻하는데, 우리는 이러한 혐오 표현을 사용하지 않도록 노력해야 한다. |
| 3문단 | 혐오 표현은 그 대상이 되는 사람에게 극심한 정신적 ❷(        )을 준다. |
| 4문단 | 혐오 표현은 사회 전반에 걸쳐 차별을 ❸(        )한다. |
| 5문단 | 혐오 표현의 심각성을 인식하고, 내가 한 말이 혐오 표현은 아닌지 한 번 더 생각해 보는 ❹(        )을 지녀야 한다. |

# 어휘 다지기

**1** 다음 낱말의 뜻으로 알맞은 것을 찾아 선으로 이으세요.

(1) 만연하다 •

(2) 선동하다 •

(3) 열등하다 •

• ① 보통의 수준이나 등급보다 낮다.

• ② 남을 부추겨 어떤 일이나 행동에 나서도록 하다.

• ③ (비유적으로) 전염병이나 나쁜 현상이 널리 퍼지다.

**2** 빈칸에 알맞은 낱말을 보기 에서 찾아 쓰세요.

> 보기    혐오    선입견    위축감

(1) 이 책을 읽으며 '역사는 지루하다'는 (            )이/가 깨졌다.

(2) 그는 폭격으로 파괴된 현장을 보고 전쟁에 대한 (            )을/를 느꼈다.

(3) 친구들의 작품을 보니 내가 만든 작품이 초라해 보여 (            )이/가 들었다.

# 어휘 키우기

**3** 다음 뜻을 가진 '편(偏)'이 사용된 낱말에 모두 V표 하세요.

한자어

| 偏 치우칠 편 | 예 편견(偏見): 공정하지 못하고 한쪽으로 치우친 생각. |
|---|---|

(1) 편중( 重): 중심이 한쪽으로 치우침.  ☐

(2) 편식( 食): 어떤 특정한 음식만을 가려서 즐겨 먹음.  ☐

(3) 편입( 入): 이미 짜인 조직이나 단체 등에 끼어 들어감.  ☐

# 아픈 역사를 간직한 네거티브 유산

예술 | 1,067자

📖 교과 연계
사회 5-2 사회의 새로운 변화와 오늘날의 우리

'자랑스럽다'는 말은 문화유산을 소개할 때 자주 쓰이는 수식어이다. 그런데 이 수식어가 어울리지 않는 문화유산이 있다. '네거티브 유산'은 침략이나 전쟁, 학살과 같은 인류의 어두운 역사가 담긴 유산을 말한다. 우리나라의 경우, 독립운동가를 투옥하기 위해 만든 '서대문 형무소'처럼 일제의

▲ 서대문 형무소

식민 통치와 수탈로 인해 생겨난 네거티브 유산이 많다. ㉠이러한 네거티브 유산은 철거하는 것도 좋겠지만, 보존하는 것이 나을 것이다.

네거티브 유산은 과거의 역사와 과오를 되새기게 해 준다. 예를 들어 우리는 지금까지 남아 있는 서대문 형무소를 통해 독립운동의 정신을 기억하고 국권을 침탈당한 치욕적인 역사를 돌아볼 수 있다. "⟨㉮⟩"라는 말처럼, 부끄럽고 아픈 역사를 반복하지 않으려면 네거티브 유산을 보존해야 한다. 민족의 수난이 깃든 유산을 보며 잘못된 역사를 성찰할 때, 우리는 역사에서 교훈을 배우고 더 나은 미래로 나아갈 수 있다.

▲ 옛 서울역사

네거티브 유산은 당시의 건축 양식이 남아 있는 소중한 문화유산이기도 하다. 서울 한가운데에 위치한 '옛 서울역사'는 일제 강점기인 1925년에 일제가 조선을 수탈할 목적으로 세운 네거티브 유산이다. 이 건물은 우리나라에서 가장 오래된 철도 건물이며, 독특한 청동색 돔과 붉은 벽돌로 된 외관을 지닌 서양식 건축물이라는 점에서 건축사적 가치가 크다. 옛 서울역사 외에도 대부분의 네거티브 유산은 연구하고 보존할 가치가 충분한 건축물이다.

해외에서도 네거티브 유산을 보존하는 사례를 찾을 수 있다. 제2차 세계 대전 당시 유대인 110만 명이 목숨을 잃은 아우슈비츠 수용소는 대표적인 네거티브 유산이다. 폴란드는 희생자를 기억하고 그러한 비극이 다시 일어나서는 안 된다는 교훈을 전하기 위해 이 수용소를 그대로 보존하고 있다. 현재 아우슈비츠 수용소는 매년 150만 명이 찾는 관광 명소이자, 참혹한 역사를 증언하는 역사 교육의 장이 되었다. ㉡내가 느끼기에 다음 세대를 위해 네거티브 유산을 보존하는 것은 세계적인 경향인 듯하다.

자랑스러운 역사든, 가슴 아픈 역사든 모두 우리가 기억해야 할 역사이다. 우리는 네거티브 유산을 보존하여 그 안에 담긴 교훈과 가치를 후대에 전해 주어야 한다.

## 어휘 풀이

□ **수식어** 더 분명하고 아름답게 표현하기 위하여 꾸미는 말. (修 닦을 수, 飾 꾸밀 식, 語 말씀 어)

□ **투옥하다** 감옥에 가두다. (投 던질 투, 獄 옥 옥)

□ **과오** 잘못이나 실수. (過 지날 과, 誤 그릇할 오)

□ **침탈당하다** 땅이나 나라, 권리, 재산 등을 침범당하여 빼앗기다. (侵 침노할 침, 奪 빼앗을 탈)

□ **성찰하다** 자기의 마음을 반성하고 살피다. (省 살필 성, 察 살필 찰)

□ **돔** 공을 반으로 잘라 놓은 것처럼 반구형으로 된 지붕.

□ **외관** 겉으로 드러난 모양. (外 바깥 외, 觀 볼 관)

□ **증언하다** 어떤 사실을 증명하다. (證 증거 증, 言 말씀 언)

**1** 이 글에 대한 설명으로 알맞은 것에 ○표 하세요.

내용
이해

(1) 네거티브 유산의 의미와 가치를 들어 이를 보존할 것을 주장하고 있다. ( )

(2) 네거티브 유산에 대한 전문가의 의견을 제시하여 근거를 뒷받침하고 있다. ( )

(3) 네거티브 유산에 해당하는 두 건축물의 차이점을 대조하여 설명하고 있다. ( )

**2** 이 글의 내용으로 알맞지 <u>않은</u> 것은 무엇인가요? ( )

내용
이해

① 네거티브 유산은 인류의 어두운 역사가 담긴 유산이다.

② 서대문 형무소는 일제가 독립운동가를 투옥하기 위해 만들었다.

③ 서대문 형무소와 옛 서울역사는 철거되어 지금은 남아 있지 않다.

④ 옛 서울역사는 일제가 조선을 수탈할 목적으로 세운 철도 건물이다.

⑤ 아우슈비츠 수용소는 제2차 세계 대전 때 많은 유대인이 목숨을 잃은 곳이다.

**3** ㉮에 들어갈 알맞은 말을 두 개 고르세요. ( , )

★추론

① 역사에 만약이란 없다.

② 역사는 승자의 기록이다.

③ 기억하지 않는 역사는 되풀이된다.

④ 역사를 잊은 민족에게 미래는 없다.

⑤ 역사는 과거와 현재의 끊임없는 대화이다.

💡 어떻게 알았나요?

㉮의 뒤 내용을 보면, 부끄럽고 아픈 역사를 [          ] 하지 않으려면 네거티브 유산을 보존해야 한다고 하였습니다.

전략 적용

**4** ㉠과 ㉡에 대해 알맞게 말하지 <u>못한</u> 친구의 이름을 쓰세요.

평가

호민: ㉠은 표현이 모호해서 정확하게 해석할 수 없어. 주장하는 글에 적절하지 않아.

나연: ㉠을 "이러한 네거티브 유산은 다음과 같은 이유로 보존해야 한다."로 고치면 적절한 표현이 돼.

주희: ㉡은 자신의 생각에 치우친 주관적인 표현이야. 이런 표현으로는 다른 사람을 논리적으로 설득하기 어려워.

재찬: ㉡을 "나는 다음 세대를 위해 네거티브 유산을 보존하는 것이 세계적인 경향이라고 느껴진다."로 바꾸면 자연스럽겠어.

( )

**5** 이 글의 내용으로 보아, 네거티브 유산에 관한 자료가 <u>아닌</u> 것을 찾아 기호를 쓰세요.

창의

㉮
일본 군함도

일제 강점기에 일본이 조선인을 강제 동원하여 탄광 노동을 시킨 섬이다.

㉯
경기 수원 화성

조선 정조가 거중기 등의 뛰어난 기술을 활용해 지은 거대한 성이다.

㉰
제주 알뜨르 비행장

태평양 전쟁 때 일본군의 전투기가 출격하던 비행장이다.

㉱
르완다 비세로 기념관

1994년 두 종족 간에 벌어진 학살의 희생자를 기리는 기념관이다.

(                    )

핵심 정리

**6** 노트의 빈칸을 채우며, 이 글의 내용을 정리해 보세요.

## 「아픈 역사를 간직한 네거티브 유산」 정리하기

| 1문단 | 침략이나 전쟁, 학살과 같은 인류의 어두운 역사가 담긴 유산인 ❶(            ) 유산을 보존해야 한다. |
|---|---|
| 2문단 | 네거티브 유산은 과거의 역사와 과오를 되새기게 해 준다. |
| 3문단 | 네거티브 유산은 당시의 ❷(            ) 양식이 남아 있는 소중한 문화유산이다. |
| 4문단 | 아우슈비츠 ❸(            )와 같이 해외에서도 네거티브 유산을 보존하는 사례를 찾을 수 있다. |
| 5문단 | 네거티브 유산을 보존하여 그 안에 담긴 ❹(            )과 가치를 후대에 전해 주어야 한다. |

**1** 다음 낱말의 뜻으로 알맞은 것을 찾아 선으로 이으세요.

(1) 성찰하다 •

(2) 증언하다 •

(3) 투옥하다 •

• ① 감옥에 가두다.

• ② 어떤 사실을 증명하다.

• ③ 자기의 마음을 반성하고 살피다.

**2** 빈칸에 알맞은 낱말을 보기 에서 찾아 쓰세요.

보기          과오          외관          수식어

(1) 그에게는 항상 '국내 최고의 선수'라는 (          )이/가 붙는다.

(2) 사소한 일로 크게 화를 내곤 했던 나의 (          )을/를 반성했다.

(3) 그 집은 (          )은/는 허름해 보였지만 내부는 깔끔하게 정돈되어 있었다.

**3** 다음 '-식'이 붙은 낱말이 쓰인 것에 모두 V표 하세요.

뜻을 더하는 말

| -식 | 낱말의 뒤에 붙어 '방식'의 뜻을 더하는 말.<br>예 석조전은 조선 시대에 지어진 <u>서양식</u> 건축물이다. |
|---|---|

(1) 오래된 컴퓨터를 버리고 <u>최신식</u> 컴퓨터를 샀다. ☐

(2) 이 장롱은 <u>조립식</u>이라 이사할 때 분해할 수 있어 편리하다. ☐

(3) 누나는 원하던 학교에 합격했다는 <u>희소식</u>을 듣고 뛸 듯이 기뻐했다. ☐

# 글쓴이의 관점 평가하기

**개념 이해**

어떤 사물이나 현상을 바라보는 태도나 방향을 '관점'이라고 합니다. 글에는 글쓴이의 관점이 담겨 있습니다. 그래서 같은 대상에 관한 글이라도 글쓴이에 따라 내용이 다릅니다.

**문제 상황에 대한 관점 파악하기**

글쓴이의 관점을 알기 위해서는 우선 글쓴이가 무엇을 문제 상황이라고 보는지 확인합니다. 그리고 이 문제 상황에 대한 글쓴이의 생각이 어떠한지 살펴봅니다.

**글쓴이의 관점 평가하기**

동일한 문제 상황에 대해서도 사람마다 관점이 다를 수 있습니다. 따라서 글쓴이의 관점을 무조건 받아들이는 것이 아니라, 그 내용을 평가할 수 있어야 합니다. 글의 내용이 논리적이고 타당한 근거로 뒷받침되고 있는지, 문제 상황을 해결하기에 유용한지를 따져 보면 글쓴이의 관점을 적절하게 평가할 수 있습니다.

**이렇게 해요!**

① 글에서 다루는 문제 상황이 무엇인지 살펴보고, 이에 대한 글쓴이의 생각을 파악합니다.

② 글의 내용이 타당성과 유용성을 갖추고 있는지 따져 보며 글쓴이의 관점을 평가합니다.

글쓴이의 관점이 나와 다르다고 해도, 그 내용은 타당하고 유용할 수 있어!

## 확인 문제

**[1~2] 다음 글을 읽고, 물음에 답하세요.**

학교 폭력은 정서적으로 민감하고 자아 정체성이 형성되는 시기에 있는 학생들에게 심각한 신체적, 정신적 상처를 준다. 학교 폭력을 당한 학생은 성인이 된 뒤에도 트라우마에 시달린다. 그래서 우리나라는 학교 폭력 가해 학생에 대한 기록을 대학 입시에 반영하는 등의 처벌 조치를 시행하고 있다.

그런데 요즘 학교 폭력 기록을 취업과 같은 사회 진출 과정에도 반영하자는 목소리가 나오고 있다. 학교 폭력 가해자는 처벌받아야 마땅하다. 하지만 문제는 가해 학생을 더 강력하게 처벌한다고 해서 학교 폭력이 사라지지 않는다는 것이다. 가해 학생을 제대로 교화하지 않고 처벌에 의존한다면, 가해 학생은 피해 학생에 대한 진심 어린 사과와 반성 없이 죗값만 치르면 된다는 생각을 갖기 쉽다. 이 경우 피해 학생의 치유와 회복 역시 기대하기 어렵다.

처벌이 아닌 교육을 중심에 둔 핀란드의 학교 폭력 예방 프로그램 '키바 코울루'는 우리에게 많은 시사점을 준다. '괴롭힘에 맞서는 학교'라는 뜻의 키바 코울루는 초등학교 1학년, 중학교 1학년을 대상으로 1년에 20시간씩 이루어진다. 학생들은 역할극, 영화 감상, 토론 등을 하면서 피해 학생의 고통을 이해하고 이들을 돕는 방법을 배운다. 이 프로그램을 실시한 학교에서는 학교 폭력 발생 건수가 67%나 줄었다고 한다. 키바 코울루는 학생의 건강한 성장이라는 교육의 본래 목적을 구현해야만 학교 폭력 문제를 해결할 수 있다는 사실을 생생하게 보여 준다.

> 글쓴이는 어떤 상황을
> 문제라고 보고 있을까?

**1** 글쓴이의 관점이 무엇인지 (          )에서 알맞은 낱말을 골라 ○표 하세요.

> 글쓴이의 생각이 드러나는
> 부분을 확인해 봐.

글쓴이는 학교 폭력 가해 학생에 대한 처벌을 ( 강화하는 / 약화하는 ) 것에 ( 긍정적 / 부정적 )이다.

**2** 글쓴이의 관점을 알맞게 평가한 친구에게 ○표 하세요.

(1) 은경: 학교 폭력 문제에 교육적으로 접근해야 하는 이유를 논리적으로 설명하고 있어. 그러니 글쓴이의 관점은 타당해.　　　　　　　(　　　)

(2) 진우: 핀란드의 사례는 우리나라의 학교 폭력 문제를 해결하는 데 도움이 안 돼. 따라서 글쓴이의 관점은 유용하지 않아.　　　　　　　(　　　)

# ESG 경영이 무엇일까?

기업의 목적은 물건과 서비스를 생산하고 판매하여 이윤을 얻는 것이다. 기업이 최신 기술을 도입하여 생산에 드는 비용을 줄이거나, 소비자의 취향에 맞는 새로운 상품을 개발하는 것도 더 큰 이윤을 얻기 위해서이다. 이윤이 나지 않으면 기업을 유지할 수 없기 때문에 모든 기업은 '어떻게 하면 이윤을 낼 수 있을까'를 고민한다. 이처럼 이윤은 기업이 추구하는 제1의 목적이다.

그런데 기업이 이윤만을 추구하면 여러 부작용이 생긴다. 실제로 지난 수십 년간 기업의 이윤 추구 행위는 다양한 문제를 야기해 왔다. 기업은 이윤이 줄어들더라도 자연과 공존할 수 있는 생산 방식을 선택하는 대신, 환경이 파괴되더라도 돈이 적게 드는 방식을 선택했다. 이윤을 높일 수 있다면 노동자와 소비자의 권리를 침해하기도 했다. 예를 들어 기업은 돈이 많이 든다는 이유로 매연이나 폐수 등의 오염 물질을 정화하지 않고 자연으로 흘려 보냈다. 또 노동자에게 지나치게 적은 임금을 주면서 장시간 혹사했다. 이렇게 기업의 활동이 공동체에 여러 가지 부정적인 영향을 끼치면서, 기업 또한 사회의 구성원으로서 이윤만이 아니라 사회 전체의 이익을 생각해야 한다는 목소리가 커졌다.

이러한 배경에서 등장한 것이 ESG 경영이다. ESG란 환경(Environment), 사회(Society), 기업 지배 구조(Governance)의 영어 앞 글자를 모아 만든 말이다. ESG 경영은 기업을 운영할 때 'E'에 해당하는 환경 보호와 'S'에 해당하는 사회적 책임, 'G'에 해당하는 투명한 의사 결정 구조를 고려하는 것을 의미한다. 환경 측면에서 ESG 경영의 예로는 기업이 시설을 개선하여 탄소 배출량을 줄이고 친환경 원료를 사용하는 것 등을 들 수 있다. 사회 측면에서는 소비자의 개인 정보를 보호하고, 생산 과정에서 노동자의 인권을 존중하며, 장애인의 접근성을 높인 제품을 개발하는 것 등이 포함된다. 마지막으로 기업 지배 구조 측면에서는 기업의 부정부패를 감시하고 안건을 민주적으로 결정하는 이사회를 구성하는 것이 한 예이다.

ESG 경영은 선택이 아닌 필수가 되고 있다. 사람들은 기업이 이윤의 극대화만을 추구해 왔기 때문에 인류 공동의 문제가 심화되었다는 사실을 알게 되었다. 이제 이윤만을 좇는 기업은 환경과 인권, 공정성에 민감하게 반응하는 소비자의 선택을 받을 수 없다. 따라서 기업은 이윤과 공동체의 가치를 함께 추구하는 경영 방식인 ESG 경영을 실천해야 한다.

**어휘 풀이**

☐ **이윤** 기업의 총수익에서 제품 생산에 들어간 비용 등을 빼고 남는 순이익. (利 이로울 이, 潤 윤택할 윤)

☐ **혹사하다** 몹시 심하게 일을 시키다. (酷 혹독할 혹, 使 부릴 사)

☐ **경영** 기업이나 사업 등을 관리하고 운영함.

☐ **지배 구조** 사람이나 조직을 다스리는 구조.

☐ **이사회** 이사들로 구성되어 회사의 업무 집행에 관한 의사를 결정하는 기관. (理 다스릴 이, 事 일 사, 會 모일 회)

## 1
내용
이해

**이 글의 내용으로 알맞은 것은 무엇인가요?** (       )

① 사회적 책임은 기업이 추구하는 제1의 목적이다.

② 기업의 이윤이 줄어들고 있다는 목소리가 커짐에 따라 ESG 경영이 등장하였다.

③ 기업의 이윤 추구 행위는 환경 파괴, 노동자의 권리 침해 등의 문제를 야기해 왔다.

④ ESG 경영은 환경 보호, 소비자의 취향, 투명한 의사 결정 구조를 고려하는 경영이다.

⑤ ESG 경영을 실천하는 기업은 환경, 인권, 공정성에 민감한 소비자에게 외면받을 것이다.

## 2
내용
이해

**기업이 ESG 경영을 실천한 예로 알맞지 않은 것은 무엇인가요?** (       )

① 시설을 개선해 탄소 배출량을 줄인다.

② 최신 기술을 도입해 생산 비용을 줄인다.

③ 생산 과정에서 노동자의 인권을 존중한다.

④ 제품을 생산할 때 친환경 원료를 사용한다.

⑤ 안건을 민주적으로 결정하는 이사회를 구성한다.

## 3
★ 추론

**ESG 경영의 요소 중 보기 의 사례와 관련 있는 것에 ○표 하세요.**

> 보기
>
> ESG 경영을 도입한 한 기업은 인공 지능이 카메라에 비친 사람이나 사물 등을 실시간으로 분석하여 음성으로 설명해 주는 앱을 개발하고 있다. 이는 시각 장애인이 더 나은 생활을 할 수 있도록 돕기 위함이다.

(1) 환경(E) (          )          (2) 사회(S) (          )          (3) 기업 지배 구조(G) (          )

## 4
평가

전략 적용

**글쓴이의 관점에 대해 알맞게 평가하지 못한 것은 무엇인가요?** (       )

① 글쓴이는 ESG 경영을 긍정적으로 보고 있다.

② 글쓴이는 기업이 이윤만을 추구하는 것에 대해 비판적이다.

③ 글쓴이는 ESG 경영을 실천하는 기업이 많아져야 한다고 생각한다.

④ 기업이 모든 이윤을 포기하고 ESG 경영을 해야 한다는 글쓴이의 관점은 타당하지 않다.

⑤ ESG 경영은 기업과 자연, 사회 구성원이 공존할 수 있는 방법이기 때문에 글쓴이의 관점은 유용하다.

💡 어떻게 알았나요?

글쓴이는 ESG 경영이 _____ 과 공동체의 가치를 함께 추구하는 경영 방식이라고 하였습니다.

# 인간의 힘으로 비를 조절하는 기술

과학 | 1,151자

📖 교과 연계
과학 5-2 날씨와 우리 생활

오래전 농경 생활을 시작할 때부터 인간은 비를 다스리고 싶어 했다. 비가 언제 얼마나 오는지에 따라 한 해 농사가 좌우되기 때문이다. 하지만 비는 인간이 통제할 수 없는 자연 현상이었다. 그래서 가문 날이 계속될 때면 하늘에 비를 내려 달라고 기원하는 수밖에 없었다. 하지만 과학이 발전한 오늘날에는 인간이 원할 때 비를 내리는 인공 강우 기술이 개발되고 있다.

인공 강우 기술의 원리를 이해하려면 자연 상태에서 비가 만들어지는 과정을 알아야 한다. 구름을 이루고 있는 작은 물방울들이 서로 뭉치면서 크기가 커지고 무거워지다가 마침내 땅으로 떨어지면 비가 된다. 이때 구름 속 작은 물방울들이 충분히 뭉쳐지지 않으면, 구름이 아무리 많아도 비가 내리지 않는다. 인공 강우는 작은 물방울을 빗방울 크기로 뭉치는 데 도움이 되는 '구름 씨'를 구름에 인위적으로 뿌려 비가 내리게 하는 방법이다. 구름 씨로 사용되는 물질에는 드라이아이스, 아이오딘화 은, 염화 나트륨 등이 있다.

인공 강우 기술은 가뭄과 미세 먼지를 해소할 방법으로 주목받고 있다. 우리나라는 여름에는 비가 많이 오지만 봄에는 비가 적어 가뭄이 잦다. 가뭄이 이어지면 농작물이 피해를 입고, 생활용수가 부족해지며, 대기가 건조해져 산불이 자주 발생한다. 봄철 미세 먼지 문제도 심각하다. 미세 먼지가 많은 날에는 희뿌연 하늘과 탁한 공기로 인해 숨쉬기가 괴로울 정도이다. 이러한 상황에서 인공 강우 기술은 가뭄을 이기고 미세 먼지를 씻어 내는 해결책이 될 수 있다.

그러나 인공 강우 기술은 비용이 많이 들고 주변 지역에 가뭄을 유발할 수 있다는 문제점이 있다. 지금까지의 실험 결과를 보면 인공 강우 기술은 막대한 비용이 소요되는 것에 비해 성공률이 낮은 편이다. 그리고 인공 강우 기술을 사용하여 한 지역에 비를 내릴 경우, 다른 지역에는 원래 내려야 할 비가 내리지 않을 수 있다. 이는 국가 간 갈등으로 번질 수도 있는 민감한 사안이다.

인간의 힘으로 비를 조절하는 인공 강우 기술이 상용화된다면 우리 삶에 커다란 변화가 생길 것이다. 물 자원이나 이상 기후와 관련한 수많은 과제에 대응할 수 있을지도 모른다. 물론 현재까지 인공 강우 기술은 가능성과 문제점을 모두 안고 있다. 인공 강우가 성공하는 길은 쉽지 않겠지만, 그 가능성을 실현하고 문제점을 극복하는 방향으로 연구가 지속되어야 한다.

## 어휘 풀이

□ **좌우되다** 어떤 일에 영향이 주어져 지배되다. (左 왼쪽 좌, 右 오른쪽 우)

□ **가물다** 땅의 물기가 바싹 마를 정도로 오랫동안 비가 오지 않다.

□ **강우** 비가 내림. (降 내릴 강, 雨 비 우)

□ **인위적** 자연의 힘이 아닌 사람의 힘으로 이루어지는 것.

□ **생활용수** 일상생활에 쓰이는 물. (生 날 생, 活 살활, 用 쓸 용, 水 물 수)

□ **상용화되다** 물품이나 기술 등이 일상적으로 쓰이다. (常 항상 상, 用 쓸 용, 化 될 화)

**1** 다음은 인공 강우 기술의 원리입니다. 빈칸에 알맞은 말을 각각 쓰세요.

내용
이해

> 구름을 이루고 있는 작은 (                    )들이 뭉치지 못할 때, (                    )
> 를 구름에 뿌려 비가 내리게 하는 방법이다.

**2** 이 글을 읽고 알 수 있는 내용이 <u>아닌</u> 것은 무엇인가요?   (        )

내용
이해

① 인공 강우 기술의 성공률은 낮은 편이다.
② 인공 강우 기술은 아직 상용화되지 않았다.
③ 가뭄은 농작물 피해, 물 부족, 산불 등의 문제를 낳는다.
④ 자연 상태에서는 구름의 양이 충분히 많아지면 비가 내린다.
⑤ 예전에는 가문 날이 계속되면 하늘에 비를 내려 달라고 기원했다.

**3** 이 글을 읽고 짐작한 내용으로 알맞지 <u>않은</u> 것은 무엇인가요?   (        )

★추론

① 구름 씨로 사용되는 물질은 비행기나 드론에서 뿌려질 것이다.
② 구름이 전혀 없을 때는 인공 강우 기술을 사용하기 힘들 것이다.
③ 인공 강우 기술이 널리 쓰이게 되면 농사에 큰 도움이 될 것이다.
④ 우리나라에서는 특히 여름철에 인공 강우 기술이 필요할 것이다.
⑤ 인공 강우를 자주 실시하면 주변 나라들이 반발할 수 있을 것이다.

⚡ **어떻게 알았나요?**

인공 강우 기술은 가뭄과 [                    ]를 해소할 방법으로 주목받고 있습니다.

**4** ┌ 전략 적용 ┐
글쓴이의 관점을 적절하게 평가한 친구에게 ○표 하세요.

평가

(1) 희윤: 글쓴이는 나보다 인공 강우 기술에 대해 잘 알고 있는 것 같아. 그러니 글쓴이의 관점
은 타당해.                                                        (        )

(2) 진욱: 나는 가까운 미래에 인공 강우 기술이 반드시 성공할 것이라고 생각해. 그러므로 글쓴
이의 관점은 타당해.                                              (        )

(3) 규리: 글쓴이는 인공 강우 기술의 가능성과 문제점을 두루 살펴보고 논리적인 주장을 하고
있어. 따라서 글쓴이의 관점은 타당해.                          (        )

**5** 다음은 민기가 이 글을 읽고 떠올린 질문을 해결하기 위해 찾은 자료입니다. 민기가 떠올렸을
질문으로 가장 알맞은 것은 무엇인가요?  (          )

창의

> 중국은 베이징 올림픽을 앞두고 인공 강우 기술로 미리 비를 내리게 함으로써 개막식을
> 먹구름 없는 맑은 날씨에서 치렀다. 러시아는 산불 진화를 위해 인공 강우를 대대적으로
> 활용하기도 했다. 국토 대부분이 사막으로 이루어진 아랍 에미리트는 여름마다 극심한 가
> 뭄에 시달리는데, 이를 해결하기 위해 인공 강우 기술로 비를 뿌리곤 한다.

① 인공 강우 기술이 생태계에 미칠 영향은 없을까?
② 인공 강우 기술은 어느 나라에서 처음 개발했을까?
③ 인공 강우 기술을 활용한 사례에는 어떤 것이 있을까?
④ 인공 강우 기술에 드는 비용은 구체적으로 얼마 정도일까?
⑤ 인공 강우로 인해 실제로 국가 간에 갈등이 일어난 적이 있을까?

**핵심 정리**

**6** 노트의 빈칸을 채우며, 이 글의 내용을 정리해 보세요.

### 「인간의 힘으로 비를 조절하는 기술」 정리하기

| | |
|---|---|
| **1문단** | 과학이 발전한 오늘날에는 ❶(                ) 기술이 개발되고 있다. |
| **2문단** | 인공 강우는 구름 씨를 인위적으로 뿌려 ❷(          )가 내리게 하는 방법이다. |
| **3문단** | 인공 강우 기술의 가능성: ❸(          )을 이기고 미세 먼지를 씻어 내는 해결책이 될 수 있다. |
| **4문단** | 인공 강우 기술의 문제점: ❹(          )이 많이 들고 주변 지역에 가뭄을 유발할 수 있다. |
| **5문단** | 우리 삶에 커다란 변화를 가져올 인공 강우 기술에 대한 연구가 지속되어야 한다. |

**1** 다음 낱말의 뜻으로 알맞은 것을 찾아 선으로 이으세요.

(1) 가물다 •

(2) 좌우되다 •

(3) 상용화되다 •

• ① 어떤 일에 영향이 주어져 지배되다.

• ② 물품이나 기술 등이 일상적으로 쓰이다.

• ③ 땅의 물기가 바싹 마를 정도로 오랫동안 비가 오지 않다.

**2** 빈칸에 알맞은 낱말을 보기 에서 찾아 쓰세요.

보기      강우      인위적      생활용수

(1) 여러 날 동안 (      )이/가 지속되어 둑이 무너졌다.

(2) 옛날에는 우물에서 물을 길어 (      )(으)로 사용하였다.

(3) 저 섬은 바다에 흙과 모래를 부어 (      )(으)로 만든 인공 섬이다.

**3** 다음 설명을 읽고, (    )에서 알맞은 낱말을 골라 ○표 하세요.

헷갈리는 말

| -률 | 'ㄴ' 받침을 제외한 받침 있는 낱말의 뒤에 붙어 '비율'의 뜻을 더하는 말.<br>예 성공률, 실업률, 출석률 |
| --- | --- |
| -율 | 모음이나 'ㄴ' 받침으로 끝나는 낱말의 뒤에 붙어 '비율'의 뜻을 더하는 말.<br>예 증가율, 투표율, 할인율 |

(1) 형은 높은 ( 경쟁률 / 경쟁율 )을 뚫고 시험에 합격했다.

(2) 우리나라의 ( 출산률 / 출산율 )은 빠른 속도로 하락하고 있다.

(3) 여론 조사에서는 두 후보에 대한 ( 지지률 / 지지율 )이 비슷하게 나타났다.

# 정보 사회의 이면

사회 | 1,133자

📖 교과 연계
사회 6-2 변화하는 세계 속의
우리

우리는 컴퓨터와 스마트폰이 없는 세상을 상상하기 어렵다. 친구와 직접 만나는 대신 모바일 메신저를 이용해 대화하고, 알고 싶은 정보를 인터넷에서 검색하며, 필요한 물건을 온라인으로 주문하는 것이 일상이 되었다. 이처럼 디지털 기기와 인터넷, 통신 기술의 발전에 힘입어 물질이 아닌 정보가 생활의 중심이 된 사회를 '정보 사회'라고 한다. 정보 사회로의 변화는 우리 삶을 편리하게 해 주었지만, 그로 인해 여러 가지 부정적 영향도 나타나고 있다.

첫 번째는 스마트폰 과의존이다. 정보 사회에서는 공부와 업무는 물론이고 취미와 대인 관계까지 스마트폰으로 할 수 있다. 이렇게 스마트폰이 필수품이 되면서, 일상생활에 지장을 받을 정도로 스마트폰을 과다하게 사용하는 사람들이 늘어나고 있다. 게임, 사회관계망 서비스, 온라인 쇼핑 등에 빠져 스스로 사용 시간을 조절하지 못하는 스마트폰 과의존은 이미 심각한 사회 문제이다.

두 번째는 정보 격차이다. 정보 격차란 정보를 활용하는 기회와 능력에서의 차이를 뜻한다. 정보 사회에서는 정보를 얼마나 잘 이용하느냐가 개인의 삶의 질에 지대한 영향을 미친다. 디지털 기기나 온라인 서비스에 익숙하여 정보에 쉽게 접근할 수 있는 사람은 그렇지 못한 사람에 비해 직업 선택, 사회 참여 기회, 문화적 혜택 등에서 유리할 가능성이 크다. 이러한 정보 격차는 고령층, 장애인과 같은 정보 취약 계층에게 불편함을 주는 것을 넘어 이들을 사회에서 배제하는 결과를 낳을 수 있다.

세 번째는 개인 정보 유출이다. 정보 사회는 개인의 거의 모든 활동이 디지털로 기록되는 사회이다. 신용 카드로 어떤 물건을 샀는지, 웹사이트에서 무엇을 클릭했는지, 교통 카드를 이용해 어디에서 어디로 이동했는지 등이 고스란히 저장된다. 문제는 개인이 자신에 관한 정보를 완벽하게 관리하고 통제할 수 없다는 점이다. 실제로 민감한 개인 정보가 유출되어 상업적으로 활용되거나 심지어는 범죄에 악용되는 사례가 연일 보도되고 있다.

현재 우리는 정보 사회를 살고 있고, 앞으로도 새로운 정보 기술이 끊임없이 우리 삶 속으로 들어올 것이다. 이와 같은 흐름을 거스르기는 어려우므로 그 부정적 영향을 개선할 ㉠사회적 차원의 노력이 필요하다. 정보 사회의 어두운 그늘을 방치한다면, 인간이 정보에 종속되는 암울한 미래를 맞이하게 될 수도 있다.

어휘 풀이

□ 힘입다 어떤 것의 영향
을 받다.

□ 대인 다른 사람을 상대
함. (對 대답할 대, 人 사람 인)

□ 격차 수준이나 품질,
수량 등이 서로 벌어진
차이.

□ 지대하다 더할 수 없이
매우 크다. (至 이를 지,
大 큰 대)

□ 배제하다 받아들이지
않고 물리쳐 제외하다.
(排 물리칠 배, 除 덜 제)

□ 상업적 상품을 사고파
는 행위를 통하여 이익
을 얻는 것.

□ 연일 여러 날을 계속하
여. (連 잇닿을 연, 日 날 일)

□ 종속되다 자기 스스로
하는 것이 없이 주가 되
는 것에 딸려 붙게 되다.
(從 좇을 종, 屬 무리 속)

**1**
중심
생각

이 글의 주제는 무엇인가요?　（　　　）

① 정보의 개념과 종류
② 정보의 중요성과 활용 분야
③ 정보 사회의 발전 과정과 특징
④ 정보 사회의 부정적 영향과 이를 개선하려는 노력의 필요성
⑤ 정보 사회의 등장 배경과 정보 사회가 우리 삶에 미친 긍정적 영향

💡 어떻게 알았나요?

스마트폰 과의존, 정보 격차, 개인 정보 유출은 정보 사회의 ＿＿＿＿＿＿＿＿ 영향입니다.

**2**
내용
이해

이 글의 내용으로 알맞은 것은 무엇인가요?　（　　　）

① 정보 사회는 물질이 생활의 중심이 된 사회이다.
② 공부와 업무에 스마트폰을 사용하는 것은 스마트폰 과의존이다.
③ 정보 격차는 특정 계층을 사회에서 배제하는 결과를 낳을 수 있다.
④ 정보 사회에서 개인은 자신에 관한 정보를 완벽하게 관리할 수 있다.
⑤ 신용 카드로 물건을 구매한 기록은 남지만, 웹사이트에 접속한 기록은 남지 않는다.

**3**
★ 추론

㉠의 내용으로 알맞지 <u>않은</u> 것은 무엇인가요?　（　　　）

① 교육청에서 스마트폰 과의존을 치유하는 프로그램을 마련한다.
② 개인 정보를 악용하는 행위를 엄격히 금지하는 법안을 시행한다.
③ 웹사이트의 비밀번호를 자주 바꾸어 자신의 정보를 잘 관리한다.
④ 장애인이 쉽게 사용할 수 있는 디지털 기기를 개발하고 보급한다.
⑤ 주민 센터에서 노인을 대상으로 한 디지털 기기 이용 교육을 실시한다.

**4**
평가

전략 적용
글쓴이의 관점과 <u>다른</u> 의견을 적절하게 제시한 것에 ○표 하세요.

(1) 정보 사회는 모든 사람이 정보에 쉽게 접근할 수 있는 사회이기 때문에 바람직하다.

（　　　）

(2) 정보 사회는 생활을 편리하게 만들고 새로운 일자리를 창출하므로 인류에게 밝은 미래를 열어 줄 것이다.　（　　　）

(3) 정보 사회에서 발생하는 다양한 문제들이 사람들에게 피해를 주고 있으므로 이를 최소화하기 위해 노력해야 한다.　（　　　）

**5** 다음 기사의 제목 중 정보 사회의 부정적 영향과 관련 <u>없는</u> 것을 찾아 기호를 쓰세요.

창의

㉮
초등학생 6명 중 1명,
스마트폰 사용 시간 조절 어려워

㉯
국내 은행에 홈페이지 해킹…
개인 정보 5만여 건 유출

㉰
명절 기차표 100% 온라인 예매에
어르신들 발만 동동 구른다

㉱
실종 경보 문자 효과 톡톡…
전국 각지서 제보로 실종자 발견

(            )

**핵심 정리**

**6** 노트의 빈칸을 채우며, 이 글의 내용을 정리해 보세요.

「정보 사회의 이면」 정리하기

| | |
|---|---|
| 1문단 | 정보 사회로의 변화는 우리 삶을 ❶(     )하게 해 주었지만, 부정적인 영향도 나타나고 있음. |
| 2문단 | 정보 사회의 부정적 영향 1: 스마트폰 ❷(    ) |
| 3문단 | 정보 사회의 부정적 영향 2: 정보 ❸(    ) |
| 4문단 | 정보 사회의 부정적 영향 3: ❹(    ) 유출 |
| 5문단 | 정보 사회의 부정적 영향을 개선할 사회적 차원의 노력이 필요함. |

## 어휘 다지기

**1** 다음 낱말의 뜻으로 알맞은 것을 찾아 선으로 이으세요.

(1) 배제하다 •

(2) 종속되다 •

(3) 지대하다 •

• ① 더할 수 없이 매우 크다.

• ② 받아들이지 않고 물리쳐 제외하다.

• ③ 자기 스스로 하는 것이 없이 주가 되는 것에 딸려 붙게 되다.

**2** 빈칸에 알맞은 낱말을 보기 에서 찾아 쓰세요.

| 보기 | 대인 | 연일 | 상업적 |
|---|---|---|---|

(1) 여름철을 맞아 해수욕장에 피서객들이 (                    ) 몰리고 있다.

(2) 승은이는 착하고 성격이 활발해서 (                    ) 관계가 원만하다.

(3) 그 영화는 작품성을 인정받았지만, 관객 수가 적어 (                    )으로는 실패했다.

## 어휘 키우기

**3** 다음 뜻을 가진 '색(索)'이 사용된 낱말에 모두 V표 하세요.

한자어

索
찾을 색

예 검색(檢索): 책이나 컴퓨터에서, 목적에 따라 필요한 자료들을 찾아내는 일.

(1) 기색(氣▨): 마음속의 생각이나 감정이 얼굴이나 행동에 나타나는 것.  ☐

(2) 색출(▨出): 숨어 있는 사람이나 숨긴 물건 등을 샅샅이 뒤져서 찾아냄.  ☐

(3) 모색(摸▨): 일이나 사건 등을 해결할 수 있는 방법이나 실마리를 더듬어 찾음.  ☐

# 구체적인 상황에 적용하기

**개념 이해**

아르키메데스의 '유레카' 일화를 들어 보았나요? 아르키메데스는 물이 가득 찬 욕조에 들어갔을 때 자기 몸의 부피만큼 물이 넘치는 것을 보고, 왕관의 부피를 재는 방법을 생각해 냈다고 합니다. 아르키메데스처럼 우리도 글에서 읽은 내용을 다른 상황에 적용해 볼 수 있습니다.

**글의 내용 이해하기**

글의 내용을 구체적인 상황에 적용하려면, 주어진 **글을 정확히 이해**해야 합니다. 글의 내용을 잘못 이해한 상태에서는 다른 상황에 알맞게 적용할 수 없기 때문입니다. 글에서 설명하는 대상이 무엇이며 어떤 특징을 가지고 있는지를 중심으로 글을 꼼꼼하게 읽습니다.

**구체적인 상황에 적용하기**

글의 내용을 문제에 제시된 **구체적인 상황에 적용**해 봅니다. 예를 들어 "물은 흙, 기름, 철 등에 비해 천천히 뜨거워지고 천천히 식는 특징이 있다."라는 내용을 읽었다고 합시다. 이 내용을 찜질 팩을 만드는 상황에 적용하면, 다른 물질이 아닌 뜨거운 물을 넣어 따뜻함이 오래 유지되는 찜질 팩을 만들 것입니다.

찜질 팩이 오랫동안 따뜻하려면……

**이렇게 해요!**

① 글을 꼼꼼하게 읽고 내용을 정확하게 이해합니다.

② 문제에 제시된 구체적인 상황을 파악합니다.

③ 제시된 상황과 관련 있는 부분을 글에서 찾아 적용해 봅니다.

> 제시된 상황과 관련된 글의 내용을 간략히 메모해 보면 더 쉽게 적용할 수 있어!

## 확인 문제

[1~2] 다음 글을 읽고, 물음에 답하세요.

범죄 현장에서 지문을 확보하여 범인을 잡았다는 기사를 본 적 있을 것이다. 지문은 손가락 끝마디 안쪽에 있는 살갗의 무늬로, 손으로 물건을 만지면 지문 모양의 흔적이 그 물건에 남는다. 따라서 범인이 만진 물건에도 범인의 지문이 남아 있다.

범죄 현장에 남은 지문으로 범인을 찾을 수 있는 까닭은 ㉠사람마다 지문의 모양이 다르기 때문이다. 지문은 우리가 태아일 때, 손가락 끝의 땀샘이 자라면서 만들어진다. 이때 태아가 받는 압력의 정도 등 여러 조건에 따라 지문의 모양이 결정된다. 그래서 유전자 구성이 동일한 일란성 쌍둥이도 지문의 모양은 다르며, ㉡한 사람의 지문이라도 양손의 지문은 서로 다르다.

이 사실을 처음 알아낸 사람은 영국의 헨리 폴즈였다. 의사인 그는 주변 사람들과 환자들의 지문을 찍어 비교하다가, 그들의 지문이 모두 다르다는 것을 발견했다. 폴즈는 손끝에 상처를 내서 지문을 없앤 뒤 살펴보기도 했는데, ㉢놀랍게도 상처가 아물면 지문이 원래 모양으로 돌아왔다. 또 한 사람이 아이였을 때와 어른이 되었을 때의 지문을 비교하여 그 모양이 같음을 알아냈다. ㉣지문의 모양이 평생 변하지 않는다는 사실을 밝힌 것이다.

> 이 글에서 설명하는 대상의 특징을 확인하며 글을 읽어 보자.

**1** ㉠~㉣ 중 보기 의 상황과 가장 관련 있는 것을 찾아 기호를 쓰세요.

> 지문의 어떤 특징 때문에 보기 와 같은 상황이 생길지 생각해 봐.

보기
지문 인식 센서에 왼쪽 검지의 지문을 등록한 경우, 오른쪽 검지를 갖다 대면 인식되지 않는다.

(          )

**2** 이 글의 내용을 적용한 사례로 알맞지 <u>않은</u> 것에 ✕표 하세요.

(1)
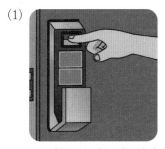
▲ 지문으로 여는 잠금장치
(          )

(2)
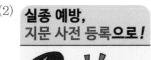
▲ 지문 사전 등록 제도
(          )

(3)

▲ 지문을 찍어 만든 그림
(          )

# 다양한 전통 가옥

사회 | 1,073자

📖 교과 연계
사회 6-2 세계 여러 나라의 자연과
문화

옛날에 평범한 농민들은 주로 초가집을 짓고 살았다. 초가집은 흙으로 벽을 세우고 볏짚으로 지붕을 •이은 집이다. 초가집은 계절에 따라 기온 차가 큰 우리나라 기후에 맞게 여름에는 시원하고 겨울에는 따뜻했다. 또 초가집의 재료인 흙과 볏짚은 농촌에서 아주 흔했기 때문에 집을 짓거나 고치기에 좋았다. 우리의 초가집과 마찬가지로, 각 나라의 전통 가옥은 기후의 특징을 고려하여 주변에서 쉽게 구할 수 있는 재료로 지어졌다.

열대 기후는 •연중 덥고 습하며 강수량이 많은 기후이다. 이러한 열대 기후 지역에서는 땅에 기둥을 세우고 그 위에 바닥을 얹은 고상 가옥을 지어 살았다. 고상 가옥은 •지면과 집의 바닥이 떨어져 있어서, 지면으로부터 올라오는 열기와 습기를 피할 수 있었다. 고상 가옥의 재료는 고온 •다습한 기

▲ 베트남의 고상 가옥

후에서 잘 자라는 나무나 풀잎이다. 특히 나무껍질을 엮어서 벽을 만들어 바람이 잘 통하게 한 것이 특징이다.

한대 기후는 연중 추운 날씨가 지속되고 강수량이 적은 기후로, 남극과 북극을 중심으로 한 극지방 부근에 분포한다. 한대 기후 지역은 짧은 여름을 제외하면 거의 1년 내내 눈과 얼음으로 덮여 있다. 그래서 북극 원주민인 이누이트족은 눈으로 만든 이글루에 산다. 이글루는 눈덩이를 벽돌 모양으로 잘라 둥근 돔 모양으로 쌓아 올린 집이다. 공기를 머금은 눈 알갱이들이 열이 빠져나가는 것을 막아 주어, 바깥 기온이 영하 30~40도일 때에도 이글루 안은 영상 5도 정도를 유지한다.

건조 기후는 1년 동안의 강수량을 모두 합쳐도 500mm가 안 될 만큼 매우 건조한 기후이다. 낮에는 몹시 덥고 밤에는 기온이 급격히 내려가 •일교차가 크다. 건조 기후 지역 중에서도 비가 매우 적게 오는 사막에는 선인장 이외의 식물이 자라기 어렵다. 그래서 사막에 사는 사람들은 흙으로 흙집

▲ 모로코의 흙집

을 짓는다. 흙을 햇볕에 말려서 만든 두꺼운 흙벽이 더위와 추위, 모래바람을 모두 차단해 준다.

이렇듯 전통 가옥들은 그 지역의 기후와 밀접한 관련이 있다. 사람들은 자신이 사는 지역에서 쉽게 집을 짓고 쾌적하게 생활하기 위해 독특한 전통 가옥을 발전시켰다. 세계의 다양한 전통 가옥에는 기후에 적응하고자 노력했던 옛사람들의 지혜가 담겨 있다.

어휘 풀이

☐ 이다 기와나 짚, 억새 등으로 지붕 위를 덮다.

☐ 연중 한 해 동안 내내. (年 해 연, 中 가운데 중)

☐ 지면 땅의 바닥. (地 땅 지, 面 낯 면)

☐ 다습하다 습기가 많다. (多 많을 다, 濕 축축할 습)

☐ 일교차 기온, 습도, 기압 등이 하루 동안에 변화하는 차이. (日 날 일, 較 견줄 교, 差 어그러질 차)

**1** 이 글의 제목을 바꾸어 쓸 때 가장 적절한 것은 무엇인가요?  (          )

중심
생각

① 세계 여러 나라의 기후 문제          ② 우리나라 전통 가옥의 우수성

③ 전통 가옥과 오늘날 가옥의 차이        ④ 세계의 기후와 그에 따른 전통 가옥

⑤ 전통 가옥이 그 나라의 문화에 미친 영향


**2** 다음에서 설명하는 기후가 무엇인지 빈칸에 각각 쓰세요.

내용
이해

(1) 1년 내내 춥고 강수량이 적은 기후: (                    ) 기후

(2) 강수량이 매우 적고 일교차가 큰 기후: (                    ) 기후

(3) 연중 고온 다습하며 강수량이 많은 기후: (                    ) 기후


**3** 이 글을 읽고 짐작한 내용으로 알맞지 <u>않은</u> 것은 무엇인가요?  (          )

★추론

① 이글루 안은 바깥보다 따뜻할 것이다.

② 열대 기후 지역은 땅이 뜨겁고 축축할 것이다.

③ 한대 기후 지역에서는 눈과 얼음이 흔할 것이다.

④ 건조 기후 지역의 흙집은 비가 많이 와도 안전할 것이다.

⑤ 사막에 사는 사람들은 풀이나 나무를 구하기 어려울 것이다.


전략 적용

**4**  이 글의 내용을 바탕으로 보기 에서 설명하는 지역의 전통 가옥을 찾아 ○표 하세요.

창의

보기

　　냉대 기후는 평균 기온이 매우 낮고, 사계절이 있으나 겨울이 길고 춥다. 러시아의 시베리아, 캐나다, 북유럽 국가 등이 냉대 기후 지역에 해당한다. 냉대 기후 지역에서는 가문비나무, 낙엽송, 잣나무와 같이 잎이 뾰족한 나무가 잘 자란다.

(1)

▲ 침엽수로 지은 통나무집
(          )

(2)

▲ 이동식 천막인 게르
(          )

(3)

▲ 햇볕을 반사하는 하얀 벽 집
(          )

 어떻게 알았나요?

전통 가옥은 기후의 특징을 고려하여 주변에서 쉽게 구할 수 있는 [          ] 로 짓습니다.

# 보고 싶은 것만 보는 '확증 편향'

인문 | 1,272자

1840년대만 해도 손 씻기로 질병을 예방할 수 있다는 것은 상식이 아니었다. 의사가 치료 전에 손을 씻어야 한다고 처음 주장한 사람은 헝가리의 산부인과 의사 이그나즈 제멜바이스였다. 1847년 제멜바이스는 자신이 일하던 병원에서 의사들에게 손을 씻게 한 결과, 산모 사망률이 18.27%에서 1.9%로 현저히 낮아진 것을 확인하고 이를 의학계에 보고했다. 하지만 의학계는 제멜바이스의 견해를 받아들이지 않았다. 당시에는 나쁜 공기로 인해 질병이 퍼진다고 믿었기 때문이다. 그럼에도 계속해서 손 씻기의 중요성을 설파하던 제멜바이스는 결국 미친 사람으로 취급당하며 병원에서 쫓겨났다. 그의 주장은 30여 년이 지나서야 비로소 받아들여졌다.

이 사례는 자신의 생각과 부합하는 정보만을 수용하고, 그렇지 않은 정보는 의도적으로 무시하는 '확증 편향'을 잘 보여 준다. 확증 편향이란 쉽게 말해 자신이 보고 싶은 것만 보는 사고방식이다. 확증 편향에 사로잡힌 사람들은 어떤 정보가 자신의 생각과 일치하지 않으면 아무리 타당하더라도 불신하고 배척한다. 이 경우 정보를 객관적으로 파악하지 못해 잘못된 판단을 내릴 수 있다. 마치 의학계가 ⓐ기존의 믿음과 다르다는 이유로 제멜바이스의 견해를 외면함으로써, 수많은 생명을 살릴 기회를 놓쳤던 것처럼 말이다. 그러므로 우리는 확증 편향에 빠지지 않기 위해 노력해야 한다.

확증 편향에 빠지지 않으려면 첫째, 생각의 다양성을 존중해야 한다. 한 가지 사안에 대해서도 사람마다 생각이 다를 수 있다. 이러한 생각의 다양성은 개인과 조직, 사회의 발전을 이끄는 원동력이기도 하다. 하나의 생각만이 허용될 때보다 다양한 생각이 공존하며 서로를 보완할 때, 확증 편향에서 벗어나 더 나은 판단을 내릴 수 있기 때문이다.

둘째, 반대 의견에 대해 숙고해야 한다. 반대 의견을 귀담아듣다 보면 이전에는 몰랐던 사실을 알게 되거나 내 생각의 오류를 발견하게 되기도 한다. 이때 유용한 방법이 ' ⓒ '이다. 즉, 반대 의견을 내는 사람의 입장에서 생각해 보는 것이다. 상대의 시각에서 헤아려 보는 것만으로도 확증 편향을 해소하고 균형 잡힌 시각을 가질 가능성이 생긴다.

마지막으로, 자신의 생각이 틀릴 수 있음을 알아야 한다. 자신이 항상 옳다는 믿음이 강할수록 확증 편향에서 빠져나오기 어렵다. 물론 자신이 틀렸음을 인정하는 것이 쉬운 일은 아니다. 하지만 잘못된 판단을 고수하는 것이 아니라, 옳은 근거를 수용할 줄 아는 것이 더 현명한 사람의 모습이다.

**어휘 풀이**

☐ **산모** 아기를 갓 낳은 여자. (産 낳을 산, 母 어머니 모)

☐ **현저히** 뚜렷이 드러날 정도로.

☐ **설파하다** 어떤 내용을 듣는 사람이 납득하도록 분명하게 드러내어 말하다. (說 말씀 설, 破 깨뜨릴 파)

☐ **부합하다** 사물이나 현상이 서로 꼭 들어맞다.

☐ **원동력** 어떤 움직임의 근본이 되는 힘. (原 근원 원, 動 움직일 동, 力 힘 력)

☐ **숙고하다** 깊고 신중히 잘 생각하다.

☐ **고수하다** 가진 물건이나 힘, 의견 등을 굳게 지키다. (固 굳을 고, 守 지킬 수)

# 1

내용
이해

**이 글의 내용으로 알맞은 것에 ○표 하세요.**

(1) 제멜바이스는 확증 편향의 개념을 처음 주장한 사람이다. ( )

(2) 생각의 다양성은 개인과 조직, 사회의 발전에 도움이 된다. ( )

(3) 확증 편향에 사로잡히면 자신의 생각과 일치하는 정보를 무시하게 된다. ( )

(4) 제멜바이스의 실험에서 의사가 손을 씻었을 때 산모의 사망률은 1.9% 줄었다. ( )

# 2

내용
이해

**㉠의 내용으로 알맞은 것은 무엇인가요?** ( )

① 산모의 생명은 소중하다.

② 의사의 견해는 신뢰할 수 없다.

③ 손 씻기로 질병을 예방할 수 있다.

④ 질병이 퍼지는 원인은 나쁜 공기 때문이다.

⑤ 다른 사람을 설득하려면 긴 시간이 필요하다.

### 어떻게 알았나요?

1840년대에 의학계는 　　　　　　　　　　로 인해 질병이 퍼진다고 믿었습니다.

# 3

내용
이해

**확증 편향에 빠지지 않기 위한 방법으로 알맞은 것은 무엇인가요?** ( )

① 다른 사람의 의견에 무조건 따른다.

② 나와 반대되는 의견도 귀담아듣는다.

③ 자신의 생각이 항상 옳다는 믿음을 가진다.

④ 한 가지 사안에 대해 하나의 생각만을 허용한다.

⑤ 잘못된 판단임을 깨달았더라도 끝까지 고수한다.

# 4

★ 추론

**㉡에 들어갈 사자성어로 알맞은 것은 무엇인가요?** ( )

① 역지사지(易地思之): 처지를 바꾸어서 생각하여 봄.

② 거두절미(去頭截尾): 어떤 일의 요점만 간단히 말함.

③ 권선징악(勸善懲惡): 착한 일을 권장하고 악한 일을 징계함.

④ 솔선수범(率先垂範): 남보다 앞장서서 행동해서 몸소 다른 사람의 본보기가 됨.

⑤ 악전고투(惡戰苦鬪): 매우 어려운 조건을 무릅쓰고 힘을 다하여 고생스럽게 싸움.

**5** 이 글을 내용을 보기 의 사례에 적용할 때, 알맞게 말하지 <u>못한</u> 친구는 누구인가요?   (          )

창의

보기

　　청소기 제조업체인 A사는 오랜 연구 끝에 새 무선 청소기를 개발했다. A사는 이 제품이 시중에 나와 있는 모든 무선 청소기의 단점을 보완한 최고의 제품이라고 생각했다. 그러나 출시 전 소비자를 대상으로 실시한 조사에서 몇몇 소비자는 청소기가 무거워 손목에 무리가 간다는 의견을 냈다. 하지만 A사는 직원들이 청소기를 쓸 때는 무거워하지 않았으며, 청소기의 무게를 지적한 소비자는 소수이므로 수용할 필요가 없다고 판단했다. 이후 별다른 개선 없이 출시된 A사의 청소기는 시장에서 좋은 평가를 받지 못했다.

① 나리: A사는 소비자의 입장에서 생각해 볼 필요가 있었어.
② 보현: A사는 반대 의견을 무시하는 확증 편향을 보여 주고 있어.
③ 은태: A사가 자신감을 가지고 남의 의견에 휩쓸리지 않았다면 좋았겠어.
④ 준영: A사처럼 보고 싶은 것만 보았을 때 잘못된 판단을 내릴 수 있겠구나.
⑤ 혁수: A사가 제품의 단점을 인정했다면 더 나은 제품을 출시할 수 있었을 거야.

핵심 정리

**6** 노트의 빈칸을 채우며, 이 글의 내용을 정리해 보세요.

## 「보고 싶은 것만 보는 '확증 편향'」 정리하기

| 1문단 | 헝가리의 의사 제멜바이스는 ❶(          )가 치료 전에 손을 씻어야 한다고 주장했으나, 의학계는 제멜바이스의 견해를 받아들이지 않았다. |
| --- | --- |
| 2문단 | 제멜바이스의 사례는 자신의 생각과 부합하는 정보만을 수용하고 그렇지 않은 정보는 의도적으로 무시하는 ❷(          )의 사례이다. |
| 3문단 | 확증 편향에 빠지지 않으려면 생각의 ❸(          )을 존중해야 한다. |
| 4문단 | 확증 편향에 빠지지 않으려면 ❹(          ) 의견에 대해 숙고해야 한다. |
| 5문단 | 확증 편향에 빠지지 않으려면 자신의 생각이 틀릴 수 있음을 알아야 한다. |

# 어휘 다지기

**1** 다음 낱말의 뜻으로 알맞은 것을 찾아 선으로 이으세요.

(1) 고수하다 •

(2) 부합하다 •

(3) 설파하다 •

• ① 사물이나 현상이 서로 꼭 들어맞다.

• ② 가진 물건이나 힘, 의견 등을 굳게 지키다.

• ③ 어떤 내용을 듣는 사람이 납득하도록 분명하게 드러내어 말하다.

**2** 빈칸에 알맞은 낱말을 보기 에서 찾아 쓰세요.

| 보기 | 산모 | 원동력 | 현저히 |
|------|------|--------|--------|

(1) 손님이 (　　　　　　　) 줄면서 가게의 수입도 크게 감소했다.

(2) 나에게 가족은 힘든 나날을 견디게 해 주는 (　　　　　　　)이다.

(3) 분만실을 나온 의사는 (　　　　　　　)와/과 아기 모두 건강하다고 말했다.

# 어휘 키우기

**3** 다음 뜻풀이를 읽고, 밑줄 친 낱말의 뜻으로 알맞은 것을 찾아 각각 기호를 쓰세요.

동형어

ㄱ 의사¹(意思) 무엇을 하고자 하는 생각.

ㄴ 의사²(義士) 나라와 민족을 위해 몸을 바쳐 일한 의로운 사람.

ㄷ 의사³(醫師) 일정한 자격을 가지고 병을 고치는 것을 직업으로 하는 사람.

(1) 의사 선생님께서 감기약을 처방해 주셨다. (　　　)

(2) 그는 기자 회견을 열어 선거에 출마하겠다는 의사를 밝혔다. (　　　)

(3) 윤봉길 의사는 우리나라의 독립을 위해 목숨을 바친 분이다. (　　　)

# 두 개의 렌즈로 먼 곳을 보다

과학 | 1,174자

📖 교과 연계
과학 6-1 빛과 렌즈

인간은 아주 옛날부터 밤하늘을 보며 천체의 모습을 상상했다. 그러나 우주는 너무나 멀리 떨어져 있었기에 인간의 눈으로 관찰하는 데 한계가 있었다. 맨눈으로 볼 수 있는 천체는 몇몇 밝은 행성과 점처럼 작게 보이는 별들뿐이었다. 인간이 희미한 천체를 자세히 관찰할 수 있게 된 것은 망원경의 발명 덕분이다.

망원경의 역사는 17세기로 거슬러 올라간다. 1608년 네덜란드에서 안경원을 운영하던 한스 리퍼세이는 볼록 렌즈와 오목 렌즈를 적당한 간격으로 겹치면 먼 곳에 있는 물체가 크게 보인다는 것을 깨달았다. 리퍼세이는 이 현상을 이용해 금속 통 안에 두 개의 렌즈를 붙여 최초의 망원경을 만들었다. 하지만 리퍼세이의 망원경은 배율이 3배 정도에 불과해 실용성이 떨어졌다.

리퍼세이의 망원경을 발전시켜 천체 관측이 가능하도록 개량한 사람은 이탈리아의 과학자 갈릴레오 갈릴레이였다. 1609년 갈릴레이는 배율을 30배로 높인 망원경을 제작하여 달의 표면과 목성의 위성들을 관찰했다. 이로써 그는 망원경을 이용해 최초로 우주를 관측한 사람이 되었다. 리퍼세이와 갈릴레이의 망원경처럼 볼록 렌즈와 오목 렌즈를 사용한 망원경을 갈릴레이식 망원경이라고 한다.

그런데 갈릴레이식 망원경은 물체를 많이 확대할 수 없고 시야도 협소했다. 이를 보완하기 위해 1611년 독일의 천문학자 요하네스 케플러는 두 개의 볼록 렌즈를 사용한 케플러식 망원경을 고안했다. 케플러식 망원경은 배율이 높고 비교적 넓은 영역을 볼 수 있었다. 하지만 갈릴레이식 망원경과 달리 물체가 거꾸로 보였다.

갈릴레이식 망원경과 케플러식 망원경에서 보이는 물체의 모습이 다른 이유는 볼록 렌즈의 특성 때문이다. 두 망원경은 모두 볼록 렌즈를 대물렌즈로 사용한다. 볼록 렌즈는 물체에서 나오

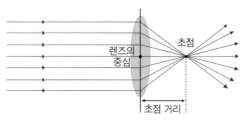

▲ 초점과 초점 거리

는 빛을 한 점으로 모으는 성질이 있다. 이렇게 볼록 렌즈의 한쪽 면을 통과한 빛이 모이는 점을 '초점'이라고 하고, 렌즈의 중심에서 초점까지의 거리를 '초점 거리'라고 한다. 볼록 렌즈에서는 물체가 초점 거리 안에 있으면 확대되어 보이고, 초점 거리 밖에 있으면 상하좌우가 뒤바뀌어 보인다.

갈릴레이식 망원경은 대물렌즈의 초점 거리 안에 접안렌즈가 있다. 반면 케플러식 망원경은 초점 거리 밖에 접안렌즈가 있어서 물체가 거꾸로 보인다. 우주를 관측할 때는 거꾸로 보여도 무방한 데다가 시야가 넓은 것이 좋으므로, 현대의 천체 망원경은 대부분 케플러식 망원경이다.

**어휘 풀이**

□ **행성** 중심 별의 강하게 끌어당기는 힘 때문에 타원 궤도를 그리며 중심 별의 주위를 도는 천체. (行 다닐 행, 星 별 성)

□ **배율** 거울, 렌즈, 현미경, 망원경 등을 통하여 보이는 물체의 크기와 실제 크기의 비율.

□ **실용성** 실제적인 쓸모가 있는 성질. (實 열매 실, 用 쓸 용, 性 성품 성)

□ **개량하다** 나쁜 점을 보완하여 더 좋게 고치다. (改 고칠 개, 良 어질 량)

□ **협소하다** 공간이 좁고 작다. (狹 좁을 협, 小 작을 소)

□ **대물렌즈** 물체에 가까운 쪽의 렌즈. (對 대할 대, 物 만물 물)

□ **접안렌즈** 눈으로 보는 쪽의 렌즈. (接 접할 접, 眼 눈 안)

□ **무방하다** 문제 될 것 없이 괜찮다. (無 없을 무, 妨 방해할 방)

**1** 이 글의 내용으로 알맞지 <u>않은</u> 것은 무엇인가요?  (       )

내용
이해

① 리퍼세이는 최초의 망원경을 만들었다.

② 케플러식 망원경은 물체가 거꾸로 보인다.

③ 망원경의 발명 덕분에 천체를 자세히 관찰할 수 있게 되었다.

④ 갈릴레이식 망원경은 물체를 많이 확대할 수 없지만 시야가 넓다.

⑤ 갈릴레이는 자신이 제작한 망원경으로 달의 표면과 목성의 위성들을 관찰했다.


**2** 다음 (       )에 들어갈 알맞은 말을 골라 ◯표 하세요.

내용
이해

> 갈릴레이식 망원경은 대물렌즈로 (1)( 볼록 렌즈 / 오목 렌즈 )를 사용하고, 접안렌즈로
> (2)( 볼록 렌즈 / 오목 렌즈 )를 사용한다. 반면, 케플러식 망원경은 대물렌즈와 접안렌즈로
> 모두 (3)( 볼록 렌즈 / 오목 렌즈 )를 사용한다.


**3** 이 글에 대한 설명으로 알맞은 것을 두 개 고르세요.  (     ,     )

구조
파악

① 망원경의 뜻을 정의하고 있다.

② 렌즈의 종류를 기준에 따라 분류하고 있다.

③ 망원경의 발전을 시간의 흐름에 따라 설명하고 있다.

④ 갈릴레이식 망원경과 케플러식 망원경의 차이점을 대조하고 있다.

⑤ 갈릴레이식 망원경과 케플러식 망원경이 실제로 사용되는 예를 제시하고 있다.


**4** 다음 그림에서 렌즈 뒤의 인형이 어떻게 보일지 알맞은 것에 ◯표 하세요.

★ 추론

볼록 렌즈

초점     관찰자

(1) 거꾸로 보인다.                    (       )

(2) 작고 똑바로 보인다.              (       )

(3) 크고 똑바로 보인다.              (       )

 어떻게 알았나요?

볼록 렌즈에서는 물체가 초점 거리 안에 있으면 ▢▢▢▢ 되어 보입니다.

**5** 글쓴이가 이서에게 추천할 망원경이 ㉮, ㉯ 중 무엇일지 고르고, 그 망원경의 종류를 이 글에
창의 서 찾아 쓰세요.

> 이서: 이번에 오페라를 보러 가는데, 좌석이 2층이라 무대가 멀어. 배우들의 표정과 동작을
> 자세히 보기 위해 공연 관람용 망원경을 구매하려고 해.

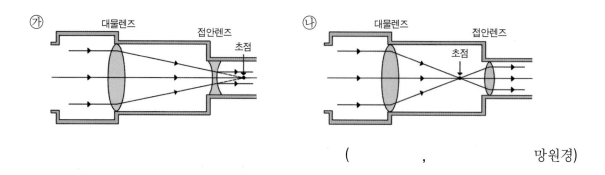

( , 망원경)

---

핵심 정리

**6** 노트의 빈칸을 채우며, 이 글의 내용을 정리해 보세요.

## 「두 개의 렌즈로 먼 곳을 보다」 정리하기

| | |
|---|---|
| 1문단 | 인간이 천체를 자세히 관찰할 수 있게 된 것은 ❶( )의 발명 덕분이다. |
| 2문단 | 1608년 네덜란드의 한스 리퍼세이는 금속 통 안에 두 개의 ❷( )를 붙여 최초의 망원경을 만들었다. |
| 3문단 | 1609년 이탈리아의 갈릴레오 ❸( )는 배율을 30배로 높인 갈릴레이식 망원경을 제작하여 최초로 우주를 관측했다. |
| 4문단 | 1611년 독일의 요하네스 케플러는 배율이 높고 비교적 넓은 영역을 볼 수 있는 케플러식 망원경을 고안했다. |
| 5문단 | 갈릴레이식 망원경과 케플러식 망원경에서 보이는 물체의 모습이 다른 이유는 ❹( ) 렌즈의 특성 때문이다. |
| 6문단 | 현대의 ❺( ) 망원경은 대부분 케플러식 망원경이다. |

# 어휘 다지기

**1** 다음 낱말의 뜻으로 알맞은 것을 찾아 선으로 이으세요.

(1) 개량하다 •

(2) 무방하다 •

(3) 협소하다 •

• ① 공간이 좁고 작다.

• ② 문제 될 것 없이 괜찮다.

• ③ 나쁜 점을 보완하여 더 좋게 고치다.

**2** 빈칸에 알맞은 낱말을 보기 에서 찾아 쓰세요.

| 보기 | 배율 | 행성 | 실용성 |
|------|------|------|--------|

(1) 이 가방은 가볍고 수납할 공간이 많아 (              )이 높다.

(2) 수성은 태양 주위를 도는 (              ) 가운데 크기가 가장 작다.

(3) 멀리 있는 물체를 찍기 위해 카메라 렌즈의 (              )을 조절했다.

# 어휘 키우기

**3** 다음 '맨-'이 붙은 낱말이 쓰인 것에 모두 ∨표 하세요.

뜻을
더하는
말

| 맨- | 낱말의 앞에 붙어 '다른 것이 없는'의 뜻을 더하는 말.<br>예 북극성은 맨눈으로도 보일 만큼 밝은 별이다. |
|------|------|

(1) 주희는 채소 반찬이 싫다며 맨밥만 먹었다. ☐

(2) 소꿉친구인 혁수와 민재는 맨날 붙어 다닌다. ☐

(3) 등산을 하다가 다리가 아파서 맨땅에 주저앉았다. ☐

# 12 두 글을 통합적으로 읽기

**개념 이해**

어떠한 주제를 폭넓게 이해하려면, 그 주제를 다룬 여러 글을 함께 읽는 것이 필요합니다. 그래야 하나의 주제에 관한 다양한 정보나 생각을 접할 수 있습니다. 여기에서는 동일한 대상을 다룬 두 글을 통합적으로 읽고 이해하는 방법을 살펴봅니다.

**두 글의 공통점과 차이점 찾기**

두 글에서 **공통으로 다루는 대상**을 파악합니다. 그런 다음 두 글을 비교하며 **차이점**을 생각해 봅니다. 두 글은 하나의 대상에 대해 관점이 다를 수도 있고, 형식이 다를 수도 있습니다.

**통합적으로 읽기**

'통합'은 여러 가지 요소를 하나로 합치는 것을 말합니다. 그러니 **통합적 읽기**란 두 글에 담긴 여러 내용 중에서 나의 관점과 비슷한 내용, 나의 관점과 달라서 비판적으로 볼 만한 내용, 서로 연결하여 이해할 내용 등을 생각해 보고 나의 생각으로 합치는 것이라 할 수 있습니다. 두 글의 내용을 참고하여 나의 생각을 정리해 봅니다.

진정한 행복은 내가 믿고 사랑하는 사람들과 맺는 따뜻한 관계에서 나온다.
 − 행복에 대한 글 1

미국의 한 대학 연구원은 돈이 많을수록 더 행복해진다는 조사 결과를 발표했다.
 − 행복에 대한 글 2

행복이란……

**이렇게 해요!**

① 두 글이 공통으로 다루는 대상을 파악합니다.

② 두 글의 차이점을 살펴봅니다.

③ 두 글의 내용을 참고하여 대상에 대한 나의 생각을 정리해 봅니다.

> 두 글에서 내가 공감하는 부분이나 나의 관점과 다른 부분을 찾아보자!

**확인 문제**

[1~2] 다음 글 **가**와 **나**를 읽고, 물음에 답하세요.

> **가** 매년 3월 3일은 국립 공원의 날이다. 이날은 국민들에게 쉼터가 되어 주고 생태계 보전에도 핵심적인 역할을 하는 국립 공원의 가치를 되새기기 위해 제정되었다. 하지만 국립 공원의 날을 제정한 취지가 무색할 만큼, 자연을 훼손하는 케이블카 사업이 여러 국립 공원에서 추진되고 있다.
>
> 국립 공원에 케이블카를 설치하면 등산객이 크게 증가하여 산림이 훼손되고 환경 오염이 심해질 수 있다. 그리고 케이블카를 설치하려면 수많은 나무를 잘라 그 자리에 철탑을 세워야 하는데, 이로 인해 동식물의 서식지가 파괴될 수 있다. 인간의 이익을 위해 자연이 우리에게 준 소중한 유산을 망가뜨려서는 안 된다.
>
> **나** 케이블카는 걸어서 산을 오르는 것과는 다른 새로운 경험을 준다. 그래서 국립 공원에 케이블카를 설치하면 많은 관광객을 유치하여 큰 수익을 낼 수 있다. 최근 승인된 설악산 국립 공원의 오색 케이블카 사업만 보아도, 한국 환경 연구원은 이 사업이 1,520억 원의 경제적 파급 효과를 거둘 것으로 예상하였다.
>
> 이미 여러 선진국들이 국립 공원에 케이블카를 설치하여 수익을 얻고 있다. 캐나다의 밴프 국립 공원, 오스트레일리아의 배런 협곡 국립 공원 등은 케이블카가 관광 명소로 자리매김한 대표적인 곳이다. 우리나라도 케이블카 설치를 통해 더 많은 관광객이 국립 공원을 찾게 해야 한다.

**1** 글 **가**와 **나**에 대한 설명으로 알맞지 <u>않은</u> 것에 ✕표 하세요.

글 **가**와 **나**는 동일한 대상을 다른 관점에서 보고 있어.

(1) 글 **가**와 **나**에서 다루는 대상은 국립 공원의 케이블카 설치 문제이다. (　　　)

(2) 글 **가**는 대상을 환경적 측면에서 바라보고 있다. (　　　)

(3) 글 **나**는 대상을 기술적 측면에서 바라보고 있다. (　　　)

**2** 글 **가**와 **나**를 통합적으로 읽고 자신의 생각을 알맞게 말한 친구의 이름을 쓰세요.

두 글의 내용을 정확하게 파악해야 통합적으로 읽을 수 있어.

> 유진: 나의 생각은 글 **가**와 비슷해. 인간을 위한 개발보다 환경 보전이 우선이야. 하지만 글 **나**에 제시된 해외 사례는 좀 더 자세히 알아보고 싶어.
>
> 인수: 나는 글 **나**의 관점에 동의해. 케이블카는 높은 곳에 설치되니까 안전성을 고려해야 해. 그래도 글 **가**의 주장처럼 친환경적 개발이 필요할 것 같아.

(　　　　　　　　　　)

# 성격 유형 검사

인문 | 1,180자

**가** 성격 유형 검사란 사람들의 성격을 공통된 특징에 따라 몇 가지로 유형화하는 검사이다. 가장 대중적인 성격 유형 검사는 MBTI로, 미국의 이저벨 마이어스와 캐서린 브리그스가 1940년대에 개발하였다. MBTI는 개인의 선호를 외향형(E)-내향형(I), 감각형(S)-직관형(N), 사고형(T)-감정형(F), 판단형(J)-인식형(P)이라는 네 가지 지표로 나누고, 각 지표를 조합하여 성격의 유형을 열여섯 가지로 분류한다.

MBTI에는 여러 장점이 있다. 첫째, MBTI는 자신에 대해 더 잘 알게 해 준다. MBTI가 설명하는 '나'의 성격 유형을 확인하다 보면 자신이 평소에 어떤 방식으로 생각하고 행동하는지를 들여다보게 된다. 나아가 이전에는 잘 몰랐던 강점과 약점을 파악하고, 이를 바탕으로 필요한 역량을 개발할 수 있다. 둘째, MBTI는 타인을 이해하는 데 유용하다. MBTI가 제시하는 열여섯 가지 성격 유형은 세상에 다양한 사람이 있다는 사실을 단순명료하게 드러낸다. 그리고 동일한 상황에서도 성격 유형에 따라 서로 다른 반응을 보일 수 있음을 알려 준다.

MBTI를 절대시해서는 안 되지만, 그 장점마저 부정할 필요는 없다. 제대로 활용하기만 한다면 MBTI는 자신과 타인을 이해하도록 돕는 좋은 도구가 될 수 있다.

**나** "MBTI가 뭐예요?" 한 번쯤 들어본 적 있는 질문일 것이다. 이제 MBTI는 유행을 넘어 하나의 문화로 자리 잡은 듯하다. 사람들이 자기소개를 할 때 MBTI를 밝히는 것이 자연스러워졌고, 인터넷과 소셜 미디어에는 MBTI 유형별 특징을 소재로 한 콘텐츠가 끊임없이 올라온다. 기업에서 직원을 채용할 때 MBTI를 확인하는 사례마저 나타나고 있다. 가히 MBTI 열풍이라 할 만하다.

이렇게 MBTI의 인기가 높다 보니 MBTI를 맹신하는 사람도 늘어나고 있다. 이들은 MBTI만으로 상대방의 성격을 단정 짓고는 한다. 사람이 지닌 개성과 고유한 매력에 주목하기보다는 성격 유형이라는 틀을 가지고 상대방을 판단하는 것이다. 또한 '내향형(I)은 사회성이 부족하다', '사고형(T)은 공감 능력이 떨어진다'라며 특정한 MBTI에 선입견을 품기도 한다. 서로의 차이를 이해하고 존중하기 위해 개발된 검사가 오히려 반대의 결과를 낳은 셈이다.

복잡하고 다양한 사람의 성격을 고작 몇 가지 유형으로 설명할 수는 없다. 지금처럼 MBTI로 사람을 판단하고 분류하는 분위기는 바람직하지 않다.

**어휘 풀이**

☐ **유형화하다** 성질이나 특징, 모양 등이 비슷한 것끼리 묶다. (類 무리 유, 型 거푸집 형, 化 될 화)

☐ **대중적** 대중의 취향에 맞는 것.

☐ **절대시하다** 절대적으로 여기다.

☐ **가히** 어떤 일에 넉넉하게.

☐ **맹신하다** 옳고 그름을 가리지 않고 덮어놓고 믿다.

☐ **사회성** 사람이 사회에 적응하고 다른 사람과 원만하게 어울리며 집단을 이루어 살려고 하는 성질.

**1** 글 **가**와 **나**에서 공통으로 다루는 대상이 무엇인지 쓰세요.

중심
생각
(             )

**2** 글 **가**와 **나**의 내용으로 알맞지 <u>않은</u> 것은 무엇인가요? (     )

내용
이해
① MBTI를 맹신하는 사람이 늘어나고 있다.

② 기업에서 직원 채용 시 MBTI를 확인하기도 한다.

③ MBTI를 누가, 언제 개발했는지는 알려지지 않았다.

④ MBTI는 사람의 성격을 열여섯 가지 유형으로 분류한다.

⑤ 성격 유형 검사는 사람들의 성격을 몇 가지로 유형화하는 검사이다.

**3** 글 **가**와 **나**의 관점을 알맞게 분석한 것을 두 개 고르세요. (    ,    )

평가
① 글 **가**는 주장하는 글이고, 글 **나**는 설명하는 글이다.

② 글 **가**와 **나**는 MBTI를 절대적으로 믿어서는 안 된다고 말하고 있다.

③ 글 **가**와 **나**는 MBTI가 과학적으로 검증받은 검사임을 강조하고 있다.

④ 글 **가**는 MBTI의 장점을 긍정하고 있고, 글 **나**는 MBTI의 문제점을 비판하고 있다.

⑤ 글 **가**는 MBTI를 일시적 유행으로 보고 있고, 글 **나**는 MBTI를 하나의 문화로 보고 있다.

**어떻게 알았나요?**

글 **가**의 글쓴이는 MBTI를            해서는 안 되지만 그 장점마저 부정할 필요는 없다고 봅니다.

전략 적용

**4** 글 **가**와 **나**를 통합적으로 읽고 자신의 생각을 알맞게 말하지 <u>못한</u> 친구에게 ✕표 하세요.

창의
(1) 희나: 백 명의 사람이 있으면, 백 가지 성격이 있어. MBTI에 몰입하면 그 사람의 고유한 성격을 파악하기 힘들어. (   )

(2) 강민: 채용 과정에서 MBTI를 확인하다니, MBTI가 과대평가되고 있는 것 같아. 최근의 MBTI 열풍을 경계해야 해. (   )

(3) 다경: 다양한 성격 유형 검사가 있지만, 그중에서도 MBTI가 가장 대중적이고 인기 있어. 그러니 MBTI 결과는 믿을 만해. (   )

(4) 진태: 나는 친구의 MBTI를 알고 나서, 그 친구의 행동 방식을 잘 이해할 수 있었어. 그런 점에서 MBTI는 의미가 있다고 봐. (   )

# 채식과 건강

과학 | 1,200자

**가** 건강을 위해 채식을 선택하는 사람들이 많아졌다. 육류에 들어 있는 동물성 지방이 고혈압, 당뇨병, 비만 등 각종 질병을 일으킨다고 알려졌기 때문이다. 그러나 신체 상태를 고려하지 않고 무작정 채식을 한다면 오히려 건강을 해칠 수 있다.

채식만으로는 우리 몸에 필요한 영양소를 충분히 섭취하기 어렵다. 채식을 할 때 가장 부족하기 쉬운 영양소는 단백질이다. 단백질은 우리 몸의 근육, 내장, 뼈, 피부 등을 이루는 중요한 영양소이다. 특히 한창 자랄 나이인 청소년 시기에는 성장을 위해 충분한 양의 단백질이 필요한데, 이를 채식만으로 섭취하기에는 한계가 있다. 일부 콩류를 제외하면 식물에서 •유래한 식물 단백질은 고기에 들어 있는 동물 단백질에 비해 불완전하다.

또한 채식을 하면 철분, 비타민B12, 칼슘, 오메가3 등 우리 몸에 필수적인 영양소가 •결핍되기 쉽다. 채소나 곡류, 콩에는 철분이 풍부하게 들어 있지만, 고기에 함유된 철분과 비교하면 체내 흡수율이 낮은 편이다. 혈액을 구성하는 성분인 철분이 모자라면 빈혈이 생기고 면역 기능이 •저하될 수 있다. 육류만이 아니라 유제품과 •어패류, 달걀까지 먹지 않는 완전 채식을 할 경우, 비타민B12와 칼슘, 오메가3 등 다양한 영양소가 부족해질 가능성이 높다.

**나** 채식은 고기류를 피하고 채소, 과일, 해조류 등 식물성 음식을 주로 먹는 식생활을 뜻한다. 그간 여러 연구를 통해 채식이 건강에 유익하다는 사실이 밝혀졌다. 구체적으로 채식이 우리 건강에 어떠한 도움을 주는지 알아보자.

채식은 암과 심장 질환 등의 질병을 예방한다. 채식 식단에서 큰 비중을 차지하는 채소와 과일에는 암을 예방하는 성분들이 많이 들어 있다. 그래서 채식을 하는 사람들의 암 •발병률은 육류를 먹는 사람보다 낮다. 또 채식을 하는 사람들은 심장 질환 발병률도 낮게 나타난다. 식물성 음식에는 식이 섬유, 칼륨 등 심장에 이로운 영양소가 많고, 심장 질환의 주요한 원인 중 하나인 동물성 지방이 적기 때문이다.

채식은 비만의 위험도 줄인다. 채식을 하면 원래 섭취하던 육류를 채소와 과일, 곡물로 대체하게 된다. 이러한 식품은 •포만감을 주는 식이 섬유가 풍부하기 때문에 폭식이나 과식을 방지한다. 또한 같은 양의 육류보다 열량이 낮아 체중 감량에 효과적이다. 우리나라의 비만 인구 비율은 1998년부터 현재까지 꾸준히 높아지고 있다. 그 원인으로 [　　　㉠　　　]가 꼽히는 만큼, 채식은 체중을 관리하고 비만을 해소하는 건강한 대안이 될 수 있다.

**어휘 풀이**

☐ **유래하다** 사물이나 일이 생겨나다. (由 말미암을 유, 來 올 래)

☐ **결핍되다** 있어야 할 것이 없어지거나 모자라다. (缺 이지러질 결, 乏 가난할 핍)

☐ **저하되다** 정도, 수준, 능률 등이 떨어져 낮아지다. (低 낮을 저, 下 아래 하)

☐ **어패류** 어류와 조개류를 아울러 이르는 말. (魚 물고기 어, 貝 조개 패, 類 무리 류)

☐ **발병률** 어떠한 병에 걸릴 확률이나 병에 걸린 사람의 비율. (發 필 발, 病 병들 병, 率 율 률)

☐ **포만감** 넘치도록 가득 차 있는 느낌. (飽 배부를 포, 滿 찰 만, 感 느낄 감)

**1**

중심
생각

글 **가**에 가장 어울리는 제목은 무엇인가요?　(　　　)

① 채식의 종류

② 건강을 살리는 채식 식단

③ 채식이 심장 건강에 미치는 영향

④ 채식, 건강에 좋은 것만은 아니다

⑤ 채식으로 부족해진 영양소, 이렇게 챙기자

**2**

내용
이해

글 **나**를 읽고 알 수 있는 내용이 <u>아닌</u> 것은 무엇인가요?　(　　　)

① 채소, 과일, 곡물에는 식이 섬유가 풍부하다.

② 동물성 지방은 심장 질환의 원인 중 하나이다.

③ 비만 인구 비율은 전 세계적으로 꾸준히 높아지고 있다.

④ 채식을 하는 사람은 육식을 하는 사람보다 암 발병률이 낮다.

⑤ 채식은 고기류를 피하고 식물성 음식을 주로 먹는 식생활을 뜻한다.

**3**

★ 추론

글 **가**를 읽고 알맞게 짐작한 것에 ◯표 하세요.

(1) 육류, 유제품, 어패류, 달걀을 먹지 않아야 채식이다.　　　　　　　　(　　　)

(2) 성장기 청소년은 동물 단백질을 섭취할 필요가 있다.　　　　　　　　(　　　)

(3) 뼈가 약하거나 빈혈이 있는 사람에게는 채식이 도움이 된다.　　　　(　　　)

(4) 채소에는 철분이 적어서 채식을 하면 철분이 부족해지기 쉽다.　　　(　　　)

💡 어떻게 알았나요?

　　　　　　　은 우리 몸의 근육, 내장, 뼈, 피부 등을 이루는 중요한 영양소입니다.

**4**

★ 추론

다음은 ㉠에 들어갈 말입니다. (　　　)에서 알맞은 낱말을 골라 ◯표 하세요.

육류 섭취량의 ( 감소 / 증가 )와 채소 및 과일 섭취량의 ( 감소 / 증가 )

**5** 글 **가**와 **나**를 통합적으로 읽고 말한 내용으로 알맞지 <u>않은</u> 것을 찾아 기호를 쓰세요.

창의

⑦ 나는 채식이 무조건 건강에 좋다고 알고 있었어. 글 **가**를 읽으니 채식을 선택할 때 신중해야겠다는 생각이 들어.

⑭ 우리 아버지는 심장이 안 좋으신데도 단백질이 중요하다며 고기만 많이 드셔. 글 **나**를 읽으니 채식이 아버지의 건강에 도움이 될 것 같아.

⑮ 지금까지는 음식을 골고루 먹어야 한다고 생각했어. 글 **나**를 읽으니 가장 이로운 영양소인 식이 섬유를 섭취하려면 채식이 바람직한 것 같아.

㉑ 나는 마른 편이지만 살이 찔까 봐 고기를 피하고 있어. 글 **가**를 읽으니 초등학생 때 고기를 안 먹으면 성장에 문제가 생길 수 있겠다고 생각했어.

(            )

핵심 정리

**6** 노트의 빈칸을 채우며, 이 글의 내용을 정리해 보세요.

### 「채식과 건강」 정리하기

· 글 **가**

| 1문단 | 신체 상태를 고려하지 않고 무작정 채식을 하면 ❶(      )을 해칠 수 있다. |
|---|---|
| 2문단 | 채식을 하면 단백질이 부족해지기가 쉽다. |
| 3문단 | 채식을 하면 철분, 비타민B12, 칼슘, 오메가3 등 필수적인 ❷(      )가 결핍되기 쉽다. |

· 글 **나**

| 1문단 | 여러 연구를 통해 채식이 건강에 유익하다는 사실이 밝혀졌다. |
|---|---|
| 2문단 | 채식은 암과 심장 질환 등의 질병을 ❸(      )한다. |
| 3문단 | 채식은 ❹(      )의 위험을 줄인다. |

## 어휘 다지기

**1** 다음 낱말의 뜻으로 알맞은 것을 찾아 선으로 이으세요.

(1) 결핍되다 •

(2) 유래하다 •

(3) 저하되다 •

• ① 사물이나 일이 생겨나다.

• ② 있어야 할 것이 없어지거나 모자라다.

• ③ 정도, 수준, 능률 등이 떨어져 낮아지다.

**2** 빈칸에 알맞은 낱말을 보기 에서 찾아 쓰세요.

보기    발병률    어패류    포만감

(1) 환절기가 되자 어린이의 감기 (                    )이/가 증가하고 있다.

(2) 저녁에 밥을 잔뜩 먹었더니 자기 전까지 (                    )이/가 느껴졌다.

(3) 여름철에 생선이나 조개 등의 (                    )을/를 날것으로 먹으면 식중독에 걸릴 우려가 있다.

## 어휘 키우기

**3** 다음 '-류'가 붙은 낱말이 쓰인 것에 모두 V표 하세요.

뜻을
더하는
말

| -류 | 낱말의 뒤에 붙어 '부류'의 뜻을 더하는 말.<br>예 나는 돼지고기, 소고기와 같은 <u>고기류</u>를 좋아한다. |
|---|---|

(1) 팥과 녹두는 모두 <u>콩류</u>에 속한다. ☐

(2) 교통수단이 발달하면서 나라 간 <u>교류</u>가 활발해졌다. ☐

(3) 이사를 하면서 베개, 이불 등의 <u>침구류</u>를 새로 장만했다. ☐

# 비합리적 소비

사회 | 1,198자

📖 교과 연계
사회 6-1 우리나라의 경제 발전

**가** 합리적 소비란 한정된 소득 내에서 최대한의 만족을 얻을 수 있게 소비하는 것이다. 우리가 쓸 수 있는 돈은 유한하기 때문에 사고 싶은 물건을 모두 살 수는 없다. 따라서 자신의 소득과 구매의 필요성을 신중하게 따져 꼭 필요한 물건을 저렴한 가격에 사는 합리적 소비를 해야 한다. 언뜻 생각하면 모두가 합리적 소비를 할 것 같지만, 현실에서는 비합리적 소비의 사례를 쉽게 찾아볼 수 있다.

ⓒ'밴드 왜건 효과'는 유행에 따라 물건을 구매하는 현상을 뜻한다. 퍼레이드의 맨 앞에서 행렬을 이끄는 악대차인 '밴드 왜건'을 우르르 따라가는 사람들의 모습에서 유래한 말이다. 좋아하는 연예인이 입은 옷을 무작정 따라 사거나, SNS에서 유행하는 제품이라면 필요성을 따져 보지 않고 구매하는 것이 밴드 왜건 효과의 예시이다.

유행에 따른 소비를 꼭 나쁘다고는 할 수 없다. 그러나 오직 유행에 뒤처지지 않기 위해 하는 비합리적 소비는 경계해야 한다. 다른 사람을 따라 필요하지도 않은 물건을 계속 사다 보면, 자신이 정말로 갖고 싶은 물건이 생겼을 때 살 수 없게 될지도 모른다.

**나** 경제학에서는 ⓒ가격이 오를수록 수요가 줄어든다고 설명해 왔다. 사람들이 상품의 가격을 고려하여 합리적으로 소비하기 때문에, 어떤 상품의 가격이 오르면 그 상품을 구매하려는 수요는 감소한다는 것이다. 그런데 이 설명과는 반대로 가격이 오르는데도 수요가 증가하는 현상이 나타나기도 한다. 이러한 현상에 대해 처음으로 언급한 사람은 미국의 경제학자 소스타인 베블런이다.

베블런에 따르면 부유한 소비자들은 자신의 부나 지위를 과시하기 위해 값비싼 물건을 소비한다. 그러므로 고가품이나 사치품의 경우, 비쌀수록 오히려 수요가 늘어난다. 가격이 높은 물건을 살수록 자신의 경제력을 드러낼 수 있기 때문이다. 이처럼 가격이 올라도 수요가 줄어들지 않는 현상을 그의 이름을 따서 '베블런 효과'라고 부른다. 구하기 어려운 한정판 제품을 웃돈을 주면서까지 사려는 사람들이 생기는 것도 베블런 효과 때문이다.

베블런 효과는 다른 사람보다 돋보이고 싶은 과시욕이 반영된 소비 현상이라 할 수 있다. 이와 같은 과시적 소비는 점점 상류층을 넘어 일반 사람들에게까지 확대되고 있다. 그러면서 과소비에 빠져 경제적 어려움을 겪는 사람들도 많아지는 추세다. 자신의 소득 수준을 벗어난 과시적 소비를 지양하고, 구매하고자 하는 물건의 가격, 성능, 디자인 등을 두루 따져 합리적으로 소비하는 습관을 들여야 한다.

## 어휘 풀이

- **한정되다** 수량이나 범위 등이 제한되어 정해지다. (限 한계 한, 定 정할 정)
- **유한하다** 수, 양, 공간, 시간 등에 일정한 한도나 한계가 있다. (有 있을 유, 限 한계 한)
- **경계하다** 옳지 않은 일이나 잘못된 일들을 하지 않도록 타일러서 주의하게 하다.
- **수요** 어떤 재화나 용역을 일정한 가격으로 사려고 하는 욕구. (需 구할 수, 要 중요할 요)
- **웃돈** 원래의 값보다 더 주는 돈.
- **과시욕** 자랑하여 보이고자 하는 욕구. (誇 자랑할 과, 示 보일 시, 欲 하고자 할 욕)
- **지양하다** 더 높은 단계로 오르기 위하여 어떤 것을 하지 않다. (止 그칠 지, 揚 오를 양)

**1** 글 **가**와 **나**에 대한 설명으로 알맞은 것은 무엇인가요? (        )

내용
이해

① 글 **가**와 **나**는 돈을 아껴 쓰는 방법을 알려 주고 있다.

② 글 **가**와 **나**에서 공통으로 다루는 대상은 가격과 수요의 관계이다.

③ 글 **가**와 **나**는 사람들이 합리적 소비를 하는 까닭을 분석하고 있다.

④ 글 **가**와 **나**는 비합리적 소비에 대한 서로 다른 사례를 제시하고 있다.

⑤ 글 **가**와 **나**는 권위 있는 전문가가 주장한 경제학 이론을 소개하고 있다.

**2** 글 **가**와 **나**의 내용으로 알맞지 <u>않은</u> 것은 무엇인가요? (        )

내용
이해

① 우리가 쓸 수 있는 돈은 유한하다.

② 유행에 따른 소비가 꼭 나쁜 것은 아니다.

③ 고가품이나 사치품은 비쌀수록 수요가 늘어난다.

④ 밴드 왜건은 퍼레이드에서 악대차를 따라가는 사람들을 말한다.

⑤ 베블런은 가격이 올라도 수요가 증가하는 현상을 처음 언급한 경제학자이다.

**3** ㉠과 어울리는 속담은 무엇인가요? (        )

★ 추론

① 가는 날이 장날                    ② 싼 것이 비지떡

③ 친구 따라 강남 간다.              ④ 달면 삼키고 쓰면 뱉는다.

⑤ 사공이 많으면 배가 산으로 간다.

💡 **어떻게 알았나요?**

㉠은 □□□□□ 에 따라 물건을 구매하는 현상을 뜻합니다.

**4** ㉡을 보여 주는 그래프로 알맞은 것에 ○표 하세요.

★ 추론

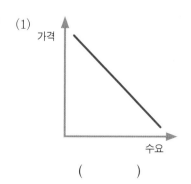

(1)        (        )

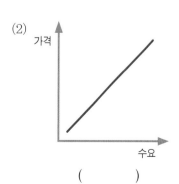

(2)        (        )

**5** 글 **가**와 **나**를 통합적으로 읽고 자신의 생각을 알맞게 말한 친구의 이름을 쓰세요.

창의

> 송희: 물건의 가격은 오르기도 하고 내리기도 해. 저렴한 물건이라면 일단 사는 것이 합리
> 적인 소비야.
>
> 채서: 자신의 소득을 벗어나 불필요한 물건을 사는 것이 문제야. 그러니 합리적으로 소비
> 하려면 용돈을 많이 받아야 해.
>
> 동재: 유행에 휩쓸리거나 남에게 과시하기 위해 물건을 사는 것은 비합리적인 소비야. 가
> 격과 필요성을 따져 보며 소비해야 해.
>
> 민수: 물건을 사면 만족을 얻을 수 있지만 경제적 어려움을 겪게 될 수 있어. 합리적이든 비
> 합리적이든 소비는 무조건 바람직하지 않아.

(                              )

**6** 노트의 빈칸을 채우며, 이 글의 내용을 정리해 보세요.

### 「비합리적 소비」 정리하기

• 글 **가**

| 1문단 | 한정된 소득 내에서 최대한의 만족을 얻을 수 있게 소비하는 ❶(        ) 소비를 해야 하지만, 현실에서는 비합리적 소비의 사례가 나타난다. |
|---|---|
| 2문단 | ❷(        ) 효과는 유행에 따라 물건을 구매하는 현상을 뜻한다. |
| 3문단 | 오직 유행에 뒤처지지 않기 위해 하는 비합리적 소비를 경계해야 한다. |

• 글 **나**

| 1문단 | 경제학에서는 ❸(        )이 오를수록 수요가 줄어든다고 설명해 왔지만, 이 설명과는 반대되는 현상이 나타나기도 한다. |
|---|---|
| 2문단 | 가격이 올라도 수요가 줄어들지 않는 현상을 베블런 효과라고 부른다. |
| 3문단 | 자신의 ❹(        ) 수준을 벗어난 과시적 소비를 지양하고 합리적으로 소비하는 습관을 들여야 한다. |

**1** 다음 낱말의 뜻으로 알맞은 것을 찾아 선으로 이으세요.

(1) 경계하다 •

(2) 유한하다 •

(3) 한정되다 •

• ① 수량이나 범위 등이 제한되어 정해지다.

• ② 수, 양, 공간, 시간 등에 일정한 한도나 한계가 있다.

• ③ 옳지 않은 일이나 잘못된 일들을 하지 않도록 타일러서 주의하게 하다.

**2** 빈칸에 알맞은 낱말을 보기 에서 찾아 쓰세요.

보기          수요          웃돈          과시욕

(1) 그는 부자이지만 (                    )이/가 없어 언제나 옷차림이 수수하다.

(2) 구하기 힘든 약이라 (                    )을/를 주고 특별히 주문해서 사 왔다.

(3) 한파가 빨리 찾아오면서 방한용품에 대한 (                    )도 덩달아 늘었다.

**3** 다음 설명을 읽고, (       )에서 알맞은 낱말을 골라 〇표 하세요.

헷갈리는 말

| 지양하다 | 더 높은 단계로 오르기 위하여 어떤 것을 하지 않다.<br>예 선거에서 상대 후보에 대한 근거 없는 비방을 지양해야 한다. |
|---|---|
| 지향하다 | 어떤 목표로 뜻이 쏠리어 향하다.<br>예 올림픽은 스포츠를 통한 인간 육성과 세계 평화를 지향한다. |

(1) 요즘 기업들은 지속 가능한 성장을 ( 지양하고 / 지향하고 ) 있다.

(2) 그는 중요한 가치들을 무시한 채 오직 성공만을 ( 지양했다 / 지향했다 ).

(3) 병원은 과잉 진료를 ( 지양하며 / 지향하며 ) 환자에게 충분한 정보를 제공해야 한다.

# 작품 출처

| 위치 | 작품 | 출처 |
|---|---|---|
| 20쪽<br>28쪽 | 주요섭, 「사랑손님과 어머니」 | 『날개 / 사랑손님과 어머니 / 장삼이사 / 마권』, 창비, 2005. |
| 21쪽 | 함민복, 「비린내라뇨!」 | 『바닷물 에고, 짜다』, 비룡소, 2020. |
| 24쪽 | 유치환, 「산 3」 | 『유치환 시선』, 지만지, 2012. |
| 33쪽 | 신형건, 「넌 바보다」 | 『바퀴 달린 모자』, 푸른책들, 2013. |
| 33쪽 | 고재종, 「첫사랑」 | 『쪽빛 문장』, 문학사상사, 2004. |
| 82쪽 | 신경림, 「가난한 사랑 노래」 | 『가난한 사랑 노래』, 실천문학사, 2013. |
| 94쪽 | 권정생, 「빼떼기」 | 『빼떼기』, 창비, 2017. |
| 96쪽 | 법정, 「무소유」 | 『무소유』, 범우사, 1999. |
| 100쪽 | 조정래, 「마술의 손」 | 『마술의 손』, 휴이넘, 2012. |

# 사진 출처

| 위치 | 사진 | 출처 |
|---|---|---|
| 10쪽 | 「한글 맞춤법 통일안」 | 한국민족문화대백과사전 |
| 52쪽 | 〈망치질하는 사람〉 | Steve46814 |
| 54쪽 | 〈두려움 없는 소녀상〉 | Anthony Quintano |
| 112쪽 | 옛 서울역사 | LERK |
| 114쪽 | 일본 군함도 | kntrty |
| 114쪽 | 경기 수원 화성 | 국가유산청 국가유산포털 |
| 114쪽 | 제주 알뜨르 비행장 | Mztourist |
| 130쪽 | 모로코의 흙집 | Travisbickle86 |
| 131쪽 | 햇볕을 반사하는 하얀 벽 집 | Arian Zwegers |

※ 퍼블릭 도메인 및 셔터스톡 사진은 따로 표기하지 않았습니다.

최상위권
독해의 비결,
**추론**

용선생

# 추론독해

6

초등 국어 **6단계**

6학년 · 예비 중등 권장

# 정답과 해설

사회평론주니어

용선행

# 추론독해

## 6

초등 국어 **6단계**

6학년 · 예비 중등 권장

# 정답과 해설

# 글의 종류에 따라 다르게 읽기

① 제시된 글이 설명하는 글인지, 주장하는 글인지 파악합니다.

② 설명하는 글을 읽을 때는 글에서 설명하는 대상을 찾고, 그 대상에 대한 정보를 확인하며 읽습니다.

③ 주장하는 글을 읽을 때는 글쓴이의 주장을 찾고, 이를 뒷받침하는 근거를 확인하며 읽습니다.

## 확인 문제      9쪽

**1** ③      **2** 투명 페트병, 재활용

**1** 이 글은 1문단에서 플라스틱의 뜻과 특성을, 2문단에서 열에 반응하는 방식에 따른 플라스틱의 종류를 설명하고 있습니다.

**오답 피하기** 

①, ②, ④, ⑤ 이 글에서 설명하고 있는 내용이 아닙니다.

**2** 이 글에서 글쓴이는 투명 페트병의 내부를 비우고 헹군 뒤 따로 모아 배출해야 한다고 주장하고 있습니다. 글쓴이가 제시한 근거는 투명 페트병이 다른 재질이나 이물질과 섞이면 재활용 가치가 떨어진다는 것입니다.

**✎ 이 문제를 틀렸다면**

글쓴이의 주장은 '~해야 한다.'와 같은 표현에 드러납니다. 이 글에서 글쓴이의 주장을 찾아 밑줄을 그어 봅니다.

## 연습      10~11쪽

### 한글을 지킨 조선어 학회

**1** ④      **2** ④ 💡 1945

**3** ㉣, ㉮, ㉢, ㉯      **4** (1) ○

**1** 이 글의 1문단에서는 조선어 학회가 탄생하기까지의 과정을, 2문단에서는 어문 규범 확립과 우리말 사전 편찬을 위한 조선어 학회의 활동을, 3문단에서는 조선어 학회의 한글 학자들이 일본 경찰에 체포된 '조선어 학회 사건'을, 4문단에서는 우리나라가 독립한 이후 조선어 학회가 한 활동을 설명하고 있습니다. 따라서 이 글에서 가장 중요하게 설명하는 대상은 '조선어 학회의 역사와 활동'입니다.

**2** 4문단에서 조선어 학회 사건으로 감옥에 간힌 학자들은 1945년에 우리나라가 독립하면서 석방되었다고 하였습니다.

**✎ 이 문제를 틀렸다면**

①은 3문단을, ②와 ③은 1문단을, ⑤는 2문단을 읽으며 확인해 봅니다.

**3** 조선어 학회는 어문 규범을 확립하는 일에 주력하여 「한글 맞춤법 통일안」, 「조선어 표준말 모음」, 「외래어 표기법 통일안」을 만들어 발표했고(㉣), 이후 우리말 사전 편찬에 힘을 기울였습니다. 1942년에 사전 편찬 작업이 완성 단계에 이르렀지만(㉮), 그해에 '조선어 학회 사건'이 일어나 일본 경찰에게 사전 원고를 빼앗겼습니다. 독립 후 석방된 학자들은 사전 원고를 서울역 창고에서 찾아냈고(㉢), 이를 바탕으로 최초의 우리말 사전인 『큰사전』 1~6권을 출간했습니다(㉯).

**4** 1문단의 "우리나라를 빼앗은 일본은 일본어를 '국어'로 정하여 우리말과 글을 사용하지 못하게 했다.", 2문단의 "조선어 학회는 한글 사용이 금지된 어려운 상황에서도"를 통해 일본이 우리말과 글을 없애려고 일본어를 '국어'로 정했음을 짐작할 수 있습니다.

**오답 피하기** 

(2) 정태진은 학생들에게 민족의식을 심어 주었다고 지목된 교사이지, 기차에서 우리말을 쓴 고등학생이 아닙니다(3문단).

(3) 「한글 맞춤법 통일안」이 오늘날 우리가 사용하는 맞춤법의 뿌리가 된다고 했으므로(2문단), 알맞지 않습니다.

## 언론은 왜 중요할까?

**1** ②　　　**2** ③　　　**3** (1) ㉮ (2) ㉰ (3) ㉯

**4** ④, ⑤　💡인터넷　　**5** ④

**6** ❶ 언론 ❷ 여론 ❸ 권력 ❹ 자유 ❺ 책임

**어휘 다지기**

**1** (1) ① (2) ③ (3) ②

**2** (1) 비리 (2) 검열 (3) 공익

**어휘 키우기**

**3** (1) V (2) V

---

**1** 언론의 역사를 설명하는 내용은 이 글에 나와 있지 않습니다.

**오답 피하기** 🚫

① '언론'은 매체를 통해 어떠한 사실을 알리는 활동이라고 하였습니다(1문단).

③ 언론은 여론을 형성하는 역할과 권력을 감시하고 비판하는 역할을 한다고 하였습니다(2, 3문단).

④ 언론의 자유는 허가나 검열을 받지 않고 자유롭게 취재하고 보도할 수 있는 자유라고 하였습니다(4문단).

⑤ 언론은 정확성, 공정성, 독립성을 지킬 책임이 있다고 하였습니다(5문단).

**2** 3문단에 따르면, 국민의 의견을 반영하여 정책을 결정하는 것은 정부나 국회와 같은 국가 기관이 하는 일입니다. 언론은 국가 기관이 권력을 남용하거나 국민의 이익을 침해하는 정책을 만들지 않도록 감시하고 비판하는 역할을 합니다.

🖊 **이 문제를 틀렸다면**

①은 2문단을, ②와 ④는 5문단을, ⑤는 1문단을 읽으며 확인해 봅니다.

**3** ㉮는 '여론'의 뜻을 쉽게 풀어서 설명하고 있으므로 정의의 방법을 사용한 것이고, ㉯는 언론의 여러 역할을 나열하여 설명하고 있으므로 열거의 방법을 사용한 것이며, ㉰는 언론이 여론에 영향을 끼친 구체적인 사례를 들어 설명하고 있으므로 예시의 방법을 사용한 것입니다.

**4** 언론의 비판적 역할은 우리 사회가 더 민주적이고 건강한 사회가 되도록 돕는다는 3문단의 내용으로 보아, 언론이 비판적 역할을 잘해야 민주적인 사회가 될 수 있다고 짐작할 수 있습니다(④). 또한 언론이 어떤

문제를 많이 다루면 사람들의 관심도 커진다는 2문단의 내용으로 보아, 반대로 언론이 어떤 문제를 잘 다루지 않으면 사람들이 관심을 덜 가질 것이라고 짐작할 수 있습니다(⑤).

**오답 피하기** 🚫

① 언론은 정확성과 공정성을 지킬 책임이 있는 것이지(5문단), 항상 정확하고 공정한 보도만 하는 것은 아닙니다.

② 언론은 매체를 통해 어떠한 사실을 알리는 활동이고 신문과 인터넷은 매체에 해당하므로(1문단), 신문 기사와 인터넷 뉴스 모두 언론일 것입니다.

③ 대부분의 국가에서는 언론의 자유를 헌법에 명시하여 보장하고 있으므로(4문단), 언론에 대한 허가와 검열이 허용되지 않을 것입니다.

**5** 이 글에서 언론의 자유는 개인의 사생활이나 인권을 침해할 경우에 제한되기도 한다고 하였으므로, 개인의 인권이 언론의 자유보다 우선되는 가치임을 알 수 있습니다.

🖊 **이 문제를 틀렸다면**

①~⑤에 제시된 질문이 언론의 자유에 대한 이 글의 내용과 일치하는지 하나씩 확인해 봅니다.

**6** 1문단에서는 매체를 통해 어떠한 사실을 알리는 활동이 ❶언론이라며, 언론의 뜻을 설명하였습니다. 2문단과 3문단에서는 언론이 사실을 전달함으로써 ❷여론을 형성하는 역할과 ❸권력을 감시하고 비판하는 역할을 한다며, 언론의 두 가지 역할을 설명하였습니다. 4문단에서는 언론이 이러한 역할을 제대로 수행하려면 언론의 ❹자유가 보장되어야 한다는 점을, 5문단에서는 언론에는 정확성, 공정성, 독립성을 지킬 ❺책임도 존재한다는 점을 설명하였습니다.

**어휘 다지기**

**2** (1)의 빈칸에는 '올바르지 않은 일.'이라는 뜻의 '비리'가, (2)의 빈칸에는 '언론, 출판, 예술 등에 대해 미리 검사하여 내용을 조정함.'이라는 뜻의 '검열'이, (3)의 빈칸에는 '사회 전체의 이익.'이라는 뜻의 '공익'이 들어가는 것이 알맞습니다.

**어휘 키우기**

**3** '전할 전(傳)'이 사용된 낱말은 (1)의 '전파(傳播)'와 (2)의 '전래(傳來)'입니다. (3)의 '전시(展示)'는 '펼 전(展)'이 사용된 낱말입니다.

## 반려동물 보유세를 도입하자

**1** (2) ○ 💡주장　　**2** ③　　　　**3** ①, ②

**4** ④　　　　　　　**5** 지우

**6** ❶반려동물　❷세금　❸책임감　❹복지

### 어휘 다지기

**1** (1) ③　(2) ①　(3) ②

**2** (1) 충동적　(2) 예산　(3) 유기

### 어휘 키우기

**3** (1) V　(3) V

---

**1** 이 글은 최근 증가하는 반려동물 문제에 대응하려면 반려동물 보유세가 필요하다고 주장하기 위해 쓴 글입니다. 글쓴이의 주장은 **2**문단의 "나는 다음과 같은 이유로 반려동물 보유세 도입에 찬성한다.", **5**문단의 "반려동물 보유세 도입을 적극적으로 검토해야 한다."에서 명확히 드러납니다.

✏️ **이 문제를 틀렸다면**
이 글이 설명하는 글인지, 주장하는 글인지를 먼저 파악해 봅니다.

**2** 이 글에는 반려동물 보유세의 단점이 나와 있지 않습니다.

⚠️ **오답 피하기**
① 반려동물에는 개, 고양이, 앵무새, 햄스터 등이 있습니다(**2**문단).
② 반려동물과 관련된 문제를 해결하고, 반려동물 의료 체계를 정비하여 병원비 부담을 줄이고, 동물 보호 시설을 운영하는 것 등이 동물 복지 정책의 예시입니다(**4**문단).
④ 독일, 뉴질랜드, 미국, 캐나다 등에서 반려동물 보유세를 도입하였습니다(**5**문단).
⑤ 우리나라에서 반려동물을 키우는 가구는 약 320만 가구에 달합니다(**1**문단).

**3** 글쓴이는 자신의 주장에 대한 근거를 '첫째', '둘째'라는 표현을 사용하여 제시하고 있습니다. 글쓴이가 제시하는 첫 번째 근거는 반려동물에 대한 책임감을 높일 수 있다는 것이고(②), 두 번째 근거는 동물 복지를 강화할 수 있다는 것입니다(①).

✏️ **이 문제를 틀렸다면**
글쓴이의 주장에 대한 근거가 제시된 문단을 찾고, 그 문단의 중심 문장에 밑줄을 그어 봅니다.

**4** **4**문단에서는 글쓴이의 주장과 반대되는 의견을 소개한 것이 아니라, **3**문단과 마찬가지로 근거를 들어 글쓴이의 주장을 뒷받침하였습니다.

**5** 지우는 반려동물 보유세를 거두면, 경제적 부담 때문에 오히려 반려동물 유기 사례가 늘어날 수 있다며 부정적인 결과를 우려하였습니다. 이는 글쓴이의 주장과 반대되는 의견을 알맞게 말한 것입니다.

⚠️ **오답 피하기**
혜선: 반려동물의 의료비가 낮아지는 것은 반려동물 보유세를 도입했을 때 기대할 수 있는 효과이므로, 이는 글쓴이의 주장과 반대되는 의견이 아닙니다.
윤정: 반려동물 보유세의 단점을 말하고 있으므로 이는 글쓴이의 주장과 반대되는 의견입니다. 그러나 반려동물 보유세는 반려동물을 키우는 사람들에게 세금을 거두는 제도이지, 모든 사람에게 세금을 거두는 제도가 아닙니다. 따라서 자신의 의견을 알맞게 말했다고 보기 어렵습니다.

**6** 글쓴이는 1문단에서 ❶반려동물과 관련된 사회 문제가 증가하고 있다는 문제 상황을 제시하였고, 2문단에서 이러한 문제에 대응하기 위해 반려동물을 키우는 사람들에게 매년 일정 금액의 ❷세금을 거두는 제도인 반려동물 보유세를 도입해야 한다고 주장하였습니다. 그 근거로 3문단에서는 반려동물 보유세를 도입하면 반려동물에 대한 ❸책임감을 높일 수 있다는 점을, 4문단에서는 동물 ❹복지를 강화할 수 있다는 점을 제시하였습니다. 5문단에서 글쓴이는 반려동물 보유세를 도입한 다른 나라들처럼 우리나라도 이를 적극적으로 검토해야 한다며 주장을 다시 한번 강조하였습니다.

### 어휘 다지기

**2** (1)의 빈칸에는 '어떤 행동을 하고 싶은 마음이 갑작스럽게 일어나는 것.'이라는 뜻의 '충동적'이, (2)의 빈칸에는 '국가나 단체 등에서 수입과 지출을 미리 계산해 돈을 어떻게 사용할 것인지 정한 계획.'이라는 뜻의 '예산'이, (3)의 빈칸에는 '보살피거나 관리하지 않고 버림.'이라는 뜻의 '유기'가 들어가는 것이 알맞습니다.

### 어휘 키우기

**3** (1)에 쓰인 '공사비'는 '공사'에 '-비'가 붙어 '공사에 드는 비용.'이라는 뜻을 가지는 낱말이고, (3)에 쓰인 '교통비'는 '교통'에 '-비'가 붙어 '탈것을 타고 다니는 데 드는 비용.'이라는 뜻을 가지는 낱말입니다. (2)에 쓰인 '무방비'는 '적이나 위험 등을 막아 낼 준비가 되어 있지 않음.'이라는 뜻으로, 제시된 '-비'가 붙어 만들어진 낱말이 아닙니다.

# ❷

20~31쪽

# 말하는 이 파악하기

① 작품을 읽으며 말하는 이가 누구인지 찾아봅니다.

② 말하는 이가 처한 상황이나 관찰하고 있는 대상을 살펴보고, 말하는 이의 생각과 마음을 짐작해 봅니다.

③ 말하는 이의 특징과 그 효과를 파악합니다.

## 확인 문제

21쪽

**1** 우리, 물고기

**2** (3) ○

**1** 이 시에서 이야기를 전달하는 인물은 '우리'이며, 6연을 통해 '우리'가 '물고기'임을 알 수 있습니다.

오답 피하기 ❗

'피부'와 '향기'는 이 시에서 이야기를 전달하는 인물이 아닙니다.

**2** 말하는 이는 "우리들한테 / 비린내 난다고 하지 마세요"라고 하면서, 향기가 다양한데 무조건 비린내가 난다고 하는 것은 언어폭력이라며 이러한 말에 대해 반박하고 있습니다.

오답 피하기 ❗

⑴ 말하는 이가 비린내를 '향기'라고 한 것으로 보아(4연), 말하는 이는 비린내를 긍정하고 있습니다.

⑵ 말하는 이는 미끄러운 피부와 거친 피부를 하나의 '특성'으로 보고 있을 뿐(3연), 어느 피부가 더 낫다고 평가하고 있지 않습니다.

## 연습

22~23쪽

# 어린 왕자

**1** ③ 💡1      **2** ⑤      **3** ④

**4** (3) ○

**1** '나'는 어른이 된 뒤로도 명석해 보이는 사람들에게 '내 그림 제1호'를 보여 주었습니다.

오답 피하기 ❗

① 이 글에서 이야기를 전달하는 인물은 '나'이므로, '나'는 말하는 이입니다.

② '나'는 여섯 살 때 책에서 보아뱀이 먹이를 잡아먹는 그림을 보고, 태어나서 처음으로 그림을 그려 보았습니다.

④ '나'는 6년 전 사하라 사막에서 비행기 사고를 당할 때까지 누구에게도 마음을 터놓지 못했습니다.

⑤ '나'는 공부에 관심을 가지는 편이 낫겠다는 어른들의 충고에 화가라는 직업을 포기했고, 비행기 조종사가 되었습니다.

**2** 이 글에서 '나'와 아이는 ㉠을 '코끼리를 소화시키고 있는 보아뱀'이라고 생각했고, 어른들과 명석해 보이는 사람들은 ㉠을 '모자'라고 생각했습니다.

**3** '내 그림 제1호'를 본 사람들은 하나같이 '모자'라고 말했지만, 아이는 '뱃속에 코끼리가 든 보아뱀'이라고 말했습니다. 따라서 ㉡에서 '나'는 아무도 이해하지 못한 '내 그림 제1호'를 아이가 제대로 이해한 것에 놀랐을 것입니다.

✏️ 이 문제를 틀렸다면

㉡의 앞부분을 읽으며, '내 그림 제1호'에 대한 아이의 말을 들었을 때 '나'의 마음이 어땠을지 짐작해 봅니다.

**4** '나'는 어른이 된 뒤에도 보아뱀 그림을 기억했습니다. 그리고 보아뱀, 원시림, 별에 대해 이야기하고 싶었지만, 누구에게도 이해받지 못해 마음을 터놓지 못했습니다. 이를 통해 '내'가 여전히 어린이 같은 상상력을 가지고 있는 인물임을 알 수 있습니다. '내'가 그런 인물이었기에 그림 속 양이 아파 보인다거나, 그림 속 양이 풀을 많이 먹느냐고 묻는 아이의 말을 이상하게 여기지 않고, 아이와 양 그림에 대해 대화할 수 있었을 것입니다.

오답 피하기 ❗

⑴ '내'가 어렸을 때 화가를 꿈꿨던 것은 맞지만, 아이가 만족할 만한 그림을 쉽게 그려 주지는 못했습니다. 아이는 계속 다른 양을 그려 달라고 하였습니다.

⑵ '내'가 사고를 당한 것은 맞지만, 도움이 필요해서 아이의 부탁을 들어준 것은 아닙니다.

정답과 해설 **5**

# 산 3

**1** ③     **2** 나, 산 💡 1(일)     **3** ②, ④

**4** ㉮     **5** 하준

**6** ❶ 산새 ❷ 비 ❸ 산 ❹ 말하는 이

**어휘 다지기**

**1** (1) ③ (2) ② (3) ①

**2** (1) 야단 (2) 더미 (3) 대해

**어휘 키우기**

**3** (1) ㉢ (2) ㉡ (3) ㉠

**1** 1연에서 "오늘 밤은 작은 별 애기들을 볼 수가 없겠지요."라고 하였으므로, 밤하늘에 별들이 반짝이는 장면을 떠올리는 것은 알맞지 않습니다.

> **오답 피하기** ❗

> ① "게다가 동남풍이 불어옵니다."에서 떠올릴 수 있습니다.
> ② "나는 산입니다. / 밤새도록 나는 혼자서 / 촉촉이 비를 맞고 서 있지요."에서 떠올릴 수 있습니다.
> ④ "저렇게 청개구리 놈들은 골짜구니에서 / 목청 높이 울어 야단들이 아닙니까."에서 떠올릴 수 있습니다.
> ⑤ "이렇게 커다란 검정 구름 더미가 / 나의 머리 위를 핑핑 지나가는 걸 보니"에서 떠올릴 수 있습니다.

**2** 이 시에서 이야기를 전달하는 인물은 '나'이며, "나는 산입니다."라는 표현을 통해 '내'가 '산'이라는 것을 알 수 있습니다.

**3** '산'이 비를 맞으며 서 있다고 한 것은 '산'을 사람처럼 표현한 부분이고, '작은 별'을 '애기들'이라고 한 것은 '별'을 사람처럼 표현한 부분입니다(②). 또한 1연과 2연에서 "나는 산입니다."라는 문장이 반복되고 있는데, 이렇듯 소리가 같은 말이 반복되면 운율이 느껴집니다(④).

> **오답 피하기** ❗

> ① 이 시에는 계절의 변화가 나타나 있지 않습니다.
> ③ 이 시에서 말하는 이는 산새들에게 말을 걸 뿐, 다른 인물과 대화를 주고받지는 않습니다.
> ⑤ 이 시에는 냄새를 코로 맡는 듯한 표현이 나타나 있지 않습니다.

**4** 말하는 이는 커다란 검정 구름 더미, 동남풍, 청개구리들의 울음소리를 통해 오늘 밤에 비가 올 것을 알게 되었습니다. 이러한 상황에서 말하는 이가 산새들에게 숲속으로 숨으라고 한 것은 산새들이 비를 맞을까 봐 걱정되었기 때문일 것입니다.

> ✎ **이 문제를 틀렸다면**

> 말하는 이가 어떤 상황에서 ㉠과 같이 말했는지 살펴봅니다.

**5** "머리 위를 핑핑"은 비를 머금은 먹구름이 산 위를 빠르게 지나가는 모습을, "날개를 푸드득거리고"는 산새들이 비를 피해 숲속으로 숨는 모습을, "목청 높이 울어"는 비를 예감한 청개구리가 요란스럽게 우는 모습을 나타내고 있습니다. 이러한 표현에서는 아늑하고 평온한 분위기가 아니라, 비가 오기 전 부산하고 뒤숭숭한 분위기가 느껴집니다.

> **오답 피하기** ❗

> 윤서: "오늘 밤은 작은 별 애기들을 볼 수가 없겠지요."라며 아쉬워하는 모습에서 말하는 이가 작은 별들도 신경 쓰는 따뜻한 마음을 가졌음을 짐작할 수 있습니다.
> 수아: 이 시에서 산은 비가 오기 전에 산새들을 숨겨 주고, 자신은 밤새도록 혼자 비를 맞는다고 하였습니다. 시인은 이렇듯 '비'라는 시련 속에서도 산새를 품는 산의 모습을 통해 다른 대상을 포용하는 넉넉함을 보여 주려 했다고 짐작할 수 있습니다.

**6** 1연에서 '나'는 오늘 밤에 비가 올 것이니 ❶ 산새들에게 빨리 숲속으로 숨으라고 하였고, 2연에서는 밤새도록 혼자서 촉촉이 ❷ 비를 맞고 서 있다고 하였습니다. 이를 통해 파악할 수 있는 이 시의 주제는 '따뜻하고 의연한 ❸ 산의 모습'입니다.

이 시는 ❹ 말하는 이를 '산'으로 설정하여, 비가 오기 전 먹구름, 새, 개구리의 움직임과 행동을 산의 입장에서 전달하고 있습니다.

**어휘 다지기**

**2** (1)의 빈칸에는 '매우 떠들썩하게 일을 벌이거나 부산하게 법석거림.'이라는 뜻의 '야단'이, (2)의 빈칸에는 '많은 물건이 한데 모여 쌓인 큰 덩어리.'라는 뜻의 '더미'가, (3)의 빈칸에는 '넓고 큰 바다.'라는 뜻의 '대해'가 들어가는 것이 알맞습니다.

**어휘 키우기**

**3** '맞다'는 형태는 같지만 뜻이 서로 다른 동형어입니다. (1)에는 어떤 힘이 가해져 몸에 해를 입는다는 ㉢의 뜻이, (2)에는 내리는 눈이 닿는 것을 그대로 받는다는 ㉡의 뜻이, (3)에는 문제에 대한 답이 틀리지 않는다는 ㉠의 뜻이 알맞습니다.

## 실전 2

### 사랑손님과 어머니

**1** ⑤      **2** ②      **3** (2) ×

**4** ⑤ 💡홍당무      **5** (2) ×

**6** ❶ 예배당 ❷ 아저씨 ❸ 성 ❹ (박)옥희

**어휘 다지기**

**1** (1) ② (2) ③ (3) ①

**2** (1) 번히 (2) 공연히 (3) 사랑

**어휘 키우기**

**3** (1) 안친 (2) 앉히고 (3) 앉혔다

---

**1** 예배당에서 아저씨가 남자석에 앉아 있는 모습을 본 '나'는 어머니의 귀에다 입을 대고 "저기 아저씨도 왔어."라고 속삭였습니다.

**2** 아저씨는 어머니와 예배당에 간다는 '나'의 말을 듣고 예배당에 갔고, 그곳에서 두리번거리며 누군가를 찾다가 '나'와 어머니를 발견하고는 고개를 숙이고 앉아만 있었습니다. 이러한 모습에서 아저씨가 '나'의 어머니를 좋아한다는 사실이 드러납니다. ㉠은 어머니가 '나'를 부드럽게 부르는 목소리를 들은 뒤에 아저씨가 보인 행동이므로, 아저씨는 성이 나서가 아니라 자신이 좋아하는 어머니의 목소리에 부끄러워져서 얼굴이 빨개졌음을 알 수 있습니다.

✏️ **이 문제를 틀렸다면**

아저씨가 얼굴이 빨개지기 전에 일어난 일을 살펴보고, ㉠에서 아저씨가 어떤 마음이었을지 파악해 봅니다.

**3** 제시된 글에서 설명하였듯이, 이 글의 말하는 이인 '나'는 어른의 행동에 담긴 의도와 감정을 완벽하게 이해하지 못하는 어린아이입니다. 그래서 이 글에서는 어머니와 아저씨의 생각과 감정이 부정확하게 전달되고 있습니다.

**오답 피하기** 🎤

(1) "나는 그만 '으아.'하고 한번 울고 싶었어요."와 같이 이 글에 사용된 어린아이의 천진난만한 말투는 맑고 순수한 분위기를 자아냅니다.

(3) '내'가 보기에는 성을 내는 듯한 어른들의 행동이 실제로는 서로 부끄러워하는 모습인 것처럼, 이 글은 어린아이가 엉뚱하게 그린 어른들의 행동을 해석하는 재미가 있습니다.

**4** 아저씨가 예배당에 와 있다는 것을 알게 된 어머니는 얼굴이 홍당무처럼 빨개졌고, 예배가 끝날 때까지 앞만 바라보았습니다. 이렇듯 아저씨를 대하는 것을 부끄러워하는 모습을 통해 어머니는 수줍음이 많은 성격임을 짐작할 수 있습니다.

**5** 보기 에 따르면 이 글에서 어머니와 아저씨는 서로에게 호감을 느끼고 있습니다. 따라서 아저씨가 예배당에 온 까닭은 여자인 어머니와 '나'만 예배당을 간 것이 걱정되어서가 아니라, 어머니와 함께하고 싶었기 때문일 것입니다.

**오답 피하기** 🎤

(1) 이 글에서 아저씨는 예배당의 남자석에 앉아 있었습니다. 보기 의 내용으로 보아, 지금과 달리 예배당에 남자석이 있는 까닭은 1930년대에 성인 남녀가 한자리에 앉지 않는 풍습이 있었기 때문임을 알 수 있습니다.

(3) 이 글에서 어머니와 아저씨는 서로에게 관심이 있었지만, 마음을 표현하지 못하고 얼굴만 붉혔습니다. 보기 의 내용으로 보아, 이는 남편을 잃은 여자가 재혼하는 것을 손가락질했던 당시의 사회적 분위기 때문이었음을 알 수 있습니다.

**6** '나'는 어디 가는지 묻는 아저씨에게 엄마와 ❶예배당에 간다고 대답했고, 예배당에 온 ❷아저씨를 본 '나'는 어머니에게 귓속말로 말해 주었습니다. 그러자 어머니와 아저씨는 예배가 끝날 때까지 '나'를 바라봐 주지 않고 ❸성이 나 있어서 '나'는 울고 싶었습니다. 이 글에서는 ❹(박)옥희라는 이름의 여섯 살 아이인 '내'가 어머니와 아저씨의 행동을 관찰하여 전달하고 있습니다.

**어휘 다지기**

**2** (1)의 빈칸에는 '바라보는 눈매가 뚜렷하게.'라는 뜻의 '번히'가, (2)의 빈칸에는 '아무 까닭이나 실속이 없게.'라는 뜻의 '공연히'가, (3)의 빈칸에는 '집의 안채와 떨어져 있는, 주로 집안의 남자 주인이 머물며 손님을 맞는 곳.'이라는 뜻의 '사랑'이 들어가는 것이 알맞습니다.

**어휘 키우기**

**3** '안치다'와 '앉히다'는 뜻이 다르지만 글자가 비슷하여 헷갈리는 말입니다. (1)에서는 냄비를 불 위에 올린 것이므로 '안친'이 알맞습니다. (2)에서는 동생을 무릎 위에 앉게 한 것이므로 '앉히고'가 알맞습니다. (3)에서는 아이들을 의자에 앉게 한 것이므로 '앉혔다'가 알맞습니다.

# 반어와 역설 이해하기

① 작품 속 상황과 분위기를 파악합니다.
② 말하는 이의 속마음을 반대로 표현한 반어 표현을 보았을 때는 표현에 담긴 진짜 의미를 짐작해 봅니다.
③ 앞뒤가 맞지 않아 보이는 역설 표현을 보았을 때는 작가가 이를 통해 전달하려는 생각이 무엇일지 생각해 봅니다.

## 확인 문제                                      33쪽

**1** ㉡          **2** (2) ×

**1** 이 시에서 말하는 이는 자신의 허풍에도 머리를 끄덕여 주고, 바보라고 불러도 웃어 버리고 마는 '네'가 좋아서 그림자처럼 졸졸 따라다닙니다. ㉡인 "너는 참 바보다."는 이러한 말하는 이의 속마음을 반대로 표현하여 '너'를 좋아하는 감정을 인상적으로 드러내고 있으므로, 반어 표현에 해당합니다.

✏️ **이 문제를 틀렸다면**
'너'에 대한 말하는 이의 속마음과 반대되는 말을 찾아봅니다.

**2** ㉠은 속마음을 숨기고 반대로 표현한 반어 표현이 아닙니다.

🔴 **오답 피하기**
(1), (3) 상처를 아름답다고 한 ㉠은 겉으로는 말이 안 되는 것처럼 보이는 역설 표현으로, 이를 통해 '시련과 아픔을 겪고 피어난 꽃의 아름다움'이라는 주제를 효과적으로 드러내고 있습니다.

## 먼 후일

**1** ② 💡당신    **2** ②    **3** ②
**4** (1) ×

**1** 1연에서 말하는 이가 "먼 훗날 당신이 찾으시면"이라고 한 것으로 보아, 말하는 이는 현재 '당신'과 함께하지 않고 있습니다. 또한 2연에서 말하는 이가 '당신'을 무척 그리고 있는 것으로 보아, '당신'은 말하는 이가 사랑하는 사람입니다. 이를 통해 말하는 이는 사랑하는 사람과 헤어진 상황임을 알 수 있습니다.

**2** 말하는 이는 헤어진 '당신'이 먼 훗날 찾아와 나무라면 무척 그리워하다가 잊었다고, 오늘도 어제도 잊지 않다가 먼 훗날 그때에야 잊었다고 말할 것이라 하였습니다. 그러므로 말하는 이는 '당신'을 깊이 그리워하고 있을 것입니다.

✏️ **이 문제를 틀렸다면**
1번 문제에서 답한 '말하는 이의 상황'을 생각하며 말하는 이의 마음을 짐작해 봅니다.

**3** 이 시에서 말하는 이는 '잊었노라'라는 말을 반복하지만, 이는 헤어진 '당신'을 잊지 못하고 그리워하는 마음을 반대로 표현한 말입니다.

**4** 이 시는 묻고 답하는 형식으로 구성되어 있지 않습니다. 또한 묻고 답하는 형식은 시에서 운율을 형성하는 요소가 아닙니다.

🔴 **오답 피하기**
(2) 이 시의 모든 연은 '잊었노라'로 끝납니다. 이렇듯 소리가 같은 말이 반복되면 운율이 느껴집니다.
(3) '먼 훗날'은 1연과 4연에, '당신이'는 1연, 2연, 3연에, '잊었노라'는 모든 연에 나옵니다. 이렇듯 같은 말이 반복되면 운율이 느껴집니다.
(4) '먼 훗날∨당신이∨찾으시면'과 같이 이 시의 모든 행은 세 번 끊어 읽을 수 있습니다. 이렇듯 시에서 각 행을 일정한 수로 끊어 읽을 수 있는 경우, 운율이 느껴집니다.

## 실전 1

### 모란이 피기까지는

**1** ①, ② 💡보람  **2** ㉰  **3** (2) ×

**4** ②  **5** 하리

**6** ❶ 모란 ❷ 봄 ❸ 슬픔

#### 어휘 다지기

**1** (1) ③ (2) ② (3) ①

**2** (1) 천지 (2) 설움 (3) 자취

#### 어휘 키우기

**3** (1) 여의고 (2) 여위었다 (3) 여위어

---

**1** 이 시에서 말하는 이는 '모란'이 피기를 간절하게 기다리고 있습니다. '봄'은 이러한 '모란'이 피는 계절이자 말하는 이가 기다리는 대상이고(①), '보람'은 '모란'이 피어 있을 때 말하는 이가 느꼈던 감정입니다(②). 따라서 '모란'과 비슷한 의미를 지닌 말은 '봄'과 '보람'입니다.

**2** 이 시의 마지막 행에서 말하는 이는 모란이 피기까지는 봄을 기다리고 있을 것이라고 하였습니다.

✏️ **이 문제를 틀렸다면**

㉮는 1~2행을, ㉯는 3~10행을, ㉰는 11~12행을 읽으며 확인해 봅니다.

**3** 이 시에는 공간의 변화가 나타나 있지 않습니다.

⚠️ **오답 피하기**

(1) 이 시는 총 열두 줄이고 하나의 연으로 묶여 있으므로, 1연 12행으로 이루어진 시입니다.

(3) 2행과 12행의 '있을 테요', 4행의 '잠길 테요' 등에서 알 수 있듯이 이 시는 '~ㄹ 테요'라는 말을 반복하여 운율을 형성하고 있습니다.

(4) 이 시의 첫 부분인 1~2행("모란이 피기까지는 / 나는 아직 나의 봄을 기다리고 있을 테요")과 끝부분인 11~12행("모란이 피기까지는 / 나는 아직 기다리고 있을 테요 찬란한 슬픔의 봄을")에서 비슷한 문장이 반복되고 있습니다.

**4** '찬란하다'와 '슬프다'는 함께 썼을 때 어울리지 않는 낱말입니다. 그래서 '찬란한 슬픔의 봄을'이라는 표현은 앞뒤가 맞지 않아 보입니다. 하지만 이 표현은 모란이 피는 찬란한 계절이면서, 동시에 모란이 지는 슬픈 계절이기도 한 봄의 양면적 의미를 드러내고 있습니다.

✏️ **이 문제를 틀렸다면**

서로 어울리지 않는 낱말이 함께 쓰여 겉으로는 말이 안 되는 것처럼 보이는 표현을 찾아봅니다.

**5** 말하는 이는 천지에 모란의 자취가 없어지자, 모란이 피었을 때의 보람이 무너졌고 1년이 다 지나간 것처럼 느껴져 섭섭한 마음에 운다고 하였습니다. 따라서 말하는 이가 모란이 없어졌으면 좋겠다고 생각한다는 짐작은 알맞지 않습니다.

⚠️ **오답 피하기**

경수, 재범: "모란이 지고 말면 그뿐 내 한 해는 다 가고 말아"와 "삼백예순 날 하냥 섭섭해 우옵내다"는 1년 365일 중에 모란이 핀 날들만 의미가 있다는 뜻으로, 모란이 지고 난 뒤에 말하는 이가 느끼는 슬픔을 강조하는 표현입니다.

태진: 말하는 이가 "나는 아직 기다리고 있을 테요 찬란한 슬픔의 봄을"이라고 한 것에서 짐작할 수 있습니다.

**6** 이 시의 1~2행에서 말하는 이는 ❶모란이 피기까지 봄을 기다리겠다고 하였습니다. 3~10행에서 말하는 이는 오월 어느 날 모란이 진 후 서러움과 슬픔을 느꼈다고 하였지만, 11~12행에서 다시 모란이 피기까지 ❷봄을 기다릴 것이라고 강조하였습니다. 이를 통해 파악할 수 있는 이 시의 주제는 '간절히 소망하는 것을 이루기 위한 기다림.'입니다.

이 시의 12행인 "나는 아직 기다리고 있을 테요 찬란한 ❸슬픔의 봄을"은 목적어와 서술어의 위치를 바꾼 표현으로, 도치법이 쓰였습니다.

#### 어휘 다지기

**2** (1)의 빈칸에는 '하늘과 땅을 아울러 이르는 말.'이라는 뜻의 '천지'가, (2)의 빈칸에는 '서럽게 느껴지는 마음.'이라는 뜻의 '설움'이, (3)의 빈칸에는 '어떤 것이 남긴 표시나 자리.'라는 뜻의 '자취'가 들어가는 것이 알맞습니다.

#### 어휘 키우기

**3** '여위다'와 '여의다'는 뜻이 다르지만 글자가 비슷하여 헷갈리는 말입니다. (1)에서는 아버지가 죽어서 이별한 것이므로 '여의고'가 알맞습니다. (2)에서는 얼굴에서 살이 빠진 것이므로 '여위었다'가 알맞습니다. (3)에서는 굶주린 동물들이 말라 있었다는 것이므로 '여위어'가 알맞습니다.

## 춘향전

1 ②, ③    2 ② 💡이몽룡    3 (1)○

4 ④    5 다혜

6 ❶ 변 사또 ❷ 관리 ❸ 암행어사 ❹ 춘향

**어휘 다지기**

1 (1)① (2)③ (3)②

2 (1) 행색 (2) 요량 (3) 상석

**어휘 키우기**

3 (1)ⓒ (2)ⓛ (3)ⓙ

---

1 이 글은 변 사또의 생일을 맞아(③) 가까운 고을의 관리들이 모인 남원 관아를 배경으로 하고 있습니다(②).

**오답 피하기**

① 이 글에서 춘향은 이야기를 전달하는 인물이 아닙니다. 이 글의 말하는 이는 작품 속이 아니라, 작품 밖에 있습니다.

④ 이 글은 암행어사가 된 이몽룡과 변 사또의 갈등을 중심으로 사건이 전개되고 있습니다.

⑤ 이몽룡은 "암행어사 출두야!"라는 말과 함께 자신의 정체를 밝혔으며, 암행어사로서 변 사또를 파면하고 재산을 몰수하라고 명했습니다.

2 수청을 들라는 이몽룡의 명을 춘향이 거역하자, 이몽룡은 웃으며 춘향에게 고개를 들라고 말했습니다.

**오답 피하기**

④ 변 사또는 이몽룡이 글을 배우지 못했을 것이라고 생각했습니다.

⑤ 감옥에서 풀려나 이몽룡 앞에 엎드린 춘향은 이몽룡이 고개를 들어 자기를 보라고 한 뒤에야 암행어사가 이몽룡임을 알아보았습니다.

3 ㄱ은 이몽룡이 지은 시로, 사치스러운 생일잔치와 백성들의 고통을 대비하며 관리들의 수탈을 비판하는 내용입니다. 이를 본 관리들은 이몽룡이 단순히 밥을 얻어먹으려고 온 걸인이 아니라는 사실을 눈치채서 가슴이 내려앉았을 것입니다.

✎ **이 문제를 틀렸다면**

이몽룡은 남루한 차림으로 관아에 들어와 밥을 얻어먹으려고 하였습니다. ㄱ을 본 뒤에 이몽룡에 대한 관리들의 생각이 어떻게 바뀌었을지 짐작해 봅니다.

4 변 사또는 춘향에게 수청을 들라고 했지만 춘향이 거역하자 옥에 가두었습니다. 춘향을 구하러 온 이몽룡도 자신의 정체를 숨긴 채 춘향에게 수청을 들

라고 명했습니다. 이러한 상황에서 춘향이 정말 내려오는 관리마다 훌륭하다고 생각하지는 않았을 것입니다. 그러므로 ㄴ은 암행어사도 변 사또도 모두 부도덕하다는 생각을 반대로 표현한 반어 표현입니다.

✎ **이 문제를 틀렸다면**

춘향의 상황을 고려하여 ㄴ에 담긴 진짜 의미를 짐작해 봅니다.

5 춘향이 "푸른 나무가 눈이 온들 변하겠습니까?"라고 말한 것은 눈이 온다고 해서 푸른 나무의 색이 변하지 않듯이, 시련이 있더라도 끝까지 절개를 지키겠다는 뜻입니다. '눈'은 푸른 나무가 색을 지키는 것을 방해하는 요인이므로, 춘향의 말을 눈처럼 절개를 지키겠다는 뜻으로 짐작하는 것은 알맞지 않습니다.

**오답 피하기**

연우: 이몽룡은 음식을 얻어먹기 위해 잔치에 온 것처럼 행동하며 자신이 암행어사임을 숨겼습니다. 그러므로 이몽룡이 남루한 차림을 한 까닭도 정체를 숨기기 위함이었을 것입니다.

현준: 백성을 괴롭혀 왔던 변 사또와 관리들이 암행어사를 피해 도망친 것으로 보아, 암행어사는 백성을 괴롭히는 관리를 처벌하는 일을 했을 것입니다.

6 이몽룡은 남루한 차림으로 ❶변 사또의 생일잔치에 나타났고, 변 사또는 그런 이몽룡을 내쫓으려 시를 지어 보자고 말했습니다. 이몽룡은 백성들을 돌보지 않고 호화로운 생활을 하는 ❷관리들을 꼬집는 시를 지었습니다. 곧이어 이몽룡이 ❸암행어사로 출두하여 변 사또를 파면하고, 죄가 없는 자들을 풀어 주었습니다. 그렇게 옥에서 풀려난 춘향은 이몽룡을 보고 기쁨의 눈물을 흘렸습니다.

이 글의 주제는 양반과 기생이라는 신분을 넘어선 이몽룡과 ❹춘향의 사랑입니다.

**어휘 다지기**

2 (1)의 빈칸에는 '겉으로 드러나는 차림새나 태도.'라는 뜻의 '행색'이, (2)의 빈칸에는 '앞일을 잘 헤아려 한 생각.'이라는 뜻의 '요량'이, (3)의 빈칸에는 '윗사람이 앉는 자리.'라는 뜻의 '상석'이 들어가는 것이 알맞습니다.

**어휘 키우기**

3 '차리다'는 한 낱말이 여러 가지 뜻을 가진 다의어입니다. (1)에는 마땅히 해야 할 도리를 갖춘다는 ⓒ의 뜻이, (2)에는 기운을 가다듬어 되찾는다는 ⓛ의 뜻이, (3)에는 음식을 장만하여 먹을 수 있게 상 위에 벌인다는 ⓙ의 뜻이 알맞습니다.

# 설명하는 글의 짜임 알기

① '처음-가운데-끝'의 짜임을 생각하며 글을 읽습니다.
② 처음에서는 설명하는 대상을 파악하고, 가운데에서는 설명 대상에 대한 구체적인 정보를 이해하고, 끝에서는 정리된 내용을 다시 한번 확인합니다.

## 확인 문제
45쪽

**1** (3) ×    **2** (1) **1** (2) **2**, **3** (3) **4**

**1** 대조는 둘 이상의 대상에서 차이점을 찾아 설명하는 방법입니다. 이 글에서는 책거리와 다른 그림의 차이점을 찾아 책거리의 특징을 설명하지 않았습니다.

**오답 피하기** 🚫
(1) 정의는 어떤 대상의 뜻을 쉽게 풀어서 설명하는 방법입니다. **1**문단의 "책거리는 책을 비롯한 여러 사물이 놓여 있는 모습을 그린 그림이다."에서 책거리의 뜻을 쉽게 풀어서 설명하였습니다.
(2) 분석은 대상 전체를 몇 개의 구성 요소나 부분으로 나누어 설명하는 방법입니다. **2**문단에서 책거리를 그 부분인 책장, 밝은 빛깔의 종이, 녹색과 붉은색의 사물들로 나누어 책거리의 아름다움을 설명하였습니다.

**2** **1**문단은 이 글에서 설명하고자 하는 대상인 책거리가 무엇인지 소개하고 있으므로 '처음'에 해당합니다. **2**, **3**문단은 책거리의 두 가지 매력을 구체적으로 설명하고 있으므로 '가운데'에 해당합니다. **4**문단은 앞에서 설명한 책거리의 매력을 정리하고 있으므로 '끝'에 해당합니다.

✏️ **이 문제를 틀렸다면**
설명 대상에 대한 정보가 자세하고 구체적으로 나와 있는 문단이 '가운데'임을 이해합니다.

## 국민 참여 재판

**1** (1) ○    **2** ①    **3** ②, ③
**4** ④ 💡 재판

**1** 이 글은 국민 참여 재판이 진행되는 과정과 국민 참여 재판의 여러 가지 장점을 설명하는 글입니다.

**오답 피하기** 🚫
(2) 이 글에서 국민 참여 재판의 뜻을 설명하고는 있지만(**1**문단), 실제 사례를 들고 있지는 않습니다.
(3) 이 글에서 국민 참여 재판에 대한 오해와 이를 바로잡는 내용은 다루고 있지 않습니다.

**2** **2**문단에서 법원이 무작위로 배심원 후보를 뽑으면, 판사와 검사, 변호인이 질문을 통해 최종적으로 5~9명의 배심원을 정한다고 하였습니다. 즉, 법원이 뽑는 배심원 후보가 5~9명인 것이 아닙니다.

✏️ **이 문제를 틀렸다면**
②는 **2**문단을, ③과 ⑤는 **3**문단을, ④는 **1**문단을 읽으며 확인해 봅니다.

**3** **2**문단과 **3**문단은 모두 '가운데'로, 각각 국민 참여 재판에서 배심원을 선정하는 과정과 국민 참여 재판이 이루어지는 과정을 구체적으로 설명하고 있습니다.

**4** ㉠의 앞 문장은 사회가 발전하면서 사람들의 생각이 달라지기 때문에 판결과의 간극이 생긴다는 내용입니다. 그리고 ㉠의 뒤에는 국민 참여 재판이 법에 대한 신뢰를 높여 준다는 내용이 이어집니다. 따라서 ㉠에는 국민 참여 재판이 달라진 사람들의 생각과 판결 사이의 간극을 좁혀 준다는 내용이 들어가야 할 것입니다.

**오답 피하기** 🚫
①, ② 이 글에서 확인할 수 없는 내용입니다.
③ 국민 참여 재판에서는 판사가 최종적으로 판결을 내리므로(**3**문단), 알맞지 않습니다.
⑤ 국민 참여 재판은 일부 형사 재판에만 적용되므로(**1**문단), 알맞지 않습니다.

## 천연두 퇴치의 열쇠, 우두법

**1** ③　　　　**2** ② ♀천연두, 우두

**3** 가은　　　**4** ④　　　　**5** (2) ✕

**6** ❶ 전염병 ❷ 인두법 ❸ 우두 ❹ 우두법

**어휘 다지기**

**1** (1) ③ (2) ② (3) ①

**2** (1) 급성 (2) 증세 (3) 무상

**어휘 키우기**

**3** (2) V (3) V

**1** 이 글은 전염병 예방의 중요성을 강조하고 있지 않습니다.

**오답 피하기**

② ❺문단의 "인류를 공포에 떨게 한 천연두를 지구상에서 박멸한 것은 이러한 제너의 업적 덕분이다."에 제너의 업적에 대한 긍정적인 관점이 담겨 있습니다.

**2** ❸문단에서 "소에게서 옮는 전염병인 우두"라고 하였습니다.

**오답 피하기**

①, ④ 인두법은 매우 위험한 방법이었는데, 그 이유는 자칫하면 건강한 사람이 천연두 균에 감염될 수 있었기 때문입니다 (❷문단).

③ 천연두는 20세기에 3억 명 이상의 목숨을 앗아 갔습니다 (❶문단).

⑤ 1796년, 제너는 천연두에 걸린 소년이 아니라 건강한 소년의 팔에 우두 균을 주입하는 우두법 실험을 실시했습니다 (❹문단).

**3** ❶문단은 무서운 전염병이었던 천연두가 지금은 사라진 까닭을 설명하겠다고 하였으므로 '처음'에 해당합니다. ❷, ❸, ❹문단은 천연두를 예방하는 방법인 인두법과 우두법의 개발 과정을 구체적으로 설명하였으므로 '가운데'에 해당합니다. ❺문단은 천연두를 박멸한 것은 제너의 업적이라며 중요한 내용을 정리하였으므로 '끝'에 해당합니다.

**4** ㉣에서 더 많은 사람을 대상으로 우두법의 효과를 실험하여 동일한 결과를 얻었다는 말은, 다른 사람들에게 우두법 실험을 했을 때도 건강한 소년에게 실험했을 때와 마찬가지로 천연두 감염 증상이 나타나지 않았다는 뜻입니다. 따라서 실험 결과를 종합

하여 낸 논문에서 제너는 우두법이 천연두 예방 효과가 있다고 결론 내렸을 것입니다.

**오답 피하기**

③ 이 글에서 우두법은 인두법보다 안전하고 효과적인 천연두 예방법이라고 하였습니다.

⑤ 우두법이 무상으로 배포되지 않았다면, 사람들이 우두법을 자유롭게 활용하지 못해 천연두 퇴치가 늦어졌을 것입니다.

**5** 보기 에 따르면, 백신은 ㉮의 정보를 기억하여 면역 기억을 형성함으로써 이후에 ㉯가 침범했을 때 질병을 예방하는 약물입니다. 그리고 인두법과 우두법은 각각 천연두 균과 우두 균을 미리 주입하여 면역 기억을 형성함으로써 이후에 천연두 균이 몸속에 들어왔을 때 천연두에 걸리지 않게 예방하는 방법입니다. 즉, 우두법에서 ㉮는 우두균, ㉯는 천연두 균입니다.

✎ **이 문제를 틀렸다면**

인두법에서 이용한 균과 우두법에서 이용한 균이 각각 무엇이었는지 찾아봅니다.

**6** 1문단에서는 천연두가 최악의 ❶전염병이었다고 하였습니다. 2문단에서는 오래전 중국과 인도의 의사들이 ❷인두법을 만들었다고 하였습니다. 3문단에서는 제너가 ❸우두를 한 번 앓은 사람은 평생 천연두에 걸리지 않는다는 소문을 듣고, 우두가 천연두보다 증세가 약하다는 사실을 알아냈다고 하였습니다. 4문단에서는 제너가 ❹우두법을 고안하고 그 효과를 확인했다고 하였습니다. 5문단에서는 이러한 제너의 업적 덕분에 천연두가 박멸되었다고 하였습니다.

**어휘 다지기**

**2** (1)의 빈칸에는 '병 같은 것이 갑자기 나타나 빠르게 진행하는 성질.'이라는 뜻의 '급성'이, (2)의 빈칸에는 '병을 앓을 때 나타나는 여러 가지 상태나 모양.'이라는 뜻의 '증세'가, (3)의 빈칸에는 '어떤 행위에 대하여 아무런 대가나 보상이 없음.'이라는 뜻의 '무상'이 들어가는 것이 알맞습니다.

**어휘 키우기**

**3** '없앨 멸(滅)'이 사용된 낱말은 (2)의 '멸종(滅種)'과 (3)의 '멸균(滅菌)'입니다. (1)의 '멸시(蔑視)'는 '업신여길 멸(蔑)'이 사용된 낱말입니다.

## 사랑받는 공공 미술의 조건

**1** ④　　　**2** ③ 💡갈등　　　**3** ④

**4** (2)○　　　**5** ③

**6** ❶ 공공 미술　❷ 이전　❸ 철거　❹ 공감

### 어휘 다지기

**1** (1)②　(2)①　(3)③

**2** (1) 공방　(2) 민원　(3) 공청회

### 어휘 키우기

**3** (1)ⓛ　(2)ⓒ　(3)ⓒ

---

**1** 이 글에 공공 미술이 시작된 시기에 대한 내용은 나와 있지 않습니다.

✏ **이 문제를 틀렸다면**

①과 ⑤는 **1** 문단을, ②는 **4** 문단을, ③은 **2** 문단을 읽으며 확인해 봅니다.

**2** **3** 문단에 따르면, 〈기울어진 호〉는 미국 뉴욕의 정부 청사 광장의 한가운데를 가로질러 세워졌습니다.

**오답 피하기** ❗

①, ④ 조너선 보로프스키의 〈망치질하는 사람〉에 대한 설명입니다(**1** 문단).

② 공청회에서 〈기울어진 호〉의 이전이 결정되었지만, 세라는 이 결정을 받아들이지 않았습니다(**4** 문단).

⑤ 〈기울어진 호〉가 넘어졌다는 설명은 이 글에 나와 있지 않습니다.

**3** 분류는 대상을 일정한 기준에 따라 종류별로 나누어 설명하는 방법입니다. **3** , **4** 문단에서는 분류의 설명 방법을 사용하지 않았습니다.

**오답 피하기** ❗

② **1** 문단에서는 '공공 미술'의 뜻을 풀어 설명하는 정의의 방법과 〈망치질하는 사람〉을 구체적인 예로 들어 설명하는 예시의 방법을 사용하였습니다.

③ **2** , **3** , **4** 문단은 공공 미술로 인한 갈등의 사례를 구체적으로 설명하였으므로, '가운데'에 해당합니다.

**4** ㉠의 앞뒤 내용을 고려하면 미술관에 있는 작품은 평론가나 관람객 등 의도적으로 찾아온 사람들이 평가하지만, 공공 미술 작품은 누구나 자유롭게 지나다니는 공개된 장소에 전시되기 때문에 일반 대중이 작품을 평가하게 되는 것이라고 짐작할 수 있습니다.

---

✏ **이 문제를 틀렸다면**

'미술관에 가야만 볼 수 있는 작품'과 구별되는 공공 미술 작품의 특징을 생각해 봅니다.

**5** 이 글에 따르면, 오래도록 사랑받는 공공 미술 작품이 되려면 작품을 관람하는 대중의 공감을 끌어낼 수 있어야 합니다. 〈두려움 없는 소녀상〉은 거리에 전시된 공공 미술 작품으로, 대중에게 사랑을 받았기 때문에 전시 기간이 연장되었을 것입니다.

**오답 피하기** ❗

① 공공 미술인지 아닌지는 작품의 크기와 관련이 없습니다.

② 공공 미술 작품은 예술적 가치가 부족해서 거리에 전시되는 것이 아닙니다.

④ 이 글에서 예술가들이 〈기울어진 호〉가 원래 자리를 떠나면 의미가 퇴색된다고 말했듯이, 〈두려움 없는 소녀상〉을 금융과 관련 없는 곳으로 이전하면 여성의 경제 활동을 독려하는 작품의 의미가 퇴색될 수 있습니다.

⑤ 두 작품 모두 뉴욕에 설치된 것은 맞지만, 그러한 이유로 두 작품이 같은 메시지를 담고 있다고 보기는 어렵습니다.

**6** 1문단에서는 ❶공공 미술이 공개된 장소에 전시하는 미술을 말한다고 하였습니다. 2문단에서는 공공 미술 작품과 사람들 사이에 갈등이 생기는 경우가 많다고 언급하였고, 3문단에서는 이러한 갈등의 예시로 미국 뉴욕의 정부 청사 광장에 〈기울어진 호〉가 설치되자 시민들이 ❷이전을 요구한 사건을 소개하였습니다. 4문단에서는 〈기울어진 호〉를 둘러싼 공청회와 법정 다툼 끝에 작품이 결국 ❸철거되었다고 설명하였습니다. 이 사례를 바탕으로, 5문단에서는 사랑받는 공공 미술 작품이 되려면 대중의 ❹공감을 끌어낼 수 있어야 함을 강조하였습니다.

### 어휘 다지기

**2** (1)의 빈칸에는 '서로 공격하고 방어함.'이라는 뜻의 '공방'이, (2)의 빈칸에는 '주민이 행정 기관에 대하여 원하는 바를 요구하는 일.'이라는 뜻의 '민원'이, (3)의 빈칸에는 '국회나 행정 기관에서 일의 관련자에게 의견을 들어 보는 공개적인 모임.'이라는 뜻의 '공청회'가 들어가는 것이 알맞습니다.

### 어휘 키우기

**3** '세우다'는 한 낱말이 여러 가지 뜻을 가진 다의어입니다. (1)에는 계획을 정한다는 ⓒ의 뜻이, (2)에는 몸을 곧게 편다는 ⓛ의 뜻이, (3)에는 땅 위에 수직의 상태로 있게 한다는 ⓒ의 뜻이 알맞습니다.

## 5

# 주장하는 글의 짜임 알기

① '서론-본론-결론'의 짜임을 생각하며 글을 읽습니다.

② 서론에서는 문제 상황과 글쓴이의 주장을 파악하고, 본론에서는 글쓴이가 제시한 주장의 근거를 파악하고, 결론에서는 글쓴이가 강조하고자 하는 내용을 다시 한번 확인합니다.

## 확인 문제

57쪽

**1** ㉠, ㉤   **2** (1) 1 (2) 2, 3, 4 (3) 5

**1** 각각 1문단과 5문단의 마지막 문장인 ㉠과 ㉤에는 어린이와 청소년의 고카페인 음료 섭취에 관한 글쓴이의 의견이 나타나 있습니다.

**오답 피하기**

㉡, ㉢, ㉣ 글쓴이의 주장을 뒷받침하는 근거입니다.

**2** 1문단은 카페인 과다 섭취로 인한 문제 상황과 어린이와 청소년은 고카페인 음료를 피하는 것이 좋다는 주장을 밝히고 있으므로 '서론'에 해당합니다. 2, 3, 4문단은 고카페인 음료의 위험성을 근거로 들어 주장을 뒷받침하고 있으므로 '본론'에 해당합니다. 5문단은 주장을 다시 한번 강조하고 있으므로 '결론'에 해당합니다.

**✏ 이 문제를 틀렸다면**

주장에 대한 근거가 제시되는 문단이 '본론'임을 이해합니다.

## 사라지는 우리말, 지역 방언

**1** (2)○ 💡보호   **2** ④   **3** ②, ③

**4** ④

**1** 이 글에서 글쓴이는 지역 방언 보호에 관심을 기울여야 한다는 의견을 논리적으로 제시하고 있습니다. 이와 같은 글을 '주장하는 글'이라고 합니다.

**2** 3문단에서 부산 자갈치 시장을 상징하는 문구는 "오이소, 보이소, 사이소!"라고 하였습니다. "오세요, 보세요, 사세요!"는 이를 표준어로 바꾼 것입니다.

**오답 피하기**

① "오매 단풍 들것네"의 '오매'와 '들것네'는 전라도 방언입니다(3문단).

② 원활한 의사소통을 위해서는 표준어가 필요합니다(4문단).

③ 바람이 강하게 부는 제주도에서는 집 앞에 대문을 만들기 어려워 정낭을 설치했습니다(2문단).

⑤ 제주도 방언은 빠르게 소멸하고 있고, 다른 지역의 방언들도 해당 방언을 사용하는 인구가 줄면서 소멸 위기에 놓여 있습니다(1문단).

**3** 2문단과 3문단은 모두 '본론'으로, 지역 방언을 지켜야 하는 근거를 하나씩 제시하고 있습니다.

**4** ㉠에는 2문단에서 지역 방언을 지켜야 하는 근거로 제시하는 내용이 들어가야 합니다. 2문단에서는 제주도 방언인 '정낭'을 통해 제주 지역의 전통적인 주거 문화를 엿볼 수 있듯이, 지역 방언에는 그 지역에서 전해 내려온 역사와 문화가 살아 숨 쉬고 있다고 하였습니다. 따라서 ㉠에는 지역 방언이 그 지역의 역사와 문화를 담고 있기 때문이라는 내용이 들어가는 것이 알맞습니다.

**✏ 이 문제를 틀렸다면**

㉠이 포함된 2문단에서 중요한 내용을 파악해 봅니다.

## 실전 1

### 인공 지능, 규제가 필요하다

**1** ④      **2** ④ 💡인간      **3** 영우

**4** ③      **5** (3) ○

**6** ❶ 규제 ❷ 지식 재산권 ❸ 윤리 ❹ 강한

#### 어휘 다지기

**1** (1) ① (2) ③ (3) ②

**2** (1) 안면 (2) 맹목적 (3) 일각

#### 어휘 키우기

**3** (1) V (3) V

---

**1** 이 글은 인공 지능으로 인한 문제에 대응하려면 인공 지능 규제 법안을 마련해야 한다고 주장하기 위해 쓴 글입니다.

**2** ④문단에서 약한 인공 지능은 인간의 지시에 따라 특정 분야의 일만 수행하는 인공 지능이라고 하였습니다.

> **오답 피하기** ❗
> ① 강한 인공 지능은 아직 등장하지 않았습니다(④문단).
> ② 인공 지능은 스스로 누군가를 차별하는 것이 아니라, 차별적 표현을 학습하는 것입니다(③문단).
> ③ 유럽 연합을 비롯한 세계 각국에서 인공 지능 규제 법안을 내놓고 있습니다(①문단).
> ⑤ 인공 지능 개발 업체가 창작물이나 개인 정보를 허락 없이 수집하여 데이터로 활용하는 일이 발생하고 있습니다(②문단).

**3** ①문단은 인공 지능의 활용 영역이 넓어짐에 따라 각국에서 인공 지능 규제 법안을 내놓고 있는 문제 상황과 우리나라도 그러한 법안을 마련해야 한다는 주장을 밝혔으므로 '서론'에 해당합니다. ②, ③, ④문단은 각각 '첫째', '둘째', '셋째'라는 표현을 사용하여 인공 지능 규제 법안의 필요성을 뒷받침하는 근거를 하나씩 제시하였으므로 '본론'에 해당합니다. ⑤문단은 인공 지능에 대한 규제를 통해 인공 지능의 혜택을 더 크게 누릴 수 있을 것이라며 주장을 다시 한번 강조하였으므로 '결론'에 해당합니다.

**4** ⓒ의 앞에 나오는 "인공 지능이 만들어 내는 차별적 결과물을 방치한다면"은 곧 '인공 지능을 규제하지 않는다면'이라는 뜻입니다. 따라서 ⓒ은 인공 지능을 규제하지 않았을 때 나타날 수 있는 결과입니다.

> **오답 피하기** ❗
> ④ 강한 인공 지능은 "인간 이상의 성능을 보여 주는 인공 지능"이라고 한 것을 통해 짐작할 수 있습니다.
> ⑤ 뒤 문장에서 이를 반박하고 있으므로 글쓴이의 의견과 반대되는 주장이라고 짐작할 수 있습니다.

**5** 이 글에서 주장에 대한 두 번째 근거는 인공 지능이 윤리 문제를 야기하고 있다는 것이고, 이는 주장을 적절히 뒷받침해 줍니다.
참고로, 이 글에 제시된 세 가지 근거는 모두 주장과 관련이 있으며 주장을 잘 뒷받침하는 타당한 근거입니다.

> ✏️ **이 문제를 틀렸다면**
> 어떠한 주장이나 근거가 자기 생각과 같다고 해서 타당하다고 평가할 수는 없음을 이해합니다.

**6** 글쓴이는 1문단에서 인공 지능으로 인한 문제에 대응하기 위해 인공 지능 ❶규제 법안을 마련해야 한다고 주장하였습니다. 그 근거로 2문단에서는 인공 지능이 ❷지식 재산권과 개인 정보를 침해하고 있다는 점을, 3문단에서는 인공 지능이 ❸윤리 문제를 야기하고 있다는 점을, 4문단에서는 ❹강한 인공 지능의 위협이 다가오고 있다는 점을 제시하였습니다. 5문단에서는 인공 지능에 대한 적절한 규제를 마련하면 인공 지능의 혜택을 더 크게 누릴 수 있다며 주장을 한 번 더 강조하였습니다.

#### 어휘 다지기

**2** (1)의 빈칸에는 '눈, 코, 입이 있는 머리의 앞면.'이라는 뜻의 '안면'이, (2)의 빈칸에는 '사실을 옳게 보거나 판단하지 못한 채로 무조건 행동하는 것.'이라는 뜻의 '맹목적'이, (3)의 빈칸에는 '한 귀퉁이. 또는 한 방향.'이라는 뜻의 '일각'이 들어가는 것이 알맞습니다.

#### 어휘 키우기

**3** (1)에 쓰인 '최대화'는 '최대'에 '-화'가 붙어 '가장 크게 함.'이라는 뜻을 가지는 낱말이고, (3)에 쓰인 '세계화'는 '세계'에 '-화'가 붙어 '세계 여러 나라를 이해하고 받아들임. 또는 그렇게 되게 함.'이라는 뜻을 가지는 낱말입니다. (2)에 쓰인 '초상화'는 '사람의 얼굴을 중심으로 그린 그림.'이라는 뜻으로, 제시된 '-화'가 붙어 만들어진 낱말이 아닙니다.

## 통일을 이루자

1　④　💡분단　　2　③　　　3　③

4　②　　　　　5　⑶○

6　❶ 통일　❷ 국방비　❸ 전쟁　❹ 경제적

### 어휘 다지기

1　⑴ ②　⑵ ①　⑶ ③

2　⑴ 무장　⑵ 거점　⑶ 명목

### 어휘 키우기

3　⑴ 째　⑵ 채　⑶ 째

---

1　글쓴이는 우리 민족이 해방 이후부터 지금까지 남한과 북한으로 분단되어 있는 것을 문제 상황으로 제시하면서, 이를 극복하고 통일을 이룰 것을 주장하였습니다.

✎ **이 문제를 틀렸다면**
글쓴이가 글을 쓰게 된 문제 상황은 일반적으로 '서론'에 제시됩니다. 서론에 해당하는 **1**문단에서 문제 상황을 찾아봅니다.

2　**3**문단에서 6.25 전쟁으로 수많은 사람이 죽고 이산가족이 생겼으며, 대부분의 산업 시설이 파괴되고 국토가 황폐화되었다고 하였습니다.

**오답 피하기** ❗
① 남한과 북한에 각각 정부가 수립된 것은 1948년입니다(**1**문단).
② 남한은 기술이 발전하였고, 북한은 자원이 풍부합니다(**4**문단).
④ 국가의 1년 예산 가운데 국방비가 차지하는 비율은 남한이 약 9%, 북한이 약 16%이므로, 북한이 더 높습니다(**2**문단).
⑤ 우리나라는 분단으로 인해 반도의 이점을 누리지 못하고 섬처럼 고립되어 있습니다(**4**문단).

3　이 글에서 주장에 대한 주된 근거는 **2**, **3**, **4**문단에 나타나 있습니다. **2**문단에서는 남북이 국방비를 줄여 국민의 삶의 질을 높이는 데 예산을 사용할 수 있다는 점을(⑤), **3**문단에서는 전쟁의 공포에서 벗어날 수 있다는 점을(②), **4**문단에서는 경제적으로 큰 이익을 얻을 수 있다는 점을 들었습니다(①). 아울러 **5**문단의 첫 문장에서 통일의 필요성을 뒷받침하는 근거로 이산가족의 아픔을 치유할 수 있다는 점을 언급하였습니다(④). 그러나 남과 북이 서로를 이해할 수 있다는 점은 글쓴이가 통일을 해야 하는 근거로 제시한 내용이 아닙니다.

4　**5**문단의 마지막 문장에서 주장을 다시 한번 강조하고 있는 것으로 보아, '결론'에 해당하는 문단은 **5**문단입니다.

5　이 글은 통일을 통해 경제적 이익을 얻을 수 있다고 보는 반면, 보기 는 통일 비용과 국방비 등을 들어 통일에 따르는 경제적 부담을 강조하고 있습니다.

**오답 피하기** ❗
⑴ 이 글의 글쓴이는 통일을 이루어야 한다고 주장합니다. 그러나 보기 의 글쓴이는 통일을 하는 데 비용이 많이 들고, 통일이 되어도 곧바로 평화로워지는 것이 아니며, 오히려 국방비를 늘려야 할 수도 있다고 생각하므로 통일에 반대할 것입니다.
⑵ 이 글은 통일의 긍정적인 측면을, 보기 는 통일의 부정적인 측면을 강조하고 있습니다.

6　글쓴이는 1문단에서 지금까지 갈라져 있는 우리 민족에게 ❶통일을 이루는 것은 꼭 해결해야 할 과제라고 주장하였습니다. 그 근거로 2문단에서는 통일을 하면 ❷국방비를 줄일 수 있다는 점을, 3문단에서는 ❸전쟁을 막고 평화롭게 살 수 있다는 점을, 4문단에서는 ❹경제적으로 이익이라는 점을 제시하였습니다. 5문단에서는 우리가 통일에 관심을 가지고 남북이 서로를 이해하고자 노력한다면 통일을 이룰 수 있다고 강조하였습니다.

### 어휘 다지기

2　⑴의 빈칸에는 '전투에 필요한 장비를 갖춤.'이라는 뜻의 '무장'이, ⑵의 빈칸에는 '어떤 활동을 하는 데에 중심이 되는 중요한 지점.'이라는 뜻의 '거점'이, ⑶의 빈칸에는 '무엇을 하기 위해 겉으로 내세우는 이유나 핑계.'라는 뜻의 '명목'이 들어가는 것이 알맞습니다.

### 어휘 키우기

3　'째'와 '채'는 뜻이 다르지만 글자가 비슷하여 헷갈리는 말입니다. ⑴에서는 '껍질'의 끝에 붙어 '껍질까지 전부'라는 뜻이 되어야 하므로 '째'가 알맞습니다. ⑵에서는 이미 의자에 앉아 있는 상태 그대로 잠들었다는 것이므로 '채'가 알맞습니다. ⑶에서는 '그릇'의 끝에 붙어 '그릇 그대로'라는 뜻이 되어야 하므로 '째'가 알맞습니다.

# 함축된 표현의 의미 추론하기

① 글의 전체 흐름과 함축된 표현의 앞뒤 내용을 파악합니다.
② 함축된 표현을 사용하여 글쓴이가 전달하려는 의미가 무엇일지 짐작해 봅니다.

## 확인 문제
69쪽

**1** (2) ×　　　　**2** (2) ○

**1** ㉯에 적힌 "화장실을 깨끗하게 사용해 주세요."는 화장실을 깨끗하게 사용하자는 의미를 직접적이고 분명하게 나타낸 표현입니다.

오답 피하기 ⚠️

(1) ㉮에 적힌 "아름다운 사람은 머문 자리도 아름답습니다."는 화장실을 깨끗하게 사용해 달라는 말을 간접적으로 나타낸 표현으로, 함축된 표현에 해당합니다.

(3) ㉮와 ㉯에 적힌 표현은 서로 다르지만, 이를 통해 글쓴이가 전달하려는 의미는 '화장실을 깨끗하게 사용해 달라'는 것으로 비슷합니다.

**2** 글의 전체 흐름을 살펴보면, 글쓴이는 환경 오염과 무분별한 물 사용으로 인해 안전하게 마실 수 있는 물이 줄어들어(1문단) 많은 사람이 고통받고 있다며 물 사용량을 줄이는 우리의 실천이 필요하다고 하였습니다(2문단). 따라서 글쓴이는 ㉠을 통해 지구는 우리가 잠시 빌린 것이므로 지구의 자원인 물을 함부로 쓰지 말고 아끼자는 의견을 말하고자 했다고 추론할 수 있습니다.

✏️ 이 문제를 틀렸다면

㉠ 대신에 (1)과 (2)의 내용을 넣어 보고, 글의 흐름과 자연스럽게 이어지는 것을 찾아봅니다.

---

## 언어와 생각

**1** ㉯　　　　**2** ④　　　　**3** ③ 💡생각

**4** (1) ×

**1** 이 글은 언어가 생각에 영향을 미친 예, 생각이 언어에 영향을 미친 예, 언어와 생각이 서로 영향을 주고받은 예 등을 들어 언어와 생각의 밀접한 관계를 설명하고 있습니다.

오답 피하기 ⚠️

㉮ 1문단에 "언어와 생각은 인간을 동물과 구별하는 중요한 특징이다."라는 문장이 나오기는 하지만, 이 글에서 인간과 동물의 특징을 분석하거나 대조하고 있지는 않습니다.

㉰ 이 글은 잘못된 언어 표현에 관한 내용을 다루고 있지 않습니다.

**2** 4문단에서 예전에는 간호사를 '간호원'이라고 불렀지만, 사람들이 이 직업을 의사나 약사와 같은 전문적인 직업으로 여기게 되면서 명칭이 바뀌었다고 하였습니다. 즉, 전문적인 직업이 생겨서 '간호원'의 명칭이 바뀐 것이 아닙니다.

✏️ 이 문제를 틀렸다면

①은 1문단을, ②와 ⑤는 3문단을, ③은 2문단을 읽으며 확인해 봅니다.

**3** ㉠의 앞 내용을 보면, 인간은 자신과 가까운 것을 먼저 인식하는 경향이 있기 때문에 '여기저기'와 같이 말한다고 하였습니다. 이는 곧 언어에 생각이 반영된다는 말이므로, ㉠은 언어에 생각이 드러난다는 의미일 것이라고 추론할 수 있습니다.

참고로 '거울'에는 '어떤 사실을 그대로 드러내거나 보여 주는 것을 비유적으로 이르는 말.'이라는 뜻이 있습니다.

✏️ 이 문제를 틀렸다면

㉠이 포함된 3문단의 중심 문장을 찾아 문단의 중요한 내용을 파악해 봅니다.

**4** 짜장면이 표준어가 된 것은 사람들이 많이 사용하는 낱말이 표준어로 인정된 사례이므로, 이 글의 내용과 관련이 없습니다.

오답 피하기 ⚠️

(2) 색깔을 표현하는 말(언어)이 색깔에 대한 인식(생각)에 영향을 미친 사례입니다.

(3) 쌀을 주식으로 하는 문화에서 쌀에 대한 인식(생각)이 발달하여 쌀과 관련된 표현(언어)에 영향을 미친 사례입니다.

## 점으로 그린 그림

| | | |
|---|---|---|
| 1 ② | 2 ① 💡일곱(7) | 3 승수 |
| 4 ④ | 5 (2) × | |

6 ❶ 신인상주의 ❷ 점묘법 ❸ 색점 ❹ 쇠라

**어휘 다지기**

1 (1) ③ (2) ② (3) ①

2 (1) 비판적 (2) 지향 (3) 걸작

**어휘 키우기**

3 (2) V (3) V

---

**1** 점묘법으로 그린 그림의 단점은 이 글에 나와 있지 않습니다.

✎ **이 문제를 틀렸다면**
①과 ③은 1문단, ④는 3문단, ⑤는 4문단에서 답을 찾아봅니다.

**2** 2문단에서 쇠라는 빛과 색의 과학적 원리를 미술에 적용하여 점묘법을 개발했다고 하였습니다.

**오답 피하기** ❗
② 쇠라는 신인상주의를 대표하는 화가입니다(2문단).
③ 새로운 그림을 추구하던 이들은 쇠라의 그림에 열광했지만, '그림은 선으로 그려야 한다'고 생각하던 사람들은 그에게 비판적이었습니다(5문단).
④ 쇠라는 10년 동안 단 일곱 점의 작품을 남겼습니다(5문단).
⑤ 쇠라는 인상주의 기법의 문제를 극복하기 위해 빛과 색에 대한 이론을 탐구하였습니다(2문단).

**3** ㉠의 뒤 내용을 보면, 쇠라는 빛과 색에 대한 이론을 탐구했고 이러한 과학적 원리를 적용하여 점묘법을 개발했다고 하였습니다. 따라서 ㉠은 빛과 색에 대한 과학적 이론 및 원리를 그림에 적용했다는 의미일 것입니다.

**4** 3문단에 따르면, 점묘법에서 혼합된 색을 표현할 때는 색점을 병치하여 촘촘히 찍습니다. 그러므로 멀리 떨어진 두 색점은 혼합된 색으로 보이지 않을 것입니다.

**오답 피하기** ❗
① 신인상주의는 인상주의의 기법을 과학적으로 발전시켰다고 하였으므로(1문단), 인상주의가 신인상주의보다 먼저 등장했을 것입니다.
② 쇠라가 점묘법을 사용한 그림을 처음 발표했을 때 일부 사람들이 그에게 비판적이었다고 하였으므로(5문단), 쇠라의 생전에 그의 그림이 알려졌을 것입니다.

③ 점묘법으로 혼합된 색을 표현하면 밝고 투명한 느낌을 준다고 하였으므로(3문단), 점묘법으로 그린 〈그랑드자트섬의 일요일 오후〉도 밝고 투명한 느낌이 들 것입니다.
⑤ 점묘법은 수천 개의 작은 색점을 찍어 그림을 그리는 기법이라는 점(3문단), 쇠라가 오랜 시간을 들여 그림 속 색깔을 분석했다는 점(4문단) 등으로 보아, 점묘법을 사용하면 그림을 금방 완성하기 어려울 것입니다.

**5** 화사한 빛의 느낌과 견고한 형태를 표현하려고 했던 것은 모네와 같은 인상주의 화가가 아니라, 쇠라와 같은 신인상주의 화가였습니다.

✎ **이 문제를 틀렸다면**
보기 에서 모네는 인상주의 화가라고 하였습니다. 모네에 대한 (1)~(3)의 설명과 인상주의에 대한 이 글의 내용이 일치하는지 각각 확인해 봅니다.

**6** 1문단에서는 인상주의의 기법을 과학적으로 발전시켜 화사한 빛의 느낌과 견고한 형태를 표현하려는 ❶신인상주의가 등장했다고 하였습니다. 2문단에서는 신인상주의 화가인 조르주 쇠라가 빛과 색의 과학적 원리를 미술에 적용해 ❷점묘법을 개발했다고 하였습니다. 3문단에서는 수천 개의 작은 ❸색점을 찍어 그림을 그리는 기법인 점묘법의 특징을, 4문단에서는 ❹쇠라가 오랜 시간 색깔을 분석한 후 점을 찍어 완성한 그림인 〈그랑드자트섬의 일요일 오후〉를 다루었습니다. 5문단에서는 이러한 쇠라의 예술적 시도가 후대 화가들에게 큰 영향을 미쳤다고 하였습니다.

**어휘 다지기**

**2** (1)의 빈칸에는 '무엇에 대해 자세히 따져 옳고 그름을 밝히거나 잘못된 점을 지적하는 것.'이라는 뜻의 '비판적'이, (2)의 빈칸에는 '어떤 목적이나 목표에 뜻을 둠.'이라는 뜻의 '지향'이, (3)의 빈칸에는 '매우 훌륭한 작품.'이라는 뜻의 '걸작'이 들어가는 것이 알맞습니다.

**어휘 키우기**

**3** (2)에 쓰인 '신기록'은 '기록'에 '신-'이 붙어 '기존의 기록보다 뛰어난 새로운 기록.'이라는 뜻을 가지는 낱말이고, (3)에 쓰인 '신제품'은 '제품'에 '신-'이 붙어 '새로 만든 물건.'이라는 뜻을 가지는 낱말입니다. (1)에 쓰인 '신뢰성'은 '굳게 믿고 의지할 수 있는 정도.'라는 뜻으로, 제시된 '신-'이 붙어 만들어진 낱말이 아닙니다.

## 북극곰의 눈물을 닦아 주자

**1** ③    **2** ②, ③       **3** ㉮, ㉣, ㉯, ㉰

**4** (1)○   **5** ④ 💡전기, 자전거

**6** ❶ 북극 ❷ 생존 ❸ 온난화 ❹ 이산화 탄소
　 ❺ 기상 이변

### 어휘 다지기

**1** (1)② (2)③ (3)①

**2** (1) 해빙 (2) 폭염 (3) 에너지원

### 어휘 키우기

**3** (1) V (3) V

---

**1** 글쓴이는 1문단에서 "북극의 해빙이 빠르게 줄어들고 있다.", "해빙이 사라지면, 해빙에 의지해 사는 북극곰들은 어떻게 될까?"라며, 문제 상황을 제시하였습니다.

✏️ **이 문제를 틀렸다면**
주장하는 글에서는 일반적으로 1문단이 문제 상황과 주장을 밝히는 '서론'임을 알고, 1문단에서 문제 상황을 찾아봅니다.

**2** 5문단에서 북극 해빙은 태양 빛을 반사하여 지구의 온도를 낮추어 주기 때문에(③), 해빙이 줄어들수록 지구 온난화는 빨라지고 이는 인간을 괴롭히는 기상 이변으로 이어진다고 하였습니다(②).

⚠️ **오답 피하기**
① 북극 해빙은 9월에 크기가 가장 작아집니다(1문단).
④ 넓은 해빙 위에 자리를 잡고 새끼를 낳는 동물은 바다표범입니다(2문단).
⑤ 탄소세는 이산화 탄소의 배출을 줄이기 위한 사회적 차원의 노력입니다(4문단).

**3** 지난 200년간 인간이 화석 연료를 주요 에너지원으로 사용하며(㉯) 막대한 양의 이산화 탄소가 대기로 방출되었고(㉮), 이 이산화 탄소가 태양열을 가두어 지구 표면의 온도를 급격히 높였습니다(㉣). 그 결과로 지구 온난화가 일어나 북극의 해빙이 사라지고 있으며(㉯), 이에 따라 북극곰, 바다표범과 같은 동물들의 생존이 위협받고 있습니다(㉰).

✏️ **이 문제를 틀렸다면**
막대한 양의 이산화 탄소 배출이 원인이 되어 지구 온난화가 일어났고, 지구 온난화가 원인이 되어 북극 해빙이 감소하고 있음을 이해합니다.

**4** ㉠의 앞에는 지구 표면의 온도가 높아지는 현상인 지구 온난화에 대한 설명이 나옵니다. 또한 '열대'는 '온대'보다 뜨거운 지역을 말하므로, ㉠은 '온난화'라는 말로 부족할 만큼 지구가 뜨거워지고 있다는 의미라고 추론할 수 있습니다.

⚠️ **오답 피하기**
(2) ㉡의 뒤에서 이산화 탄소 배출을 줄이는 실천을 소개한 것으로 보아, ㉡은 북극곰이 생존할 수 있도록 지구 온난화를 막기 위해 노력해야 함을 의미합니다.
(3) ㉢의 뒤에서 해빙 감소와 지구 온난화가 인간을 괴롭히는 기상 이변으로 이어진다고 한 것으로 보아, ㉢은 북극 해빙이 사라지는 것을 그대로 두면 인간에게도 피해가 올 것임을 의미합니다.

**5** 음식을 배달할 때 사용되는 오토바이는 탄소를 배출합니다. 따라서 음식을 배달해서 먹는 것은 탄소 배출을 줄이기 위한 실천이 아닙니다.

⚠️ **오답 피하기**
①, ②, ③, ⑤ 4문단에 제시된 생활 속 실천 가운데 '전기를 절약하기'에 해당합니다.

**6** 1문단에서는 ❶북극의 해빙이 빠르게 줄어들고 있다는 문제 상황을 제시하였습니다. 2문단에서는 북극 해빙의 감소가 그곳에서 살아가는 동물들의 ❷생존을 위협한다고 하였고, 3문단에서는 북극 해빙이 감소하는 것은 지구 ❸온난화 때문이라고 하였으며, 4문단에서는 북극 해빙의 감소를 막으려면 ❹이산화 탄소의 배출을 줄여야 한다고 하였습니다. 5문단에서는 해빙 감소가 ❺기상 이변으로 이어질 수 있으므로, 북극곰과 우리를 위해 건강한 지구를 만들어 나가야 한다고 강조하였습니다.

### 어휘 다지기

**2** (1)의 빈칸에는 '바닷물이 얼어서 생긴 얼음.'이라는 뜻의 '해빙'이, (2)의 빈칸에는 '매우 심한 더위.'라는 뜻의 '폭염'이, (3)의 빈칸에는 '에너지를 만들어 내는 근원.'이라는 뜻의 '에너지원'이 들어가는 것이 알맞습니다.

### 어휘 키우기

**3** '덜 감(減)'이 사용된 낱말은 (1)의 '삭감(削減)'과 (3)의 '경감(輕減)'입니다. (2)의 '예감(豫感)'은 '느낄 감(感)'이 사용된 낱말입니다.

# 작품의 시대 상황 추론하기

① 인물의 말과 행동 중에서 시대 상황을 알 수 있는 부분을 찾아보고, 이를 바탕으로 당시의 모습을 떠올려 봅니다.
② 특정한 시기의 특징이 반영된 소재를 통해 당시의 시대 상황을 짐작해 봅니다.

## 확인 문제
81쪽

**1** 하인, 노예 상인  **2** (1)② (2)①

**1** 글에 나타난 소재 가운데 특정한 시기의 특징이 반영된 소재를 통해 당시의 시대 상황을 추론할 수 있습니다. '하인'과 '노예 상인'이라는 말에는 하인을 부리고 노예를 물건처럼 사고팔았던 당시의 특징이 반영되어 있습니다.

**오답 피하기** 🔔
'거래', '시계', '저택'은 시대를 추론하기 어려운 소재들입니다.

**2** "톰을 파는 것으로 이 문제를 매듭지었으면 좋겠소."는 농장 일을 하는 톰을 팔 것을 제안하는 말입니다. 이를 통해 당시에는 사람을 물건처럼 사고팔았음을 알 수 있습니다(②). 또한 "흑인치고는 정직하다는 말씀이겠지요."는 흑인들이 정직하지 않다는 생각이 담겨 있는 말입니다. 이를 통해 당시에는 특정 인종(흑인)을 무시하는 문화가 있었음을 알 수 있습니다(①).

✏️ **이 문제를 틀렸다면**
『톰 아저씨의 오두막』은 노예 제도가 폐지되기 전인 1850년대 미국을 배경으로 한 소설입니다. 이를 참고하여 인물의 말을 다시 읽어 봅니다.

## 가난한 사랑 노래

**1** (2)×  **2** ①
**3** ④, ⑤ 💡뜨거움  **4** ②

**1** ⓒ은 말하는 이가 '눈을 뜨면', 즉 잠에서 깨면 기계 소리를 듣는다는 내용입니다. 그러므로 ⓒ을 읽고 말하는 이가 잠을 잘 자는지 아닌지를 알기는 어렵습니다. 이 시에서 ⓒ은 말하는 이가 공장에서 일하는 노동자임을 보여 주는 표현입니다.

**2** '이 모든 것들'은 말하는 이가 잘 알고 느끼고 있지만 가난하기 때문에 버려야 한다고 생각하는 것들로, '외로움', '두려움', '그리움', '사랑'이 여기에 해당합니다. '달빛'은 이 시의 시간적 배경을 드러내는 소재일 뿐, '이 모든 것들'에 해당하는 것은 아닙니다.

✏️ **이 문제를 틀렸다면**
이 시에서 '가난하다고 해서 ~겠는가'라는 표현들을 찾아 밑줄을 그어 봅니다.

**3** 이 시는 1행, 4행, 8행, 12행, 16행에서 '가난하다고 해서 ~겠는가'라는 말을 반복하여 운율을 형성하고 있습니다(④). 또한 이 시에는 '눈 쌓인 골목길', '새파랗게 달빛이 쏟아지는데'와 같은 눈으로 보는 듯한 표현, '두 점을 치는 소리', '방범대원의 호각 소리'와 같은 귀로 듣는 듯한 표현, '네 입술의 뜨거움'과 같은 손으로 만지는 듯한 표현이 나타나 있습니다(⑤).

**오답 피하기** 🔔
① 말하는 이는 인간적인 감정마저 버려야 하는 가난한 현실을 살고 있습니다. 그러나 말하는 이에게서 이를 극복하려는 의지가 느껴지지는 않습니다.
② 말하는 이는 다른 인물과 대화를 나누고 있지 않습니다.
③ 이 시에는 명령형의 문장이 없으며, '가난하다고 해서 ~겠는가'라는 의문형의 문장을 통해 말하는 이의 마음이 강조되고 있습니다.

**4** 보기 에 따르면 경찰이나 방범대원이 밤에 통행하는 사람들을 단속하는 야간 통행금지 제도는 1970년대에 있었던 제도이므로, '방범대원의 호각 소리'에서 이 시의 시대 상황을 추론할 수 있습니다.

## 실전 1

### 이상한 선생님

**1** ③          **2** ④          **3** (1) ○

**4** 로호          **5** ③ 💡서투른

**6** ❶키 ❷강 ❸조선말 ❹교실 ❺박

**어휘 다지기**

**1** (1) ③ (2) ② (3) ①

**2** (1) 시비 (2) 뼘 (3) 낙방

**어휘 키우기**

**3** (1) V (3) V

---

**1** 이 글에는 계절적 배경이 나타나 있지 않습니다.

**오답 피하기** 💡
① '선생님', '공부 시간', '교실' 등의 말에서 이 글의 배경이 되는 공간이 '학교'임을 알 수 있습니다.
② 이 글에서 이야기를 전달하고 있는 인물은 '나'로, 학교에 다니고 있는 학생입니다.
④ 이 글에는 키가 작고 성격이 사나운 '박 선생님'과 키가 크고 성격이 순한 '강 선생님'이 등장합니다.
⑤ 조선말을 쓴 학생들을 혼내고 벌주는 박 선생님의 말과 행동에서 박 선생님의 사나운 성격이 드러납니다.

**2** 박 선생님은 혈서까지 쓰면서 일본군 지원병에 지원했지만, 키가 작다는 이유로 체격 검사에서 낙방했다고 하였습니다.

**오답 피하기** 💡
① 강 선생님은 허허 웃기를 잘하고, 별로 성을 내는 일이 없다고 하였습니다.
② 별명이 '뼘생', '뼘박', '대갈장군'인 인물은 박 선생님입니다.
③ 학교에서든 학교 밖에서든 조선말로 말을 하다 선생님께 들키면 경친다(벌을 받는다)고 하였습니다.
⑤ 박 선생님이 조선말을 하다 들킨 학생들을 용서하지 않았다는 것으로 보아, '내'가 박 선생님에게 여러 번 혼이 난 것은 조선말을 썼기 때문이지 상준이와 싸움을 해서가 아닙니다.

**3** ㉠에서 '나'는 박 선생님이 키가 한 뼘밖에 안 되고, 키 작은 사람 가운데에서도 유난히 작은 키라며, 박 선생님의 외모를 우스꽝스럽게 묘사하고 있습니다.

**4** 학생들이 조선말을 하다 들키곤 했다는 내용으로 보아, 다들 일본 말이 더 편했을 것이라고 추론하기는 어렵습니다. 학생들은 교실에서 공부를 할 때나 일본 선생님이 볼 때를 제외하고는 조선말을 사용하는 강 선생님이 신기하고 궁금해서 왜 일본 말을 안 하냐

고 물었을 것입니다.

**오답 피하기** 💡
서하: '일본 정치 때'는 일본이 조선을 침략하여 다스리던 때를 뜻하므로, 이 글이 일제 강점기를 배경으로 하고 있음을 추론할 수 있습니다.
병희: 조선말이 아닌 일본 말을 '국어'라고 하고 학교에서 일본 말을 써야 했던 것을 통해, 일제 강점기에 일본은 일본어를 '국어'로 가르치게 했음을 추론할 수 있습니다.
　참고로, 당시 일본은 우리 민족의 정신을 말살하기 위해 우리말 사용을 금지하고 일본식 이름을 강요하는 등의 정책을 폈습니다.

**5** 강 선생님은 일본 말이 서툴지 않은데도 다른 선생님이 보지 않는 자리에서는 ㉡과 같이 행동했습니다. 또 학생들이 조선말을 사용하는 것을 문제 삼지 않았고, 학생들이 일본 말을 해도 조선말을 하였습니다. 당시의 시대 상황을 고려할 때, 이는 강 선생님이 나름대로 일본에 저항하고 민족의식을 지키기 위해 한 행동으로 볼 수 있습니다.

✏️ **이 문제를 틀렸다면**
작품의 시대 상황을 참고하여 강 선생님이 조선말을 쓴 까닭을 짐작해 봅니다.

**6** 박 선생님은 지원병에 낙방할 만큼 ❶키가 작은데다가 몸집이 작고 머리가 컸지만, ❷강 선생님은 이와 정반대로 키와 몸집이 크고 얼굴이 순하고 잘 웃었습니다. 박 선생님은 ❸조선말을 하다가 들켰을 때 제일 중한 벌을 주었지만, 강 선생님은 ❹교실에서 공부할 때를 빼고, 다른 선생님들이 보지 않는 곳에서는 우리에게 조선말을 했습니다.
이 글에서는 ❺박 선생님을 우스꽝스럽게 묘사하여 풍자하고 있습니다.

**어휘 다지기**

**2** (1)의 빈칸에는 '옳고 그름을 따지는 말다툼.'이라는 뜻의 '시비'가, (2)의 빈칸에는 '손가락을 힘껏 벌렸을 때 엄지손가락에서부터 새끼손가락까지의 길이를 재는 단위.'라는 뜻의 '뼘'이, (3)의 빈칸에는 '시험, 선발, 선거 등에서 떨어짐.'이라는 뜻의 '낙방'이 들어가는 것이 알맞습니다.

**어휘 키우기**

**3** '바랄 원(願)'이 사용된 낱말은 (1)의 '기원(祈願)'과 (3)의 '애원(哀願)'입니다. (2)의 '구원(救援)'은 '도울 원(援)'이 사용된 낱말입니다.

## 홍계월전

**1** ④　　　　　**2** ③　　　　　**3** ④

**4** (2) ×　　　　**5** ㉣ 💡규중

**6** ❶ 남자 ❷ 벼슬 ❸ 반란 ❹ 여공 ❺ 계월

### 어휘 다지기

**1** (1) ② (2) ① (3) ③

**2** (1) 전장 (2) 어의 (3) 맥

### 어휘 키우기

**3** (1) V

---

**1** 이 글의 등장인물인 계월은 탁월한 재능으로 전쟁에서 큰 공을 세운 영웅적인 인물입니다.

> **오답 피하기** ⚠️
> ① 이 글은 시간의 흐름에 따라 이야기가 전개되고 있습니다.
> ② 이 글에서 인물의 성격이 변화하고 있지는 않습니다.
> ③ 이 글에서 동물과 사물을 사람처럼 표현한 부분은 없습니다.
> ⑤ 이 글의 말하는 이는 작품 밖에서 이야기를 전달하고 있습니다.

**2** 계월은 전장에서 10만 대군을 물리치고 돌아온 뒤에 앓다 병에 걸렸습니다.

**3** 계월이 ㉠에서 눈물을 흘린 까닭은 여자임이 드러난 이상 앞으로는 남자인 평국이 아니라 여자인 계월로서 살아야 하기 때문입니다. 남자 평국은 전쟁에 나가 공을 세우는 등 나라를 위해 능력을 펼칠 수 있었지만, 여자 홍계월은 규중에 갇혀 조용히 지내야 합니다.

> ✏️ **이 문제를 틀렸다면**
> 남자인 평국의 삶과 여자인 계월의 삶이 어떻게 다를지 생각해 봅니다.

**4** 계월이 자신을 중군장으로 삼아 부리려고 한다며 보국이 화를 내자, 아버지 여공은 "네가 계월을 괄시하다가 이런 일을 당했으니, 누구에게 잘못했다 하겠느냐?"라고 말하며 보국을 나무랐습니다. 따라서 여공이 계월을 시기해 왔다고 보기는 어렵습니다.

> **오답 피하기** ⚠️
> (1) "계월이 또 저를 중군장으로 삼아 아랫사람처럼 부리려 하니"라는 보국의 말에서 짐작할 수 있습니다.
> (3) 여자는 나랏일을 하지 못하고 집 안에서 가족을 돌보며 살아야 했던 당시 상황을 고려하면, 보국이 화가 난 까닭은 자신에게 명령한 계월이 여자이자 아내였기 때문일 것입니다.

**5** "이제 여자 홍계월로 규중에 갇혀 조용히 지내야 하겠구나.", "여자의 행색을 하고서는 집 안에서만 늙어 부모님을 찾지 못할 것 같아" 등에서 여자는 집안에서만 지내야 했던 당시의 시대 상황을 추론할 수 있습니다.

> **오답 피하기** ⚠️
> ㉮ 남장을 한 계월은 벼슬을 살고 장군으로서 전쟁에 나갔지만, 여자임을 들킨 뒤에는 규중에 머물러야 했던 것을 통해 당시에는 여자와 남자가 하는 일에 차이가 있었음을 추론할 수 있습니다.
> ㉯ "평국이 여자라면 어찌 전장에 나아가 10만 대군을 물리칠 수 있었겠는가?"라는 천자의 말에서 당시에는 여자가 전쟁터에 나가는 일이 흔하지 않았음을 추론할 수 있습니다.
> ㉰ 계월이 천자에게 벼슬을 거두고 처벌해 달라고 한 까닭은 당시에 여자는 벼슬을 할 수 없었으며 천자를 속인 것은 큰 죄였기 때문이었지, 여자가 남자 옷을 입었기 때문이 아닙니다.

**6** 병에 걸린 계월의 맥을 짚은 어의는 천자에게 계월의 맥이 ❶남자의 맥이 아니라고 말했고, 계월은 자신이 여자임이 드러났을 것이라고 생각하여 천자께 남장한 사실을 고백하는 글을 올렸습니다. 하지만 천자는 오히려 계월을 칭찬하며 계월의 ❷벼슬을 유지했습니다. 그 후 오왕과 초왕의 ❸반란이 일어나자 계월은 천자의 명에 따라 전장에 나갈 준비를 했습니다. 계월은 보국에게 자신을 따를 것을 명했지만 보국은 이에 화를 냈고, 아버지인 ❹여공은 그런 보국을 나무랐습니다.

이 글은 남성보다 우월한 능력을 지닌 ❺계월이라는 여성을 영웅으로 설정하여, 당대 여성 독자들에게 통쾌함과 대리 만족을 주었던 여성 영웅 소설입니다.

### 어휘 다지기

**2** (1)의 빈칸에는 '싸움을 치르는 장소.'라는 뜻의 '전장'이, (2)의 빈칸에는 '임금이나 왕족의 병을 치료하던 의원.'이라는 뜻의 '어의'가, (3)의 빈칸에는 '심장 박동에 따라 나타나는 동맥의 주기적인 움직임.'이라는 뜻의 '맥'이 들어가는 것이 알맞습니다.

### 어휘 키우기

**3** '걸리다'는 한 낱말이 여러 가지 뜻을 가진 다의어입니다. 제시된 문장에서 '걸리다'는 '병이 들다.'라는 뜻으로 쓰였으며, 이와 같은 뜻의 '걸리다'가 쓰인 것은 (1)입니다. (2)에서는 '걸리다'가 '어떤 물체가 떨어지지 않고 벽이나 못 등에 매달리다.'라는 뜻으로, (3)에서는 '막히거나 잡히다.'라는 뜻으로 쓰였습니다.

# 작가의 의도 해석하기

① 이야기의 내용이나 인물의 말과 행동에서 작가의 생각이 드러나는 부분을 찾고, 이를 바탕으로 작가의 의도를 짐작해 봅니다.
② 작품의 시대 상황과 관련지어 작가의 의도를 생각해 봅니다.

## 확인 문제
93쪽

**1** 동운　　　　　**2** (1)○

**1** 양반이면 빌린 쌀을 갚을 필요가 없었는지는 ㉠에서 확인할 수 없는 내용입니다. 또한 이어지는 글에서 강원도 관찰사가 빚을 갚지 않은 양반을 잡아 가두라고 한 것으로 보아, 양반도 쌀을 빌리면 갚아야 했을 것입니다.

**오답 피하기**
민경, 주희: 양반이 몹시 가난했다는 것, 그래서 해마다 관청에서 쌀을 빌려 먹었다고 한 것을 통해 알 수 있습니다.

**2** ㉡은 양반의 아내가 글 읽기만 좋아하고 돈은 벌지 못하는 무능력한 남편을 탓하며 한 말입니다. 작가는 이 말을 통해 경제적인 문제는 해결하지 못하고 양반 타령을 하면서 글만 읽는 양반을 비판하고자 했을 것입니다.

**✎ 이 문제를 틀렸다면**
양반을 '한 푼어치도 못 된다'고 말한 것에서 양반의 아내가 양반을 어떻게 생각하고 있는지 짐작해 봅니다.

## 빼떼기

**1** 전쟁　　　　**2** ⑤　　　　**3** ②
**4** (2)×　💡 피란

**1** 1950년 6월에 전쟁이 일어나 피란을 준비하면서 순진이네 가족은 빼떼기를 두고 괴로움에 빠지게 됩니다. 또 이 전쟁은 사람들이 피란을 떠나야 하는 시대 상황이 드러나는 배경이기도 합니다.

**✎ 이 문제를 틀렸다면**
빼떼기를 계속 기를 수 없게 된 계기가 무엇인지 찾아봅니다.

**2** 빼떼기는 부리가 거의 없어진 주둥이로 모이를 주워 먹었으며, 모이가 계속 다른 데로 튕겨 나가도 끝까지 쪼아 먹으면서 살아났습니다.

**오답 피하기**
①, ② "보기 흉하면서도 그 어려운 고통을 이기고 살아난 것이 누구에게나 대견스러웠다."에서 알 수 있습니다.
③ "식구들은 집으로 돌아오면 하나같이 빼떼기를 찾았다.", "그렇게 고생 고생 기르던 빼떼기를"에서 알 수 있습니다.
④ "부리가 거의 없어진 주둥이로 모이를 주워 먹는 모습"에서 알 수 있습니다.

**3** 빼떼기를 데리고 피란을 갈 수 없는 상황에서, 빼떼기를 장에 내다 팔자는 아버지의 말과 빼떼기를 버리고 가자는 어머니의 말을 들은 순진이는 ㉠과 같이 말하며 빼떼기를 껴안았습니다. 이를 통해 순진이는 빼떼기와 헤어지기 싫은 마음임을 짐작할 수 있습니다.

**✎ 이 문제를 틀렸다면**
닭과 병아리를 팔 때마다 섭섭한 마음에 울기까지 했던 순진이가 아끼는 빼떼기를 팔 때 어떠한 마음이었을지 생각해 봅니다.

**4** 빼떼기를 장에 팔려고 했던 것은 가난해서 돈을 마련하기 위함이 아니라, 피란을 떠나기 전에 집을 비우기 위함입니다. 따라서 빼떼기를 장에 팔아야 하는 상황을 통해 작가가 가난의 비참함을 드러내고자 했다고 보기는 어렵습니다.

**오답 피하기**
(1) 온몸이 타 버리는 사고를 당했는데도 고통을 이겨 내고 살아난 빼떼기의 모습을 통해 작가는 크기가 크든 작든 모든 생명은 강인하며 소중하다는 것을 말하고자 했을 것입니다.
(3) 순진이네 가족이 피란을 떠나기 위해 그동안 정성껏 보살피던 빼떼기를 어쩔 수 없이 잡아먹어야 하는 상황을 통해 작가는 전쟁이 갖는 비극성을 말하고자 했을 것입니다.

## 실전 1

### 무소유

**1** ③    **2** ④    **3** ② 💡집념

**4** ②    **5** (3)○

**6** ❶난초 ❷집착 ❸무소유 ❹괴로움

**어휘 다지기**

**1** (1)① (2)② (3)③

**2** (1)뒤미처 (2)소유욕 (3)거처

**어휘 키우기**

**3** (2)∨

---

**1** 이 글은 글쓴이가 난초를 가꾸었던 경험을 통해 깨달은 무소유의 교훈을 전달하는 수필입니다.

**오답 피하기** ❗

①, ②, ⑤ 사투리를 사용한 부분, 인물과 인물 사이의 갈등, 인물이 주고받는 대화는 이 글에 나오지 않습니다.

④ 이 글은 글쓴이의 경험을 쓴 수필로, 상상 속 인물이 등장하지 않습니다.

**2** ㉠, ㉡, ㉢, ㉤은 모두 '내'가 기르던 난초를 가리키지만, ㉣은 '내'가 난초를 준 친구를 가리킵니다.

🖊 **이 문제를 틀렸다면**

㉡, ㉣, ㉤과 같이 가리키는 대상이 직접 드러나지 않는 말은 앞뒤 내용을 확인하여 무엇을 가리키는지 찾아봅니다.

**3** 더운 여름날 운허 노사를 뵈러 가다가 난초를 뜰에 내놓고 온 것이 생각난 '나'는 허둥지둥 돌아와 난초에 물을 주었습니다. 이때 '나'는 자신이 난초에 지나치게 집착하고 있음을 깨닫고, 집착에서 벗어나기 위해 친구에게 난초를 주었습니다.

**4** '나'는 정성을 다해 난초를 기르다가 난초에 얽매여 있는 자신을 발견한 뒤, 집착이 괴로움임을 깨달았습니다. 이후 친구에게 난초를 주고 해방감과 홀가분함을 느낀 '나'는 무소유의 의미를 터득하게 되었다고 하였습니다. 그러므로 글쓴이는 이 글을 통해 소유에 얽매이는 삶이 괴롭다는 것을 말하고자 했을 것입니다.

🖊 **이 문제를 틀렸다면**

글에서 소개한 경험을 통해 '내'가 어떤 깨달음을 얻었는지 생각해 봅니다.

**5** '나'는 소유에 대한 집착이 괴로움임을 깨닫고 무소

유의 의미를 터득했다고 하였습니다. 또한 마지막 부분에서 "소유욕에는 한정도 없고 휴일도 없다. 그저 하나라도 더 많이 갖고자 하는 일념으로 출렁거리고 있다."라며 소유욕에 비판적인 태도를 보였습니다. 그러므로 '나'는 자기 물건이 있음에도 다른 사람의 물건을 욕심내는 희서에게 소유욕에 사로잡히지 않게 조심하라고 조언할 것입니다.

**오답 피하기** ❗

(1), (2), (4) '내'가 터득한 무소유의 의미와 관련이 없습니다.

**6** 어떤 스님이 보내 준 ❶난초 두 분을 정성을 다해 기르던 '나'는 봉선사에 가던 날 겪은 일을 통해 난초에게 집념한 것을 깨닫고 이 ❷집착에서 벗어나야겠다고 결심했습니다. 그리고 놀러 온 친구에게 난초를 준 뒤, 하루에 한 가지씩 버리기로 다짐하며 ❸무소유의 의미를 터득했습니다. 인간의 역사가 소유사처럼 느껴진 '나'는 끝없는 소유욕으로 인해 인간이 불행해짐을 깨달았습니다.

이 글에서 '나'는 집착이 ❹괴로움인 것을 느끼고 난초를 떠나보낸 뒤 홀가분한 해방감을 느낍니다.

**어휘 다지기**

**2** (1)의 빈칸에는 '그 뒤에 곧 잇따라.'라는 뜻의 '뒤미처'가, (2)의 빈칸에는 '자기 것으로 만들어 가지고 싶어 하는 욕망.'이라는 뜻의 '소유욕'이, (3)의 빈칸에는 '일정하게 자리를 잡고 사는 장소.'라는 뜻의 '거처'가 들어가는 것이 알맞습니다.

**어휘 키우기**

**3** '개다'는 형태는 같지만 뜻이 서로 다른 동형어입니다. 제시된 문장에서 '개다'는 '흐리거나 궂은 날씨가 맑아지다.'라는 뜻이며, 이와 같은 뜻의 '개다'가 쓰인 것은 (2)입니다. (1)에서는 '옷이나 이부자리 등을 겹치거나 접어서 단정하게 포개다.'라는 뜻의 '개다'가, (3)에서는 '가루나 덩이진 것에 물이나 기름 등을 쳐서 서로 섞이거나 풀어지도록 으깨거나 이기다.'라는 뜻의 '개다'가 쓰였습니다.

## 마술의 손

**1** 텔레비전     **2** ③     **3** ③ 💡일손

**4** ④     **5** (1) ○

**6** ❶ 텔레비전 ❷ 불 ❸ 마술

### 어휘 다지기

**1** (1) ③ (2) ② (3) ①

**2** (1) 더러 (2) 품삯 (3) 추렴

### 어휘 키우기

**3** (1) 쫓았다 (2) 쫓아 (3) 좇기

---

**1** 이 글은 밤골에 전기가 들어오고 새로운 문물인 텔레비전이 보급되면서 마을 사람들이 예전과 달리 함께 모여 놀지 않고 잔칫집 일도 도와주지 않게 된 모습을 그리고 있습니다.

**2** 지난해 여름밤 밤골에서는 어른들의 이야기 소리가 개구리 울음소리에 섞여 두런두런 들렸다고 하였을 뿐, 개구리 울음소리에 잠을 자기 어려웠다는 내용은 이 글에 나와 있지 않습니다.

✎ **이 문제를 틀렸다면**
"지난해와는 달리 무더운 밤인데도~집집마다 텔레비전 앞에 매달려 있는 탓이었다."에서 밤골의 지난해 여름밤이 어떤 모습이었는지 확인해 봅니다.

**3** ㉠의 앞 내용으로 보아, 주인이 느낀 전에 없던 '야릇한 변화'는 잔칫집이 생겨도 마을 사람들이 밤늦게까지 일을 도와주려 하지 않고 날이 어둑해지면 슬슬 자리를 뜨는 것입니다.

**4** 밤골에 텔레비전이 들어온 뒤로 마을 사람들은 더 이상 밖에서 이웃들과 어울리지 않고, 집집마다 텔레비전 앞에 매달려 있었습니다. 따라서 사람들은 텔레비전을 보느라 월전댁이 골목에서 부르짖는 소리를 듣지 못하다가, 월전댁이 마당까지 들어와 불이 났다고 외치자 그제야 밖의 소리를 듣고 방문을 열었을 것입니다.

🔴 **오답 피하기**
①, ②, ③, ⑤ ㉡의 앞뒤 내용을 통해 짐작할 수 없는 내용입니다.

**5** 이 글은 새로운 문물인 텔레비전이 들어온 이후, 밤골 마을 사람들이 함께 모이지 않고 잔칫집 일손도 도와주지 않으며 불이 났다는 이웃의 외침마저 듣지 못하는 모습을 보여 주고 있습니다. 따라서 이 글을 쓴 작가는 텔레비전 때문에 마을의 공동체 의식이 사라지고 개인주의적 삶의 모습이 생겨나는 것을 비판하려 했다고 짐작할 수 있습니다.

🔴 **오답 피하기**
(2) 이 글에서 작가는 마을 사람들의 삶을 바꾼 새로운 기술을 부정적으로 보고 있습니다.
(3) 이 글은 텔레비전이 가져온 변화에 적응하지 못하는 어리석은 사람들의 모습을 보여 주고 있지 않습니다.

**6** 밤골에 전기가 들어온 뒤로, 마을 사람들은 집집마다 ❶텔레비전 앞에 매달려 있게 되었습니다. 잔칫집이 생겨도 사람들은 텔레비전을 보기 위해 일찍 자리를 떴고, 월전댁의 집에 ❷불이 났는데도 텔레비전을 보느라 소리를 못 듣고 뒤늦게 물통을 들고 도착했습니다.
이 글의 제목인 '❸마술의 손'은 마치 마술처럼 밤골 사람들의 삶을 크게 바꾸어 놓은 새로운 문물을 의미합니다.

### 어휘 다지기

**2** (1)의 빈칸에는 '이따금 드물게.'라는 뜻의 '더러'가, (2)의 빈칸에는 '일을 한 대가로 주거나 받는 돈이나 물건.'이라는 뜻의 '품삯'이, (3)의 빈칸에는 '모임이나 놀이, 잔치 등의 비용으로 여러 사람에게 얼마씩의 돈을 거둠.'이라는 뜻의 '추렴'이 들어가는 것이 알맞습니다.

### 어휘 키우기

**3** '좇다'와 '쫓다'는 뜻이 다르지만 글자가 비슷하여 헷갈리는 말입니다. (1)에서는 아이들을 잡기 위해 뒤를 급히 따른 것이므로 '쫓았다'가 알맞습니다. (2)에서는 목줄이 풀린 강아지를 잡기 위해 뒤를 급히 따른 것이므로 '쫓아'가 알맞습니다. (3)에서는 꿈을 추구한 것이므로 '좇기'가 알맞습니다.

# 표현의 적절성 판단하기

① 글에 사용된 표현이 객관적이고 명확한지 살펴봅니다.
② 주관적인 표현, 모호한 표현, 단정하는 표현을 쓰지 않았는지 확인해 봅니다.

## 확인 문제

**1** (1) ㉠ (2) ㉡ (3) ㉢          **2** (3) ×

**1** "내 생각에는 ~해지는 것 같다."라고 한 ㉠은 자신만의 생각이나 감정에 치우치는 주관적인 표현입니다. "~ 결코 좋은 성적을 얻을 수 없다."라고 한 ㉡은 어떤 사실을 딱 잘라 판단하거나 결정해 단정하는 표현입니다. "~하는 것이 좋을지도 모른다."라고 한 ㉢은 의미가 분명하지 않아 정확하게 해석할 수 없는 모호한 표현입니다.

**2** (3)은 "절대 ~ 사용해서는 안 된다."라고 하여 지나치게 단정하는 표현을 사용하고 있으므로 ㉢을 고쳐 쓴 문장으로 적절하지 않습니다. ㉢은 "스마트폰을 하루에 한 시간 정도만 사용하는 것이 좋다."와 같이 고쳐 쓰는 것이 적절합니다.

⚠️ **오답 피하기**
(1) ㉠에서 주관적인 표현을 삭제하고 사실을 있는 그대로 드러내는 객관적인 표현으로 고쳐 썼으므로 알맞습니다.
(2) ㉡에서 단정하는 표현인 '결코'를 삭제하고 '얻을 수 없다'를 '받기 힘들다'로 고쳐 썼으므로 알맞습니다.

## 연습

### 청소년 봉사 활동 의무제, 바람직한가?

**1** ④ 💡의무          **2** ②, ③
**3** (1) ㉡ (2) ㉮ (3) ㉣ (4) ㉢          **4** ⑤

**1** 글쓴이는 청소년 봉사 활동 의무제에 반대하면서 청소년의 봉사 활동을 의무화하는 것이 아니라 자발적인 참여를 끌어내야 한다고 주장하고 있습니다.

**2** 봉사 활동을 할 때 주의할 점(②)이나, 청소년 봉사 활동 기관의 종류(③)에 대한 내용은 이 글에 나와 있지 않습니다.

⚠️ **오답 피하기**
① 봉사 활동의 뜻은 '이웃과 사회를 돕기 위해 대가를 바라지 않고 내가 가진 것을 나누는 자발적인 참여 활동'입니다(**2**문단).
④ 청소년 봉사 활동 의무제의 목적은 봉사 활동을 통해 학생들이 타인을 배려하는 마음과 공동체 정신을 기르고, 서로 돕고 나누는 기쁨을 느끼게 하는 것입니다(**1**문단).
⑤ 일부 사람들은 청소년 때 의무적으로라도 봉사 활동을 하면, 지역 사회와 이웃을 돌아보는 시간을 가지면서 봉사 활동의 가치를 발견할 수 있다고 말합니다(**4**문단).

**3** 이 글의 **1**문단에서 글쓴이는 청소년 봉사 활동 의무제가 여러 가지 문제를 낳고 있으므로 바람직하지 않다며, 문제 상황과 주장을 제시하였습니다(㉡). **2**, **3**문단에서는 주장을 뒷받침하는 근거로 의무적인 봉사 활동은 의미가 없다는 점과 학생들의 반감을 키울 수 있다는 점을 제시하였습니다(㉮). **4**문단에서는 글쓴이와 달리 청소년 봉사 활동 의무제에 찬성하는 사람들의 의견을 제시하고, 이에 대해 반박하였습니다(㉣). **5**문단에서는 글의 내용을 요약하고, 봉사 활동의 가치를 교육함으로써 청소년의 자발적인 봉사 활동 참여를 끌어내는 것이 우선이라며 주장을 다시 한번 강조하였습니다(㉢).

**4** "나도 ~ 귀찮고 하기 싫은 마음이 들었기 때문이다."라고 한 ㉠은 자신만의 감정에 치우치는 주관적인 표현입니다.

✏️ **이 문제를 틀렸다면**
자신만의 생각이나 감정을 내세우는 표현으로는 다른 사람을 설득하기 어렵다는 것을 이해합니다.

## 혐오 표현을 사용하지 말자

**1** (1) ○   💡 서론      **2** ④          **3** ③, ④

**4** ②                  **5** ③

**6** ❶ 차별 ❷ 고통 ❸ 정당화 ❹ 습관

**어휘 다지기**

**1** (1) ③ (2) ② (3) ①

**2** (1) 선입견 (2) 혐오 (3) 위축감

**어휘 키우기**

**3** (1) V (2) V

---

**1** 글쓴이는 1문단에서 최근 우리 사회에 '○○충', 성별에 대한 편견이 담긴 말, 다른 인종·외국인·장애인에 대한 차별을 조장하는 말 등의 혐오 표현이 넘쳐나고 있다는 문제 상황을 제시하였습니다.

**2** 2문단에서 "이러한 혐오 표현은 우리의 언어생활 곳곳에 스며들어 있다."라고 하였으나, 그 까닭을 설명하지는 않았습니다.

✏️ **이 문제를 틀렸다면**

①은 3문단과 4문단, ②와 ③은 2문단, ⑤는 5문단에서 질문에 대한 답을 찾아봅니다.

**3** 글쓴이는 혐오 표현을 사용하지 말자는 주장을 뒷받침하기 위해 3문단에서 혐오 표현은 그 대상이 되는 사람에게 극심한 정신적 고통을 준다는 점(③)을, 4문단에서 혐오 표현은 그 대상에 대한 선입견을 강화함으로써 사회 전반에 걸쳐 차별을 정당화한다는 점(④)을 근거로 제시하였습니다.

**오답 피하기** 💡

①, ② 이 글의 글쓴이가 제시한 내용이 아닙니다.

⑤ 글쓴이는 혐오 표현의 대상이 된 사람이 인간관계와 사회생활에 어려움을 겪을 수 있다고 하였습니다.

**4** ㉠에서 지나치게 단정하는 표현은 '반드시'이므로, ㉠의 '반드시 이어진다는'을 '이어질 수 있다는'으로 고쳐 쓰는 것이 적절합니다.

**오답 피하기** 💡

① 의견을 명확하게 제시하지 않고 질문의 형식을 취하고 있으므로 모호한 표현입니다.

③, ⑤ 여전히 '무조건', '결코'와 같은 단정하는 표현이 쓰였습니다.

④ "내 생각에 ~"라고 하여 주관적인 표현을 사용하였습니다.

**5** 이 글에 따르면, 욕설이나 비속어를 쓰지 않더라도 장애를 이유로 어떤 대상을 차별하거나 폭력을 선동하는 표현은 혐오 표현입니다. 특히 장애인을 피해야 할 대상으로 묘사하는 현수막 속 문구는 혐오 표현의 두 번째 유형에 해당합니다.

**오답 피하기** 💡

① 주택가에 장애인 학교가 들어서서는 안 된다며 장애인을 피해야 할 대상으로 묘사하고 있습니다.

② 혐오 표현의 대상이 된 장애인은 모욕감과 무력감을 느낄 수 있습니다.

④ 장애는 개인의 의지로 변화시킬 수 없는 특성이므로, 이를 문제 삼아 장애인을 차별하는 것은 옳지 않습니다.

⑤ 혐오 표현은 그 대상이 사회적으로 차별받는 것을 정당화하는 효과가 있습니다.

**6** 글쓴이는 1문단에서 최근 우리 사회에 혐오 표현이 넘쳐나고 있는 문제 상황을 제시하였습니다. 2문단에서는 혐오 표현이 '어떤 개인 또는 집단에 대하여 외모, 나이, 성별, 인종 등을 이유로 ❶차별하거나 폭력을 선동하는 표현'을 뜻한다고 설명하면서, 이러한 혐오 표현을 사용하지 않도록 노력해야 한다고 주장하였습니다. 그 근거로 3문단에서 혐오 표현은 그 대상이 되는 사람에게 극심한 정신적 ❷고통을 준다는 점을, 4문단에서 사회 전반에 걸쳐 차별을 ❸정당화한다는 점을 들었습니다. 5문단에서 글쓴이는 혐오 표현의 심각성을 인식하고, 내가 한 말이 혐오 표현은 아닌지 한 번 더 생각해 보는 ❹습관을 지녀야 한다고 강조하였습니다.

**어휘 다지기**

**2** (1)의 빈칸에는 '어떤 대상에 대하여 겪어 보지 않고 미리 짐작하여 가지는 생각.'이라는 뜻의 '선입견'이, (2)의 빈칸에는 '싫어하고 미워함.'이라는 뜻의 '혐오'가, (3)의 빈칸에는 '어떤 힘에 눌려 졸아들고 기를 펴지 못하는 느낌.'이라는 뜻의 '위축감'이 들어가는 것이 알맞습니다.

**어휘 키우기**

**3** '치우칠 편(偏)'이 사용된 낱말은 (1)의 '편중(偏重)'과 (2)의 '편식(偏食)'입니다. (3)의 '편입(編入)'은 '엮을 편(編)'이 사용된 낱말입니다.

## 실전 2

# 아픈 역사를 간직한 네거티브 유산

**1** (1)○　　　　**2** ③

**3** ③, ④ 💡반복　**4** 재찬　　　**5** ㉯

**6** ❶ 네거티브　❷ 건축　❸ 수용소　❹ 교훈

### 어휘 다지기

**1** (1)③ (2)② (3)①

**2** (1)수식어 (2)과오 (3)외관

### 어휘 키우기

**3** (1)∨ (2)∨

---

**1** 글쓴이는 네거티브 유산이 지니는 의미와 건축사적 가치를 근거로 들어 이를 보존해야 한다고 주장하고 있습니다.

> **오답 피하기** ❗
> (2), (3) 네거티브 유산에 대한 전문가의 의견이나, 우리나라의 네거티브 유산인 '서대문 형무소'와 '옛 서울역사'의 차이점을 대조하는 내용은 이 글에 나와 있지 않습니다.

**2** 2문단의 "지금까지 남아 있는 서대문 형무소", 3문단의 "서울 한가운데에 위치한 '옛 서울역사'"를 통해 두 건축물이 지금도 남아 있음을 알 수 있습니다.

> **✒ 이 문제를 틀렸다면**
> ①과 ②는 1문단을, ④는 3문단을, ⑤는 4문단을 읽으며 확인해 봅니다.

**3** ㉮의 뒤에는 네거티브 유산을 보며 잘못된 역사를 기억하고 성찰해야 그러한 역사를 반복하지 않을 수 있고 더 나은 미래로 나아갈 수 있다는 내용이 이어집니다. 따라서 ㉮에는 역사를 기억하는 것의 중요성을 드러내는 말인 '기억하지 않는 역사는 되풀이된다.'(③)와 '역사를 잊은 민족에게 미래는 없다.'(④)가 들어가는 것이 적절합니다.

> **오답 피하기** ❗
> ① 역사는 바꿀 수 없음을 뜻하는 말입니다.
> ② 역사는 권력을 잡은 사람이나 전쟁에서 승리한 나라의 관점에서 기록된 것임을 뜻하는 말입니다.
> ⑤ 역사는 고정된 과거의 사실이 아니라, 현재의 우리가 지속적으로 해석하고 평가하는 것임을 뜻하는 말입니다.

**4** 재찬이가 ㉡을 고쳐 쓴 문장은 "나는 ~ 느껴진다."라고 하여 여전히 주관적인 표현이 쓰였으므로 알맞지 않습니다.

---

> **오답 피하기** ❗
> 호민: "~ 철거하는 것도 좋겠지만, 보존하는 것이 나을 것이다."라고 한 ㉠은 모호한 표현입니다. 주장하는 글은 자신의 견해나 관점을 정확하게 표현하는 글이므로 모호한 표현을 쓰지 않는 것이 좋습니다.
> 나연: 모호하고 불확실한 표현을 명확하게 고쳤습니다.
> 주희: "내가 느끼기에 ~ 경향인 듯하다."라고 한 ㉡은 다른 사람을 논리적으로 설득하기 어려운 주관적인 표현입니다.

**5** 1문단에서 네거티브 유산은 침략이나 전쟁, 학살과 같은 인류의 어두운 역사가 담긴 유산을 말한다고 하였습니다. '경기 수원 화성'은 조선 시대의 뛰어난 건축 기술을 보여 주는 문화유산이지, 어두운 역사가 담긴 네거티브 유산이 아닙니다.

> **✒ 이 문제를 틀렸다면**
> ㉮~㉱를 어둡고 아픈 역사가 담겨 있는 유산과 그렇지 않은 유산으로 구별해 봅니다.

**6** 글쓴이는 1문단에서 인류의 어두운 역사가 담긴 유산인 ❶네거티브 유산을 보존해야 한다고 주장하였습니다. 그 근거로 2문단에서는 네거티브 유산이 과거의 역사와 과오를 되새기게 해 준다는 점을, 3문단에서는 당시의 ❷건축 양식이 남아 있는 소중한 문화유산이라는 점을 들었습니다. 4문단에서 글쓴이는 해외에서 네거티브 유산을 보존하는 사례인 아우슈비츠 ❸수용소에 대해 설명하였고, 5문단에서 네거티브 유산을 보존하여 그 안에 담긴 ❹교훈과 가치를 후대에게 전해 주어야 한다며 주장을 한 번 더 강조하였습니다.

### 어휘 다지기

**2** (1)의 빈칸에는 '더 분명하고 아름답게 표현하기 위하여 꾸미는 말.'이라는 뜻의 '수식어'가, (2)의 빈칸에는 '잘못이나 실수.'라는 뜻의 '과오'가, (3)의 빈칸에는 '겉으로 드러난 모양.'이라는 뜻의 '외관'이 들어가는 것이 알맞습니다.

### 어휘 키우기

**3** (1)에 쓰인 '최신식'은 '최신'에 '-식'이 붙어 '가장 새로운 방법이나 격식.'이라는 뜻을 가지는 낱말이고, (2)에 쓰인 '조립식'은 '조립'에 '-식'이 붙어 '여러 부품을 하나의 구조물로 맞추어 짜는 방법으로 꾸미는 방식.'이라는 뜻을 가지는 낱말입니다. (3)에 쓰인 '희소식'은 '기쁜 소식.'이라는 뜻으로, 제시된 '-식'이 붙어 만들어진 낱말이 아닙니다.

# 10

## 글쓴이의 관점 평가하기

① 글에서 다루는 문제 상황이 무엇인지 살펴보고, 이에 대한 글쓴이의 생각을 파악합니다.
② 글의 내용이 타당성과 유용성을 갖추고 있는지 따져 보며 글쓴이의 관점을 평가합니다.

### 확인 문제

**117쪽**

**1** 강화하는, 부정적

**2** (1)○

**1** 이 글에서 다루는 문제 상황은 '학교 폭력 가해 학생에 대한 처벌을 강화하는 것'이고, 글쓴이는 가해 학생을 더 강력하게 처벌한다고 해서 학교 폭력이 사라지지 않는다며 이를 부정적으로 바라보고 있습니다.

✎ **이 문제를 틀렸다면**
2문단에 드러난 글쓴이의 생각을 정리해 봅니다.

**2** 이 글에서 글쓴이는 학교 폭력 문제를 교육으로 해결해야 한다는 주장을 뒷받침하기 위해 핀란드에서 실시하는 학교 폭력 예방 프로그램의 내용과 효과를 근거로 제시하였습니다. 이 근거는 논리적이고 타당하므로, 글쓴이의 관점은 타당성을 갖추었다고 볼 수 있습니다.

⚠ **오답 피하기**
(2) 다른 나라의 사례라고 해서 우리나라의 문제를 해결하는 데 도움이 안 된다고 볼 수는 없습니다.

### 연습

**118~119쪽**

**ESG 경영이 무엇일까?**

**1** ③   **2** ②   **3** (2)○
**4** ④ 💡 이윤

**1** 2문단에서 지난 수십 년간 기업의 이윤 추구 행위는 환경을 파괴하고, 노동자와 소비자의 권리를 침해하는 등 다양한 문제를 야기해 왔다고 하였습니다.

⚠ **오답 피하기**
① 기업이 추구하는 제1의 목적은 이윤입니다(1문단).
② 기업이 이윤뿐만 아니라 사회 전체의 이익을 생각해야 한다는 목소리가 커지면서 ESG 경영이 등장했습니다(2, 3문단).
④ ESG 경영은 기업을 운영할 때 환경 보호, 사회적 책임, 투명한 의사 결정 구조를 고려하는 것을 의미합니다(3문단).
⑤ ESG 경영을 실천하지 않고 이윤만을 좇는 기업은 환경과 인권, 공정성에 민감하게 반응하는 소비자의 선택을 받을 수 없습니다(4문단).

**2** 1문단에 나와 있듯이, 기업이 최신 기술을 도입하여 생산에 드는 비용을 줄이는 것은 더 큰 이윤을 얻기 위한 행위이지, ESG 경영을 실천한 예가 아닙니다.

⚠ **오답 피하기**
①, ④ 환경 측면에서 ESG 경영을 실천한 예입니다.
③ 사회 측면에서 ESG 경영을 실천한 예입니다.
⑤ 기업 지배 구조 측면에서 ESG 경영을 실천한 예입니다.

**3** 보기 는 ESG 경영을 도입한 기업에서 시각 장애인이 더 나은 생활을 할 수 있도록 돕는 앱을 개발한 사례입니다. 이는 장애인의 접근성을 높인 제품을 개발한 것이므로, ESG 경영의 요소 중 '사회(S)'와 관련 있습니다.

**4** 기업이 모든 이윤을 포기해야 한다는 것은 글쓴이의 관점이 아닙니다. 글쓴이는 기업이 이윤을 내는 것 자체를 비판하는 것이 아니라 오직 이윤만을 좇으며 공동체의 가치를 외면해 온 것을 비판하면서, 이윤과 공동체의 가치를 함께 추구하는 ESG 경영을 실천해야 한다고 주장하고 있습니다.

✎ **이 문제를 틀렸다면**
ESG 경영에 대한 글쓴이의 생각이 어떠한지 파악해 봅니다.

**인간의 힘으로 비를 조절하는 기술**

**1** 물방울, 구름 씨     **2** ④

**3** ④ 💡 미세 먼지    **4** (3)○     **5** ③

**6** ❶ 인공 강우 ❷ 비 ❸ 가뭄 ❹ 비용

**어휘 다지기**

**1** (1) ③ (2) ① (3) ②

**2** (1) 강우 (2) 생활용수 (3) 인위적

**어휘 키우기**

**3** (1) 경쟁률 (2) 출산율 (3) 지지율

---

**1** 2문단에 따르면 인공 강우 기술은 구름 속 작은 물방울들이 뭉치지 못할 때, 물방울을 빗방울 크기로 뭉치는 데 도움이 되는 구름 씨를 구름에 인위적으로 뿌려 비가 내리게 하는 방법입니다.

**2** 2문단에서 구름 속 작은 물방울들이 충분히 뭉쳐지지 않으면, 구름이 아무리 많아도 비가 내리지 않는다고 하였습니다.

🖊 **이 문제를 틀렸다면**

①은 4문단을, ②는 5문단을, ③은 3문단을, ⑤는 1문단을 읽으며 확인해 봅니다.

**3** 3문단에서 인공 강우 기술은 가뭄을 이기고 미세 먼지를 씻어 내는 해결책이 될 수 있다고 하였습니다. 우리나라는 여름에는 비가 많이 오지만 봄에는 비가 적어 가뭄이 잦고 미세 먼지 문제도 심각하므로, 여름철보다는 봄철에 인공 강우 기술이 필요할 것입니다.

**오답 피하기** 🔔

① 구름 씨는 구름에 뿌린다고 하였으므로(2문단), 비행기나 드론에서 뿌려질 것입니다.

② 인공 강우 기술은 구름 속 작은 물방울들이 뭉치게 하는 기술이므로(2문단), 구름이 전혀 없을 때는 사용하기 힘들 것입니다.

③ 가뭄이 이어지면 농작물이 피해를 입는다고 하였으므로(3문단), 가뭄을 해소해 주는 인공 강우 기술은 농사에 큰 도움이 될 것입니다.

⑤ 인공 강우 기술로 한 지역에 비를 내리면 다른 지역에는 원래 내릴 비가 내리지 않을 수 있다고 하였으므로(4문단), 주변 나라들이 반발할 수 있을 것입니다.

**4** 규리는 글쓴이의 주장이 논리적이고 타당한 근거로 뒷받침되고 있는지 따져 본 뒤, 관점의 타당성을 적절하게 평가하였습니다.

**오답 피하기** 🔔

(1), (2) 희윤이와 진욱이는 글의 내용이 타당성과 유용성을 갖추고 있는지를 따져 보는 것이 아니라, 자신의 주관적인 생각을 근거로 글쓴이의 관점을 평가하였기 때문에 적절하지 않습니다.

**5** 민기가 찾은 자료는 중국, 러시아, 아랍 에미리트가 인공 강우 기술로 각각 먹구름, 산불, 가뭄을 해결한 사례를 보여 줍니다. 따라서 민기는 인공 강우 기술을 활용한 사례에 어떤 것이 있을지 궁금하여 이 자료를 찾았을 것입니다.

🖊 **이 문제를 틀렸다면**

민기가 찾은 자료가 ①~⑤ 중 어떤 질문에 대한 답을 담고 있는지 살펴봅니다.

**6** 1문단에서 글쓴이는 과거에는 인간이 비를 통제할 수 없었지만, 오늘날에는 인간이 원할 때 비를 내리는 ❶인공 강우 기술이 개발되고 있음을 설명하였습니다. 2문단에서는 구름 씨를 인위적으로 뿌려 ❷비가 내리게 하는 방법이 인공 강우라며, 인공 강우 기술의 원리를 알려 주었습니다. 이러한 인공 강우 기술에 대해 3문단에서는 ❸가뭄을 이기고 미세 먼지를 씻어 내는 해결책이 될 수 있다는 가능성을, 4문단에서는 ❹비용이 많이 들고 주변 지역에 가뭄을 유발할 수 있다는 문제점을 제시하였습니다. 5문단에서 글쓴이는 인공 강우 기술의 가능성을 실현하고 문제점을 극복하는 방향으로 연구가 지속되어야 한다고 강조하였습니다.

**어휘 다지기**

**2** (1)의 빈칸에는 '비가 내림.'이라는 뜻의 '강우'가, (2)의 빈칸에는 '일상생활에 쓰이는 물.'이라는 뜻의 '생활용수'가, (3)의 빈칸에는 '자연의 힘이 아닌 사람의 힘으로 이루어지는 것.'이라는 뜻의 '인위적'이 들어가는 것이 알맞습니다.

**어휘 키우기**

**3** '-률'과 '-율'은 앞에 오는 낱말에 따라 다르게 표기하여 헷갈리는 말입니다. (1)에서는 앞의 낱말이 'ㅇ' 받침으로 끝나므로 '경쟁률'이 알맞습니다. (2)에서는 앞의 낱말이 'ㄴ' 받침으로 끝나므로 '출산율'이 알맞습니다. (3)에서는 앞의 낱말이 모음으로 끝나므로 '지지율'이 알맞습니다.

## 정보 사회의 이면

**1** ④ 💡부정적     **2** ③     **3** ③

**4** (2) ○     **5** ㉣

**6** ❶ 편리 ❷ 과의존 ❸ 격차 ❹ 개인 정보

**어휘 다지기**

**1** (1) ② (2) ③ (3) ①

**2** (1) 연일 (2) 대인 (3) 상업적

**어휘 키우기**

**3** (2) V (3) V

---

**1** 이 글은 정보 사회로의 변화가 가져온 스마트폰 과의존, 정보 격차, 개인 정보 유출과 같은 부정적 영향을 근거로 들어, 이를 개선하기 위해 사회적 차원의 노력이 필요함을 주장하고 있습니다.

✎ **이 문제를 틀렸다면**

각 문단의 중심 문장을 종합하여 글쓴이가 전달하려는 생각이 무엇인지 알아봅니다.

**2** 3문단에서 정보 격차는 고령층, 장애인과 같은 정보 취약 계층에게 불편함을 주는 것을 넘어 이들을 사회에서 배제하는 결과를 낳을 수 있다고 하였습니다.

**오답 피하기**

① 정보 사회는 물질이 아닌 정보가 생활의 중심이 된 사회입니다(1문단).

② 스마트폰 과의존은 게임, 사회관계망 서비스, 온라인 쇼핑 등에 빠져 스스로 사용 시간을 조절하지 못하는 것을 말합니다(2문단).

④ 정보 사회에서는 개인이 자신에 관한 정보를 완벽하게 관리하고 통제할 수 없다는 점이 문제가 됩니다(4문단).

⑤ 정보 사회에서는 신용 카드로 어떤 물건을 샀는지, 웹사이트에 접속해서 무엇을 클릭했는지 등이 디지털로 기록됩니다(4문단).

**3** 웹사이트의 비밀번호를 자주 바꾸는 것은 개인 정보 유출을 막기 위한 개인적 차원의 노력이므로, ㉠의 내용으로 알맞지 않습니다.

**오답 피하기**

① 스마트폰 과의존을 겪는 학생을 돕기 위한 사회적 차원의 노력입니다.

② 개인 정보 유출을 막기 위한 사회적 차원의 노력입니다.

④, ⑤ 정보 격차를 해소하기 위한 사회적 차원의 노력입니다.

**4** (2)는 정보 사회의 이점을 근거로 들어 정보 사회를

---

긍정적으로 전망하고 있으므로, 글쓴이의 관점과 다른 의견을 적절하게 제시했다고 볼 수 있습니다.

**오답 피하기**

(1) 이 글의 3문단에서 설명했듯이, 정보 사회는 모든 사람이 정보에 쉽게 접근할 수 있는 사회가 아닙니다. 따라서 글쓴이의 관점과 다른 의견이지만, 이를 적절하게 제시하지는 못했습니다.

(3) 정보 사회의 문제점에 주목하고 있으므로, 글쓴이의 관점과 같은 의견입니다.

**5** ㉣는 스마트폰과 문자 메시지라는 디지털 기술을 통해 실종자를 찾는다는 내용으로, 정보 사회의 부정적 영향이 아닌 긍정적 효과와 관련된 제목입니다.

**오답 피하기**

㉮ 스마트폰 과의존과 관련된 제목입니다.

㉯ 개인 정보 유출과 관련된 제목입니다.

㉰ 정보 격차와 관련된 제목입니다.

**6** 1문단에서 글쓴이는 정보 사회로의 변화가 우리 삶을 ❶편리하게 해 주었지만, 그로 인해 여러 부정적인 영향도 나타나고 있다고 하였습니다. 이어 정보 사회의 부정적 영향으로 2문단에서는 스마트폰 ❷과의존을, 3문단에서는 정보 ❸격차를, 4문단에서는 ❹개인 정보 유출을 제시하였습니다. 마지막으로 5문단에서는 정보 사회의 부정적 영향을 개선하기 위해 사회적 차원의 노력이 필요하다고 주장하였습니다.

**어휘 다지기**

**2** (1)의 빈칸에는 '여러 날을 계속하여.'라는 뜻의 '연일'이, (2)의 빈칸에는 '다른 사람을 상대함.'이라는 뜻의 '대인'이, (3)의 빈칸에는 '상품을 사고파는 행위를 통하여 이익을 얻는 것.'이라는 뜻의 '상업적'이 들어가는 것이 알맞습니다.

**어휘 키우기**

**3** '찾을 색(索)'이 사용된 낱말은 (2)의 '색출(索出)'과 (3)의 '모색(摸索)'입니다. (1)의 '기색(氣色)'은 '빛 색(色)'이 사용된 낱말입니다.

# 구체적인 상황에 적용하기

① 글을 꼼꼼하게 읽고 내용을 정확하게 이해합니다.

② 문제에 제시된 구체적인 상황을 파악합니다.

③ 제시된 상황과 관련 있는 부분을 글에서 찾아 적용해 봅니다.

## 확인 문제
129쪽

**1** ㉡

**2** (3) ×

**1** 보기 의 상황이 발생하는 까닭은 한 사람이 가진 양손의 지문이 서로 다르기 때문입니다.

🖋 **이 문제를 틀렸다면**

㉠~㉢ 중 왼손의 지문과 오른손의 지문이 다르게 생겼다는 내용의 문장을 찾아봅니다.

**2** 이 글은 지문의 뜻과 특징을 설명하고 있습니다. 지문은 사람마다 모양이 다르고, 한 사람의 지문이라도 양손이 서로 다르며, 상처가 나거나 나이가 들더라도 변하지 않는다는 특징이 있습니다. 물감을 묻힌 손가락으로 지문을 찍어 만든 그림은 이러한 지문의 특징을 적용한 사례가 아닙니다.

⚠ **오답 피하기**

(1), (2) 미리 등록한 지문으로 신원을 확인하는 장치 및 제도로, 사람마다 모양이 다르다는 지문의 특징을 적용한 사례입니다.

---

## 다양한 전통 가옥

**1** ④

**2** (1) 한대 (2) 건조 (3) 열대

**3** ④

**4** (1) ○ 🖋 재료

**1** 이 글은 세계의 기후 중 열대 기후, 한대 기후, 건조 기후의 특징과 이를 고려하여 지어진 전통 가옥을 소개하는 글입니다.

🖋 **이 문제를 틀렸다면**

제목은 글 전체의 내용을 아우를 수 있어야 합니다. 그러니 글에 나온 낱말이나 일부 내용이 아닌 글의 주제를 담고 있는 제목을 찾아봅니다.

**2** 3문단의 "한대 기후는 연중 추운 날씨가 지속되고 강수량이 적은 기후로,", 4문단의 "건조 기후는 1년 동안의 강수량을 모두 합쳐도 500mm가 안 될 만큼 매우 건조한 기후이다.", 2문단의 "열대 기후는 연중 덥고 습하며 강수량이 많은 기후이다."를 통해 (1)은 한대 기후, (2)는 건조 기후, (3)은 열대 기후에 대한 설명임을 알 수 있습니다.

**3** 전통 가옥은 각 기후의 특징을 고려하여 짓습니다. 건조 기후 지역의 전통 가옥인 흙집은 강수량이 매우 적은 건조 기후의 특징을 고려하여 지어졌을 것이므로, 비가 많이 내려도 안전할 것이라는 짐작은 알맞지 않습니다.

⚠ **오답 피하기**

① 바깥 기온이 영하 30~40도일 때 이글루 안은 영상 5도 정도를 유지한다는 내용(3문단)을 통해 짐작할 수 있습니다.

② 열대 기후 지역의 고상 가옥은 지면으로부터 올라오는 열기와 습기를 피할 수 있도록 지어졌다는 내용(2문단)을 통해 짐작할 수 있습니다.

③ 한대 기후 지역은 거의 1년 내내 눈과 얼음으로 덮여 있다는 내용(3문단)을 통해 짐작할 수 있습니다.

⑤ 사막에는 선인장 이외의 식물이 자라기 어렵다는 내용(4문단)을 통해 짐작할 수 있습니다.

**4** 이 글에서 전통 가옥은 주변에서 쉽게 구할 수 있는 재료로 짓는다고 하였습니다. 보기 에 따르면 냉대 기후 지역에서는 잎이 뾰족한 나무, 즉 침엽수가 잘 자라므로 이 지역의 전통 가옥은 침엽수로 지은 통나무집일 것입니다.

⚠ **오답 피하기**

(2) 유목민들이 사는 초원 지역의 전통 가옥입니다.

(3) 여름에 햇볕이 강한 지중해 지역의 전통 가옥입니다.

## 실전 1

### 보고 싶은 것만 보는 '확증 편향'

**1** (2) ◯     **2** ④ 💡나쁜 공기     **3** ②

**4** ①     **5** ③

**6** ❶ 의사 ❷ 확증 편향 ❸ 다양성 ❹ 반대

**어휘 다지기**

**1** (1) ② (2) ① (3) ③

**2** (1) 현저히 (2) 원동력 (3) 산모

**어휘 키우기**

**3** (1) ⓒ (2) ⓐ (3) ⓑ

---

**1** 3문단에서 생각의 다양성은 개인과 조직, 사회의 발전을 이끄는 원동력이라고 하였습니다.

**오답 피하기** 💡

(1) 제멜바이스는 의사가 치료 전에 손을 씻어야 한다고 처음 주장한 사람입니다(1문단).

(3) 확증 편향은 자신이 보고 싶은 것만 보는 사고방식으로, 확증 편향에 사로잡힌 사람들은 자신의 생각과 일치하지 않는 정보를 무시합니다(2문단).

(4) 제멜바이스의 실험에서 의사가 손을 씻었을 때 산모의 사망률은 18.27%에서 1.9%로 낮아졌습니다(1문단).

**2** ㉠의 구체적인 내용은 1문단에 나와 있습니다. 당시 의학계는 제멜바이스의 견해를 받아들이지 않았는데, 이는 당시에는 나쁜 공기로 인해 질병이 퍼진다고 믿었기 때문입니다.

**3** 확증 편향에 빠지지 않기 위한 방법은 3~5문단에 제시되어 있습니다. 나와 반대되는 의견을 귀담아듣는 것은 4문단에서 제시한 내용에 해당합니다.

**오답 피하기** 💡

① 이 글에서 확인할 수 없는 내용입니다.

③, ⑤ 확증 편향에 빠지지 않으려면 자신의 생각이 틀릴 수 있음을 알고, 잘못된 판단을 고수하기보다 옳은 근거를 수용할 줄 알아야 합니다(5문단).

④ 확증 편향에 빠지지 않으려면 생각의 다양성을 존중해야 합니다(3문단).

**4** ㉡의 뒤 내용으로 보아, ㉡에는 반대 의견을 내는 사람의 입장에서 생각해 본다는 의미가 담긴 사자성어가 들어가야 하므로 '역지사지'가 알맞습니다.

✏️ **이 문제를 틀렸다면**

㉡에 ①~⑤를 하나씩 넣어 보고, 뜻이 통하는 것을 찾아봅니다.

**5** A사가 시장에서 좋은 평가를 받지 못한 것은 자신감이 없거나 남의 의견에 휩쓸려서가 아니라, 확증 편향에 빠져 소비자의 의견을 무시했기 때문입니다.

**오답 피하기** 💡

①, ⑤ A사가 반대 의견을 숙고하고 자신의 생각이 틀릴 수 있음을 인정했다면, 더 나은 제품을 출시할 수 있었을 것입니다.

②, ④ 청소기의 단점을 지적하는 소비자의 의견을 수용하지 않은 A사는 보고 싶은 것만 보는 확증 편향에 빠져 청소기를 개선하지 못했다고 볼 수 있습니다.

**6** 1문단에서는 헝가리의 의사 제멜바이스가 1847년에 처음으로 ❶의사가 치료 전에 손을 씻어야 한다고 주장했지만, 당시 의학계가 제멜바이스의 견해를 받아들이지 않았던 사례를 소개하였습니다. 2문단에서는 이 사례가 자신의 생각과 부합하는 정보만을 수용하고 그렇지 않은 정보를 의도적으로 무시하는 ❷확증 편향을 보여 준다고 하였습니다. 이러한 확증 편향에 빠지지 않기 위한 방법으로 3문단에서는 생각의 ❸다양성을 존중해야 한다는 점을, 4문단에서는 ❹반대 의견에 대해 숙고해야 한다는 점을, 5문단에서는 자신의 생각이 틀릴 수 있음을 알아야 한다는 점을 제시하였습니다.

**어휘 다지기**

**2** (1)의 빈칸에는 '뚜렷이 드러날 정도로.'라는 뜻의 '현저히'가, (2)의 빈칸에는 '어떤 움직임의 근본이 되는 힘.'이라는 뜻의 '원동력'이, (3)의 빈칸에는 '아기를 갓 낳은 여자.'라는 뜻의 '산모'가 들어가는 것이 알맞습니다.

**어휘 키우기**

**3** '의사'는 형태는 같지만 뜻이 서로 다른 동형어입니다. (1)에는 병을 고치는 것을 직업으로 하는 사람이라는 ⓒ의 뜻이, (2)에는 무엇을 하고자 하는 생각이라는 ⓐ의 뜻이, (3)에는 나라와 민족을 위해 몸을 바쳐 일한 의로운 사람이라는 ⓑ의 뜻이 알맞습니다.

## 두 개의 렌즈로 먼 곳을 보다

**1** ④

**2** (1) 볼록 렌즈 (2) 오목 렌즈 (3) 볼록 렌즈

**3** ③, ④    **4** (3) ○ 💡 확대    **5** ㉮, 갈릴레이식

**6** ❶ 망원경 ❷ 렌즈 ❸ 갈릴레이 ❹ 볼록 ❺ 천체

### 어휘 다지기

**1** (1) ③ (2) ② (3) ①

**2** (1) 실용성 (2) 행성 (3) 배율

### 어휘 키우기

**3** (1) V (3) V

**1** 4문단에서 갈릴레이식 망원경은 물체를 많이 확대할 수 없고 시야도 협소했다고 하였습니다.

🖊 **이 문제를 틀렸다면**
①은 2문단을, ②는 4문단을, ③은 1문단을, ⑤는 3문단을 읽으며 확인해 봅니다.

**2** 볼록 렌즈와 오목 렌즈를 사용하는 갈릴레이식 망원경은 대물렌즈로 (1)볼록 렌즈를 사용하므로(5문단), 접안렌즈로는 (2)오목 렌즈를 사용할 것입니다. 반면 두 개의 볼록 렌즈를 사용하는 케플러식 망원경은 대물렌즈와 접안렌즈 모두 (3)볼록 렌즈를 사용할 것입니다.

**3** 이 글의 2~4문단에서는 1608년 리퍼세이의 망원경, 1609년 갈릴레이의 망원경, 1611년 케플러의 망원경으로 망원경이 발전하는 과정을 시간의 흐름에 따라 설명하고 있습니다(③). 또한 4문단과 6문단에서는 갈릴레이식 망원경과 케플러식 망원경의 차이점을 대조하여 설명하고 있습니다(④).

🖊 **이 문제를 틀렸다면**
①~⑤에 제시된 설명 방법이 나타난 부분을 글에서 찾아 밑줄을 그어 봅니다.

**4** 제시된 그림에서 인형은 렌즈의 중심에서 초점까지의 거리인 초점 거리 안에 있습니다. 볼록 렌즈에서는 물체가 초점 거리 안에 있으면 확대되어 보이므로(5문단), 관찰자는 렌즈 뒤의 인형이 크고 똑바로 보일 것입니다.

**오답 피하기** 📢
(1) 볼록 렌즈에서는 물체가 초점 거리 밖에 있을 때 상하좌우가 뒤바뀌어 보입니다(5문단).

**5** ㉮는 대물렌즈의 초점 거리 안에 접안렌즈가 있으므로 갈릴레이식 망원경이고, ㉯는 대물렌즈의 초점 거리 밖에 접안렌즈가 있으므로 케플러식 망원경입니다. 오페라를 볼 때 배우들의 모습이 거꾸로 보여서는 안 되므로, 이서에게는 물체가 크고 똑바로 보이는 망원경인 갈릴레이식 망원경이 필요할 것입니다. 따라서 글쓴이가 이서에게 추천할 망원경은 ㉮인 갈릴레이식 망원경입니다.

**오답 피하기** 📢
케플러식 망원경은 물체가 거꾸로 보이므로, 공연 관람용 망원경으로 적절하지 않습니다.

**6** 1문단에서는 ❶망원경의 발명 덕분에 인간이 천체를 자세히 관찰할 수 있게 되었다고 하였습니다. 2문단에서는 1608년 한스 리퍼세이가 금속 통 안에 두 개의 ❷렌즈를 붙여 최초의 망원경을 만들었음을, 3문단에서는 1609년 갈릴레오 ❸갈릴레이가 배율을 30배로 높인 갈릴레이식 망원경을 제작했음을, 4문단에서는 1611년 요하네스 케플러가 배율이 높고 비교적 넓은 영역을 볼 수 있는 케플러식 망원경을 고안했음을 설명하였습니다. 5문단에서는 갈릴레이식 망원경과 케플러식 망원경에서 보이는 물체의 모습이 다른 이유는 ❹볼록 렌즈의 특성 때문이라고 하였고, 6문단에서는 두 망원경의 구조 차이를 설명하면서 현대의 ❺천체 망원경은 대부분 케플러식 망원경이라고 하였습니다.

### 어휘 다지기

**2** (1)의 빈칸에는 '실제적인 쓸모가 있는 성질.'이라는 뜻의 '실용성'이, (2)의 빈칸에는 '중심 별의 강하게 끌어당기는 힘 때문에 타원 궤도를 그리며 중심 별의 주위를 도는 천체.'라는 뜻의 '행성'이, (3)의 빈칸에는 '거울, 렌즈, 현미경, 망원경 등을 통하여 보이는 물체의 크기와 실제 크기의 비율.'이라는 뜻의 '배율'이 들어가는 것이 알맞습니다.

### 어휘 키우기

**3** (1)에 쓰인 '맨밥'은 '밥'에 '맨-'이 붙어 '반찬이 없는 밥.'이라는 뜻을 가지는 낱말이고, (3)에 쓰인 '맨땅'은 '땅'에 '맨-'이 붙어 '아무것도 깔려 있지 않은 땅바닥.'이라는 뜻을 가지는 낱말입니다. (2)에 쓰인 '맨날'은 '매일같이 계속하여서.'라는 뜻으로, 제시된 '맨-'이 붙어 만들어진 낱말이 아닙니다.

# 두 글을 통합적으로 읽기

① 두 글이 공통으로 다루는 대상을 파악합니다.

② 두 글의 차이점을 살펴봅니다.

③ 두 글의 내용을 참고하여 대상에 대한 나의 생각을 정리해 봅니다.

## 확인 문제
141쪽

**1** (3)×    **2** 유진

**1** 글 **가**와 **나**는 모두 국립 공원의 케이블카 설치 문제를 다루고 있습니다. 글 **가**는 케이블카 설치가 국립 공원의 환경을 파괴한다며 환경적 측면에서 바라보고 있고, 글 **나**는 케이블카 설치로 수익을 얻을 수 있다며 경제적 측면에서 바라보고 있습니다.

✏️ **이 문제를 틀렸다면**

'~적 측면에서'라는 말은 '~와 관련된 면에서'라는 뜻입니다. 글 **가**와 **나**가 무엇과 관련된 면에서 국립 공원의 케이블카 설치 문제를 찬성 또는 반대하는지 알아봅니다.

**2** 유진이는 개발보다 환경 보전을 중시하는 글 **가**의 내용을 잘 파악하였고, 이와 다른 관점을 가진 글 **나**의 내용도 적절히 통합하여 자기 생각을 말했습니다.

**오답 피하기** 💡

인수: 케이블카의 안정성을 고려해야 한다는 것은 글 **나**의 내용이 아닙니다.

---

## 성격 유형 검사

**1** MBTI    **2** ③

**3** ②, ④ 💡절대시    **4** (3)×

**1** 글 **가**는 MBTI에 대한 소개와 MBTI의 장점을 쓴 글이고, 글 **나**는 MBTI가 유행하는 사회 현상과 MBTI를 맹신하여 생기는 문제점을 쓴 글입니다. 따라서 두 글에서 공통으로 다루는 대상은 'MBTI'입니다.

✏️ **이 문제를 틀렸다면**

글 **가**와 **나**에서 자주 나오는 말을 찾아봅니다.

**2** 글 **가**의 1문단에서 MBTI는 미국의 이저벨 마이어스와 캐서린 브리그스가 1940년대에 개발했다고 하였습니다.

✏️ **이 문제를 틀렸다면**

①은 글 **나**의 2문단을, ②는 글 **나**의 1문단을, ④와 ⑤는 글 **가**의 1문단을 읽으며 확인해 봅니다.

**3** 글 **가**의 "MBTI를 절대시해서는 안 되지만"과 글 **나**의 "지금처럼 MBTI로 사람을 판단하고 분류하는 분위기는 바람직하지 않다."에서 알 수 있듯이, 글 **가**와 **나** 모두 MBTI를 절대적으로 믿어서는 안 된다고 말하고 있습니다(②). 또한 글 **가**는 MBTI의 여러 장점을 제시하며 이를 긍정하고 있고, 글 **나**는 MBTI의 여러 문제점을 제시하며 이를 비판하고 있습니다(④).

**오답 피하기** 💡

① 글 **가**는 MBTI의 장점을 설명하는 글이고, 글 **나**는 MBTI로 사람을 판단하고 분류하는 것은 바람직하지 않다고 주장하는 글입니다.

③ 글 **가**와 **나** 모두 MBTI가 과학적으로 검증받은 검사임을 강조하고 있지 않습니다.

⑤ 글 **나**에 MBTI가 하나의 문화로 자리 잡은 듯하다는 내용은 나와 있지만, 글 **가**에 MBTI가 일시적 유행이라고 보는 내용이 나와 있지는 않습니다.

**4** 어떤 검사가 대중적이고 인기 있다고 해서 그 검사의 결과를 신뢰할 수 있는 것은 아닙니다. 또한 글 **가**와 **나** 모두 MBTI 결과가 믿을 만한지를 다루고 있지 않습니다. 그러므로 다경이의 말은 두 글을 통합적으로 읽고 생각한 내용이라고 볼 수 없습니다.

**오답 피하기** 💡

(1), (2) 글 **나**와 비슷한 관점으로 자신의 생각을 말했습니다.

(4) 글 **가**와 비슷한 관점으로 자신의 생각을 말했습니다.

## 채식과 건강

**1** ④            **2** ③

**3** (2)○ 💡단백질    **4** 증가, 감소    **5** ㉠

**6** ❶ 건강 ❷ 영양소 ❸ 예방 ❹ 비만

### 어휘 다지기

**1** (1) ② (2) ① (3) ③

**2** (1) 발병률 (2) 포만감 (3) 어패류

### 어휘 키우기

**3** (1) V (3) V

---

**1** 글 **가**는 신체 상태를 고려하지 않고 채식을 할 경우, 영양소가 결핍되어 오히려 건강을 해칠 수 있다는 내용입니다. 이를 가장 잘 담은 제목은 '채식, 건강에 좋은 것만은 아니다'입니다.

**2** 글 **나**에 우리나라의 비만 인구 비율이 꾸준히 높아지고 있다는 내용은 있지만, 전 세계적으로 그 비율이 높아지는지는 나와 있지 않습니다.

**3** 2문단에 따르면 청소년 시기에는 성장을 위해 충분한 양의 단백질이 필요한데, 식물 단백질은 동물 단백질에 비해 불완전합니다. 따라서 성장기 청소년이 잘 성장하려면 동물 단백질을 섭취할 필요가 있을 것입니다.

### 오답 피하기 ❗

(1) 육류만이 아니라 유제품과 어패류, 달걀까지 먹지 않는 것을 '완전 채식'이라고 하였으므로(3문단), 육류만 먹지 않는 채식도 있을 것입니다.

(3) 채식을 하면, 뼈를 이루는 단백질과 혈액을 구성하는 철분이 결핍되기 쉽습니다(2, 3문단). 따라서 뼈가 약하거나 빈혈이 있는 사람은 육류를 먹을 필요가 있을 것입니다.

(4) 채소에는 철분이 풍부하게 들어 있지만, 체내 흡수율이 낮은 편입니다(3문단). 따라서 채식을 할 때 철분이 부족해지기 쉬운 까닭은 채소에 든 철분이 몸에 잘 흡수되지 않기 때문일 것입니다.

**4** ㉠에는 우리나라의 비만 인구 비율이 꾸준히 높아지고 있는 원인이 들어가야 합니다. ㉠의 앞에서 채소와 과일, 곡물은 같은 양의 육류보다 열량이 낮아 체중 감량에 효과적이라고 하였으므로, ㉠에는 열량이 높은 육류 섭취량이 <u>증가</u>하고 열량이 낮은 채소 및 과일 섭취량이 <u>감소</u>한다는 내용이 들어갈 것입니다.

---

### ✏️ 이 문제를 틀렸다면

'육류 섭취량', '채소 및 과일 섭취량'이 '비만 인구 비율'과 어떤 관련이 있는지 살펴봅니다.

**5** 글 **나**에서 식이 섬유가 심장에 이로운 영양소라고 언급하고는 있지만, 식이 섬유가 가장 이로운 영양소라고 하지는 않았습니다. 그러므로 이를 근거로 채식을 해야겠다고 생각하는 것은 적절하지 않습니다.

### 오답 피하기 ❗

㉮ 채식이 건강에 해로울 수 있다는 글 **가**의 내용을 참고하여 자신의 생각을 알맞게 정리하였습니다.

㉯ 채식이 심장 질환 등의 질병을 예방한다는 글 **나**의 내용을 참고하여 자신의 생각을 알맞게 정리하였습니다.

㉰ 채식을 하면 성장에 필요한 단백질을 충분히 섭취하기 어렵다는 글 **가**의 내용을 참고하여 자신의 생각을 알맞게 정리하였습니다.

**6** 글 **가**의 글쓴이는 1문단에서 신체 상태를 고려하지 않고 무작정 채식을 하면 ❶건강을 해칠 수 있다고 하였습니다. 그 까닭으로 2문단에서는 채식을 하면 단백질이 부족해지기 쉽다는 점을, 3문단에서는 채식을 하면 필수적인 ❷영양소가 결핍되기 쉽다는 점을 제시하였습니다. 반면, 글 **나**의 글쓴이는 1문단에서 여러 연구를 통해 채식이 건강에 유익하다는 사실이 밝혀졌다고 하였습니다. 구체적으로 2문단에서는 채식이 암과 심장 질환 등의 질병을 ❸예방한다는 점을, 3문단에서는 채식이 ❹비만의 위험을 줄인다는 점을 설명하였습니다.

### 어휘 다지기

**2** (1)의 빈칸에는 '어떠한 병에 걸릴 확률이나 병에 걸린 사람의 비율.'이라는 뜻의 '발병률'이, (2)의 빈칸에는 '넘치도록 가득 차 있는 느낌.'이라는 뜻의 '포만감'이, (3)의 빈칸에는 '어류와 조개류를 아울러 이르는 말.'이라는 뜻의 '어패류'가 들어가는 것이 알맞습니다.

### 어휘 키우기

**3** (1)에 쓰인 '콩류'는 '콩'에 '-류'가 붙어 '여러 가지 콩 종류를 통틀어 이르는 말.'이라는 뜻을 가지는 낱말이고, (3)에 쓰인 '침구류'는 '침구'에 '-류'가 붙어 '잠을 자는 데 쓰는 이부자리, 베개 등의 종류.'라는 뜻을 가지는 낱말입니다. (2)에 쓰인 '교류'는 '문화나 사상 등이 서로 통함.'이라는 뜻으로, 제시된 '-류'가 붙어 만들어진 낱말이 아닙니다.

## 비합리적 소비

**1** ④　　　　　　**2** ④

**3** ③ 💡유행　　**4** (1)◯　　**5** 동재

**6** ❶합리적 ❷밴드 왜건 ❸가격 ❹소득

**어휘 다지기**

**1** (1)③ (2)② (3)①

**2** (1)과시욕 (2)웃돈 (3)수요

**어휘 키우기**

**3** (1)지향하고 (2)지향했다 (3)지양하며

---

**1** 글 **카**에서 제시한 '밴드 왜건 효과'와 글 **나**에서 제시한 '베블런 효과'는 모두 비합리적 소비의 사례입니다.

**오답 피하기**

①, ③ 글 **카**와 **나**에서 설명하고 있지 않습니다.

② 글 **나**에서 가격과 수요의 관계를 언급하고 있지만 이것이 주된 설명 대상은 아니며, 글 **카**에서는 이를 전혀 다루고 있지 않습니다.

⑤ 글 **나**에서만 권위 있는 전문가가 주장한 경제학 이론인 베블런 효과를 소개하고 있습니다.

**2** 글 **카**의 2문단에서 밴드 왜건은 퍼레이드의 맨 앞에서 행렬을 이끄는 악대차라고 하였습니다.

**✏️ 이 문제를 틀렸다면**

①은 글 **카**의 1문단을, ②는 글 **카**의 3문단을, ③은 글 **나**의 2문단을, ⑤는 글 **나**의 1문단을 읽으며 확인해 봅니다.

**3** '밴드 왜건 효과'는 유행에 따라 물건을 구매하는 현상입니다. 이와 어울리는 속담은 하고 싶지 않거나 하려고 하지 않은 일을 남에게 끌려서 덩달아 하게 됨을 이르는 말인 '친구 따라 강남 간다.'입니다.

**오답 피하기**

① 어떤 일을 하려고 하는데 뜻하지 않은 일을 공교롭게 당함을 비유적으로 이르는 말입니다.

② 값이 싼 물건은 품질도 그만큼 나쁘게 마련이라는 말입니다.

④ 옳고 그름이나 신의를 돌보지 않고 자기의 이익만 꾀함을 비유적으로 이르는 말입니다.

⑤ 주관하는 사람 없이 여러 사람이 자기주장만 내세우면 일이 제대로 되기 어려움을 비유적으로 이르는 말입니다.

**4** ⓒ을 보여 주는 그래프는 가격이 낮을 때 수요가 높고, 가격이 높을 때 수요가 낮은 그래프입니다.

---

**✏️ 이 문제를 틀렸다면**

각각의 그래프에서 가격이 낮을 때의 수요와 가격이 높을 때의 수요를 파악하여 비교한 뒤, 가격이 높을 때 수요가 낮은 것을 찾아봅니다.

**5** 동재는 글 **카**에서 설명한 유행에 휩쓸리는 소비와 글 **나**에서 설명한 남에게 과시하기 위한 소비를 비합리적이라고 지적하면서 가격과 필요성을 따져 소비해야 한다고 하였습니다. 따라서 글 **카**와 **나**를 통합적으로 읽고 자신의 생각을 알맞게 말했다고 볼 수 있습니다.

**오답 피하기**

송희, 채서, 민수: 글 **카**의 내용이나 글 **나**의 내용과 무관하게 자신의 생각을 말하였습니다.

**6** 글 **카**의 글쓴이는 1문단에서 ❶합리적 소비를 해야 하지만 현실에서는 비합리적 소비의 사례를 쉽게 찾아볼 수 있다고 하였습니다. 그 사례로 2문단에서 유행에 따라 물건을 구매하는 현상인 ❷밴드 왜건 효과를 들고, 3문단에서 유행에 뒤처지지 않기 위해 하는 비합리적 소비를 경계해야 한다고 강조하였습니다. 글 **나**의 글쓴이는 1문단에서 ❸가격이 오를수록 수요가 줄어든다는 경제학의 설명과 반대되는 현상이 나타나기도 한다고 하였습니다. 그 사례로 2문단에서 가격이 올라도 수요가 줄지 않는 현상인 베블런 효과를 들고, 3문단에서 자신의 ❹소득 수준을 벗어난 과시적 소비를 지양해야 한다고 강조하였습니다.

**어휘 다지기**

**2** (1)의 빈칸에는 '자랑하여 보이고자 하는 욕구.'라는 뜻의 '과시욕'이, (2)의 빈칸에는 '원래의 값보다 더 주는 돈.'이라는 뜻의 '웃돈'이, (3)의 빈칸에는 '어떤 재화나 용역을 일정한 가격으로 사려고 하는 욕구.'라는 뜻의 '수요'가 들어가는 것이 알맞습니다.

**어휘 키우기**

**3** '지양하다'와 '지향하다'는 뜻이 다르지만 글자가 비슷하여 헷갈리는 말입니다. (1)에서는 지속 가능한 성장을 목표로 하고 있다는 것이므로 '지향하고'가 알맞습니다. (2)에서는 성공만을 목표로 했다는 것이므로 '지향했다'가 알맞습니다. (3)에서는 과잉 진료를 하지 않는다는 것이므로 '지양하며'가 알맞습니다.

**MEMO**

**MEMO**

# 추론독해 6

정답과 해설

용선생
추론독해 6